中国船舶研发史

中国船舶及海洋工程设计研究院

上海市船舶与海洋工程学会

组编

中国
气垫船研发史

张宗科 马涛 明通 韦强

编著

HISTORY OF CHINESE
HOVERCRAFT RESEARCH
AND DEVELOPMENT

上海交通大学出版社
SHANGHAI JIAO TONG UNIVERSITY PRESS

内容提要

本书是"中国船舶研发史"丛书之一,介绍了气垫船的分类、主要系统和关键技术,特别介绍了我国气垫船研发历程和取得的成就,展示了船舶工业研制人员为实现强军梦和强国梦,勇于担当,敢于拼搏的精神。

本书让读者了解中国气垫船发展的艰难历程,激励大家奋发图强,为振兴中国船舶工业、实现中华民族的伟大复兴中国梦努力奋斗。

图书在版编目(CIP)数据

中国气垫船研发史／ 中国船舶及海洋工程设计研究院,上海市船舶与海洋工程学会组编;张宗科等编著
.—上海: 上海交通大学出版社,2023.3
(中国船舶研发史)
ISBN 978-7-313-26767-2

Ⅰ.①中… Ⅱ.①中… ②上… ③张… Ⅲ.①气垫船
－研制－技术史－中国 Ⅳ.①U674.943

中国国家版本馆 CIP 数据核字(2023)第 028342 号

中国气垫船研发史
ZHONGGUO QIDIANCHUAN YANFASHI

编　　著: 张宗科 马 涛 明 通 韦 强
出版发行: 上海交通大学出版社　　　　　　地　　址: 上海市番禺路 951 号
邮政编码: 200030　　　　　　　　　　　　电　　话: 021-64071208
印　　制: 上海颛辉印刷厂有限公司　　　　经　　销: 全国新华书店
开　　本: 710 mm×1000 mm　1/16　　　　印　　张: 19.25
字　　数: 263 千字
版　　次: 2023 年 3 月第 1 版　　　　　　　印　　次: 2023 年 3 月第 1 次印刷
书　　号: ISBN 978-7-313-26767-2
定　　价: 158.00 元

序

"中国船舶研发史"丛书是对中国船舶,主要是民船、工程船和海洋开发装备研发史的一次归纳和梳理,是一套展现新中国成立以来民船、工程船、海洋开发装备研发所走过的历程和取得的辉煌成就的丛书。

我国是最早发明舟舸舫舸的造船古国。早在唐朝,中国的造船技术就已经有了长足的进步,出现了水密隔舱、平衡舵、开孔舵等先进技术。在船型方面,宋、元朝时期,中国已有海船的船型,其中以江南沿海一带的福船、沙船、广船最为著名,被认为是中国古代的三大船型。至明朝郑和下西洋,以14个月时间建造64艘大船显示了中国古代在船舶研发和建造中的卓越成就。到了近代,众所周知,中国的造船业虽然也曾仿效西方,甚至造出了铁甲船和万吨级船,但终究不能摆脱衰落的命运,开始落后于西方强国,以至于在列强的坚船利炮下,丧失国家尊严,蒙受民族耻辱。真正使中国造船工业出现复兴生机,是新中国诞生之后。1949年5月上海刚解放,上海市军事管制委员会筹建了华东区船舶建造委员会。1949年9月统管全国船舶工业的中央人民政府重工业部船舶工业局宣告成立。船舶工业局统筹全国船舶工业发展,聚集造船人才,同时扩、改、新建造船厂,调整和新建全国船舶专业院校,研究设计和建造两翼齐飞,唤醒了沉睡了近500年的古老造船强国!本丛书从新中国诞生这一时刻开始,特别是改革开放以来,以油船、液化气船、工程船、科考船等10种民船船型为主题,阐述了新中国的船舶研发历程,并从这一侧面展示新中国"造船人"艰苦奋斗、砥砺前行、锐意创新、攀登高峰,重现造船强国的史实。

70多年中国船舶研究发展过程,各型船舶发展尽管不尽相同,但大致可分为三个阶段:

第一阶段,夯实基础稳步发展(1949—1977年)。这一阶段,国家把交通运输业作为优先发展的基础,为船舶工业发展提供了广阔的空间。新中国成立之初,我国贫穷落后,百业待兴,尽管如此,国家仍将发展造船工业放在十分重要的地位,经过新中国成立初期的整合发展,到1965年船舶科研机构已整体成制,仅中国船舶工业总公司第七研究院(中国舰船研究院)就有十几家包括总体设计和专项设备的研究所,研究的领域涵盖舰船设计涉及的各个方面。扩建新建中央及地方大、中型造船厂,增添设施,改进工艺,为尽快恢复发展水上交通运输,提供适应国民经济建设发展所急需的多型民用船舶,力争不买或少买船,设计并建造了中型沿海油船、客货船、长江豪华客船、航道疏浚船、港口起重工程船、科学调查船"实践"号、自升式钻井平台"渤海1"号和气垫船等追踪当时世界船舶航运界发展动向的船舶。自主设计建造了新中国十大名船之首的万吨级远洋货船"东风"号,结束了我国不能设计建造万吨货船的历史,开创了我国造船史的新纪元。

第二阶段,改革开放快速发展(1978—2010年)。1978年以前,由于西方工业强国对我国实行技术封锁政策,我国船舶科技极少对外交流,信息不通致使发展受限,各类大型运输船舶、疏浚装备、海洋开发船舶多依赖进口。1978年后,在改革开放春风的沐浴下,中国船舶工业如同骏马,奔驰向前。1982年设计建造的27 000吨散货船"长城"号,是第一艘按照国际公约、规则和国外船级社规范设计和建造的出口船。从那时起,我国各类工程船、海洋开发装备等设计和建造开始融入世界船舶科技发展行列。研究设计技术经过引进、消化、创新,不断跨越式发展。各大船厂的造船能力大幅度提升。至20世纪末期,我国已大步迈向世界第一造船大国,不但结束了主要依靠进口船舶的历史,而且大量、多品种船舶出口许多国家。这一时期,各种船型均有相当规模的发展:集装箱船从无到有,从出口 700 TEU 全集装箱船到 4 700 吨多用途集装箱船;设计和建造了 5 万吨大舱口多用途散装货船、15 万吨双壳体苏伊士型原油船、半冷半压式 16 500 立方米液化石油气(liquefied petroleum gas,LPG)船、布缆船、中型挖泥船、海峡火车渡船等;科考船已进军南极;为适应海洋油气开发,我国形成了从物探船、自升式、半潜式、坐底式钻井平台和半潜式生产平台到浮式生产储油船的全产业链的设计和建造能力。

第三阶段,自主创新跨越发展(2011 年至今),新世纪尤其是党的十八大以来,以习近平同志为核心的党中央,站在实现中华民族伟大复兴的战略高度,准确把握时代发展大势,作出了建设海洋强国的重大战略决策,指引着船舶工业砥砺前行。

这一时期,中国造船的速度在世界造船史上是罕见的。在这迅猛发展的过程中,我国造船工业攻克了多项关键技术,研发和建造能力大幅提升。一批世界级高精尖的船型在中国诞生。科考装备实现了跨越式发展:3 000 米深水半潜式钻井平台"海洋石油 981"号进驻南海正式开钻,标志着我国海洋石油工业深水战略迈出实质性的步伐;亚洲首艘 12 缆地球物理勘探船"海洋石油 720"号、全球首艘 3 000 米深水工程勘探船"海洋石油 708"号交付使用,标志着我国深水作业"联合舰队"逐步成形;我国自行设计、自主集成研制的"蛟龙"号载人潜水器在马里亚纳海沟创造了下潜 7 062 米的中国载人深潜世界纪录,使我国成为世界第五个掌握大深度载人深潜技术的国家;2019 年 7 月,我国第一艘自主建造的极地科学考察破冰船"雪龙 2"号顺利交付。相比"雪龙"号,"身宽体胖"的"雪龙 2"号的破冰能力和科考能力更强,标志着我国南、北极考察基地的现场保障和支撑能力取得了新突破。

70 多年的船舶研发史，是我国船舶工业由弱到强、不断发展壮大的历史，展现了中国特色社会主义制度的优势。

70 多年的船舶研发史，是我国船舶研发水平和造船能力不断提高、不断创新的历史，是我国在船舶研发领域由跟跑者向并跑者乃至领跑者转变的进步史。

70 多年的船舶研发史，是我国广大船舶研发、建造人员不畏艰难、积极开拓、勇于攀登、勇于奉献的真实见证，是我国船舶创业人员不忘初心、牢记使命，追梦深造的奋斗史。

科技是国家强盛之基，创新是民族进步之魂。正如习近平总书记在 2021 年 5 月 28 日召开的两院院士大会和中国科学技术协会第十次全国代表大会上指出的："当今世界百年未有之大变局加速演进，国际环境错综复杂，世界经济陷入低迷期，全球产业链供应链面临重塑，不稳定性、不确定性明显增加。""科技创新成为国际战略博弈的主要战场，围绕科技制高点的竞争空前激烈。"在此背景下，船舶工业无疑面临着新的发展机遇和挑战。

回顾历史既是为了总结经验激励前往，更是为了创造未来。如今全面建设社会主义现代化强国迈入新征程，向第二个百年奋斗目标进军的号角已经吹响。让我们以史为鉴，勇于创新、顽强拼搏，努力为把我国建成海洋强国、实现中华民族伟大复兴的中国梦不断作出新的更大的贡献！

中国工程院院士 曹恒一

前　言

气垫船是一种以高压气垫承受部分或全部船体重量,运行于水面与空气之间的高性能船舶。

20 世纪 50 年代,世界第一艘载人气垫船问世,因其具有常规船舶所不具备的高速性和两栖性,引起世界多国船舶界的关注。

我国是世界上最早开展气垫船研发的国家之一。我国十分重视气垫船的研发,将气垫船列入国家船舶发展规划。国内先后有 40 余家单位开展过气垫技术应用研究和气垫船研制。

我国气垫船研制人员立志科技强国,以研发气垫船为己任,面对气垫船这一高新技术产品,不畏艰辛,迎难而上,坚持理论研究与实船研制相结合,以气垫技术应用理论为基础,以气垫船设计理论为主攻方向,以试验艇试验验证为主要方法,将研制实用气垫船作为最终目标,艰难起步,踔厉奋发,勇毅前行,走的是一条发奋图强、自主创新的道路,成功地研制了数十型、数百艘全垫升气垫船、侧壁式气垫船和气垫运输平台。

20 世纪 50 至 60 年代,我国气垫船研制单位通过模型试验和试验艇验证,初步掌握了气垫异于常规船船基本机理论,包括气垫垫升、航行以及阻力、稳性、耐波性等技术性能。

20 世纪 70 至 90 年代,我国气垫船理论研究取得长足的进步,突破了气垫船设计和建造诸多关键技术,编制了气垫船设计规范和指导性文件,具备了全过程研究、设计、建造具有现代水平气垫船的能力,研发的气垫船已由江河湖泊走向海洋。

20 世纪 90 年代后,我国的气垫船研制对标世界先进、自主创新,建立了高水平的气垫船试验设施,使研制的新型气垫船的快速性、动稳性与耐波性等流体动力性能逐步达到国际先进水平。

    为了使读者走近气垫船,了解气垫船的基本原理、主要系统和关键技术;了
解我国气垫船研制历程;了解我国气垫船研制人员在物资缺乏,工作、生活条件
艰苦的年代,不畏艰苦,接续奋斗,刻苦钻研,反复实践,攻克诸多关键技术,为
我国气垫船的发展所作出的贡献,特编写《中国气垫船研发史》一书,以飨读者。

目　录

第一章
气垫船概论

　　随着经济与社会的发展,对船舶航速的要求越来越高,研究发现,减少由静水力所承担的船体重量是提高航速的有效手段之一。为此,或加气垫,或加装水翼,或增设水下附体,或采用滑行面船底等措施,产生水动升力、气动升力、气垫静升力等来支撑船体重量的一部分或全部,以降低阻力实现高速航行,形成了各显神通的高性能船家族。

第一节　气垫船的定义与分类

　　气垫船是高性能船舶之一,可分为全垫升气垫船和侧壁式气垫船(含厚侧壁的部分气垫支撑双体船)。其利用船载大功率垫升风机,把空气压入柔性围裙内,在柔性围裙、船底与水面或地面之间形成高压气垫,从而将船体大部分或全部托离水面或地面,降低水阻力以实现高速航行。

　　从支撑船体重量的举升力中的静水力、气动力、水动力所占比例的角度,可绘制举升三角形,如图1.1所示。图1.1中也展示了高性能船的族谱,可以得到现有气垫船种类的定位分布。

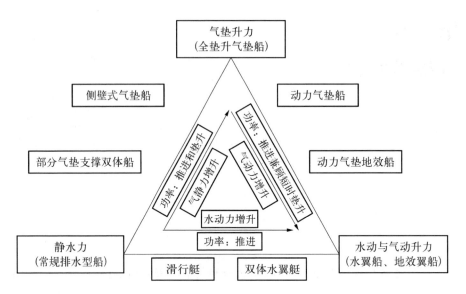

图 1.1　静水力、气动力、水动力举升三角形及高性能船分类关系

一、全垫升气垫船

全垫升气垫船在船体四周下部与船底装有用橡胶涂覆骨架的织物等柔性材料制成的围裙,利用垫升风机将空气加压后注入围裙内,在围裙与船底、水面或地面一起形成围蔽的空间内产生气垫升力,将船体全部托起,仅围裙下部的一圈手指与水面或地面柔性接触,并由高置的空气螺旋桨或喷气装置推进,具有优良的两栖性、快速性和越障能力(见图 1.2)。

按照不同的垫升原理,全垫升气垫船可分为周边射流气垫船、多气室气垫船和增压室气垫船。气垫船柔性围裙围成宽大的气垫面积降低了船体重量作用在水面或地面上的压强,低于成年人双脚站立时产生的触地压强,仅相当于滑雪者站立在长长的雪橇上时的触地压强。因此气垫船除在水上航行外,还能在沙滩、沼泽、冰雪、草地和沙漠等地域运行,可用于在此类地形区间担负巡逻警戒、交通运输、抢险救灾等任务(见图 1.3)。

按照航行速度不同,将低于阻力峰速度以下航行的低速全垫升气垫船称为气垫平台。气垫平台同样具有气垫船的两栖性好、触地压强小及地形适应能力

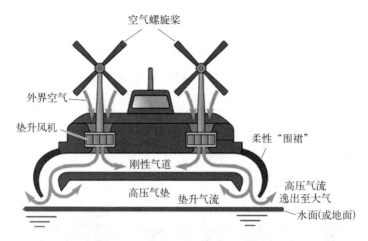

图1.2　全垫升气垫船原理示意图

图1.3　全垫升式气垫船自如运行在水陆界面处

强的特点,但其速度低、载重量大,既可以设计为带推进装置的自航式气垫平台,也可设计为自身不带推进装置的被动式气垫平台。

二、侧壁式气垫船

侧壁式气垫船,又称表面效应船。它以侧壁静水力、气垫升力共同支撑船体重量,速度相对较低,早期还被称为"捕捉气泡船"。一般侧壁式气垫船为双体船型,两侧为薄的刚性侧壁,或为非对称双体船型,静态时侧壁和船体浸入水中依靠浮力支撑船体全部重量。船首、船尾装有柔性围裙,与侧壁及船体底面一起形成围蔽空间,在垫升风机产生的高压气流作用下形成气垫,将船体部分垫高,船体下部形成气垫空腔,降低侧壁或双体浸入水中部分的比例,从而降低船体受到的阻力(见图1.4)。

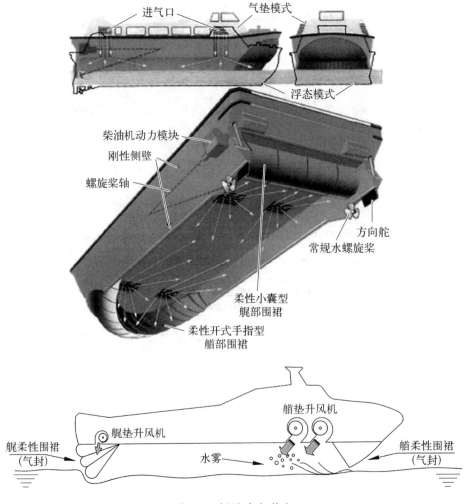

图 1.4　侧壁式气垫船

由于侧壁式气垫船在垫态航行时并未全部脱离水面,因此与全垫升气垫船采用导管空气螺旋桨推进方式不同,侧壁式气垫船一般采用更为高效的水螺旋桨或喷水推进装置推进。但在垫态航行时,侧壁式气垫船吃水浅,尤其是高气垫压力刚性侧壁的内吃水更小,水动力推进装置设计中必须考虑吃水变化。

相对于全垫升气垫船,侧壁式气垫船的气垫静升力仅需承担部分船体重量,故能大大节省垫升功率并有利于向大型化方向发展,且具有良好的操纵性和航向稳性,但缺点是不具备两栖性。现代侧壁式气垫船进一步发展为双体侧壁式气垫船,除了具有侧壁式气垫船特性外,还兼备双体船的良好稳性、宽大甲板面积和舱容等特点,成为气垫船与双体船的杂交船型。

侧壁式气垫船通常选用轻型柴油机或燃气轮机作为主动力装置,用水螺旋桨或喷水推进装置推进,航速可达 20～90 节[①]。

双体气垫船相对双体船降低了阻力,但增加了复杂的垫升系统需要额外增加垫升功率,因此总体上只适合在相对速度更高的区间使用。

第二节 气垫船的特点与用途

气垫船局部或全部脱离水面航行,大大降低了船舶航行的阻力,获得了常规排水型船舶难以达到的高航速,又可在大海、江河、浅滩、急流、草原、沙滩、冰雪等复杂环境下自由航行,且不需码头停靠,用途广泛,军、民用皆宜。

全垫升气垫船的出现,拓展了世界上可登陆海岸线的范围,打破了常规船型靠岸或抵滩登陆模式,增加了登陆作战的维度,缩短了航渡时间与暴露于滩头炮火覆盖区域的时间,并可输送主战装备登陆至一定纵深范围内,增

---

① 1 节＝1.852 千米/小时。

大了敌方防守难度,是两栖登陆、夺岛战、特种作战的利器,深受军事强国的青睐。同时由于其基本悬浮在运行表面之上可高速航行的特点,军民两用性好,也可广泛用于抢险救灾、人员撤离,以及实施国际人道主义援助等任务。

与包括常规船型在内的其他船型相比,气垫船技术特点体现在以下四个方面。

第一,航速高。气垫船垫态航行时可基本悬浮在水面之上腾空航行,受水的阻力影响小,可获得较高的航速。

第二,舒适性较好。由于柔性围裙及气垫能吸收波浪能量,船体受到冲击力小,波浪中运动加速度小,人员乘坐舒适性较好。

第三,具有独特的两栖性和一定的越障能力。全垫升气垫船垫升压强低,垫态时具有两栖性,对水深无特殊要求,可在浅滩、沼泽、冰面、沙地、公路等复杂地形环境条件下实现陆上行舟。安装在船体周边下部及船底的柔性围裙可变形避让,具有一定的跨越墙形障碍物、壕沟的能力。

第四,岸滩适应能力强。全垫升气垫船能自行登上一定坡度的自然岸滩,不需要常规的码头等设施,野外使用输送更方便、更有效。

气垫船可到达其他交通工具无法到达的地方,如在滩涂、沙丘、泥泞沼泽、暴雨引发城市内涝、地震道路损毁等复杂环境下实施救援,还可用于海上抢险、巡视救助、追击海盗船等。

但气垫船的缺点同样明显,垫升需要花费额外的功率,载重量低,对重量变动敏感,操纵面以气动力设备为主、操纵复杂,柔性围裙造价高、使用寿命有限;高速旋转的空气螺旋桨及垫升风机噪声大,船底周边柔性围裙内的气垫压力波动在设计不当时会引发"鹅卵石效应",带来不良的乘坐感觉;耐波性较差,波浪失速大,存在"高速低头埋艏""低速侧滑翻船""高速回转甩艉"等特有的航行安全风险;气垫船单位排水量对应功率非常高,因而油耗高,同时因船体重量受限,携带油量少,故续航力较短;防护力较弱,可靠性较低。

第三节 气垫船主要系统

我国气垫船研制起步较早,研制团队持续探索、反复实践,辅以国际学术交流和国外技术引进,努力掌握气垫船主要系统研制的关键技术,并成功应用于实船的设计与建造。

气垫船系统主要包括船体结构、推进系统和垫升系统等结构(见图1.5)。其中垫升系统、推进系统中的导管空气螺旋桨是气垫船的特种设备。

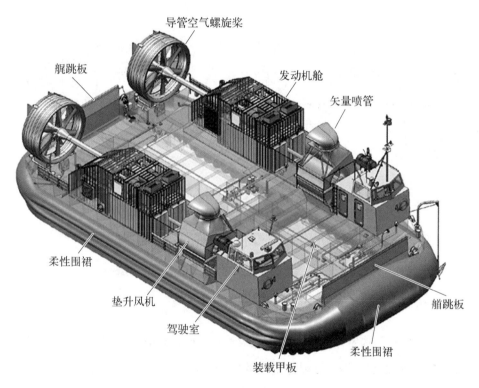

图 1.5 气垫船的系统组成

一、船体结构

气垫船的主船体周边下部及船底包覆在柔性围裙之内,全垫升气垫船在垫升状态下悬浮在水面上,主船体不与水面直接接触,主船体通常为扁平的盒形浮箱结构,具体到各种船型可以是闭式盒形或上盖敞开的盒形。典型的船体结构如图 1.6 所示。

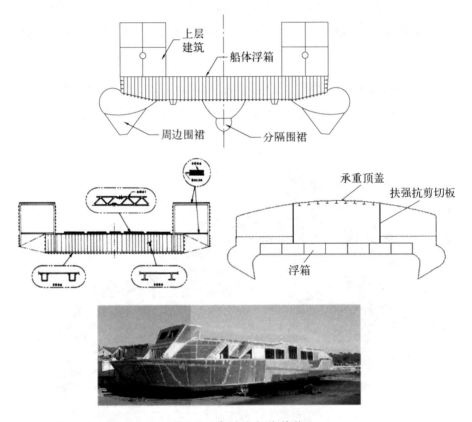

图 1.6　典型的船体结构

气垫船结构通常采用航空器形式设计,内河气垫船船体由铝合金薄板铆接或焊接制造,但需严格控制船体结构重量(见图 1.7)。

海上用气垫船的主船体主要采用焊接工艺(见图 1.8),上层建筑为铝合金铆接或复合材料。

为减缓波浪对船底的拍击、从浮态到垫态的垫升过程中船底与水面的吸附,以及在沼泽淤泥地垫升时船底与淤泥的吸附,主船体浮箱可采用内凹型船底形式(见图 1.9)。同时外凸的底部折边起到气垫船常规着陆垫的作用。

图 1.7 采用航空铆接工艺建造的内河气垫船

图 1.8 采用焊接制造的海上气垫船主船体

图1.9 采用内凹型船底的气垫船

由于船体周边下部安装有柔性围裙,在垫态航行时,高压气垫起到缓冲作用,波浪不再直接拍击船体,使得船体承受的外载荷小于常规船舶,因此主船体浮箱一般由薄铝板制成,在船登滩上岸过程中,浮箱舱室存在破损风险,因而船体浮箱水密舱室的分隔划分,需要满足更严格的破舱稳性要求。例如,美国某型气垫船的船体浮箱划分为97个水密隔舱,其中66个舱室要贯穿电缆,需确保水密(见图1.10)。相近尺度的芬兰气垫巡逻船纵向设置两道水密纵舱壁,横向设置5道水密横舱壁,将船体浮箱划分为18个水密隔舱。

二、推进系统

1. 动力装置

气垫船应用航空器概念,大多采用燃气轮机作为动力装置。我国早期采用活塞式航空汽油发动机,如711、711-Ⅱ型气垫船等。由于燃气轮机技术复杂、油耗高、维护成本大,后来只有中、大型军用气垫船采用燃气轮机,民用气垫船大多采用柴油机。

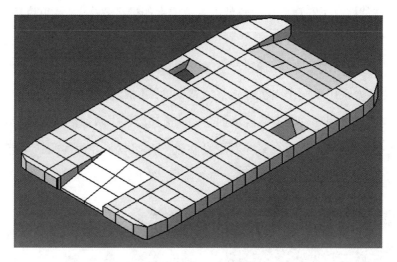

图 1.10　美国某型气垫船船体浮箱的水密舱室划分

柴油机经济性好、油耗率低的优点使其在现有的船舶动力装置中占的比例最大,尤其在民用船舶方面,柴油机的应用十分广泛。但柴油机的缺点是单机功率小,有时只能采用多台柴油机装船使用,这给气垫船总布置带来困难。同时,气垫船因为重量受到限制,只能采用轻型高速柴油机。

20 世纪 80 年代,随着改革开放,国外的车用轻型高速柴油机被引入,如Deutz、MAN、IVECO 等,解除了国内小型气垫船设计过程中一段时间"无机可用"的窘境。这些经广泛使用验证的高速柴油机较好地适应了气垫船恶劣运行环境条件,满足了轻量化的要求,降低了故障率,提高了经济性,促进了国内气垫船的快速发展。

采用全焊接船用铝质船体结构,以低油耗的全风冷或带冷却水箱的中型风冷柴油机为主动力装置,垫升系统与推进动力系统相互独立设置,采用离合器、高弹性联轴节与齿形皮带传动等措施,可确保运行的可靠性。

2. 空气螺旋桨

气垫船空气螺旋桨最早是由飞机螺旋桨转化而来的,其特点是无导管,叶片的叶梢不提供推力(即典型升力为零),叶片较窄,叶梢处特别窄,空气来流速度高。这就导致了在速度相对较低的气垫船上的推进效率较低,单位功率产生的有效推力小,经济性较差。

气垫船为实现垫态高速航行,空气螺旋桨推力需要克服低速时的最大阻力峰值,必须要采用不同于飞机螺旋桨的宽桨叶(叶梢处最宽)、高升力系数的新翼型,同时要采用导管整流装置增加桨叶前流速以提供附加推力。对于高功率负荷的空气螺旋桨,还要在桨叶后增设整流支臂回收桨叶后的旋转动能,进一步提高整个导管空气螺旋桨的推力与效率(见图 1.11)。

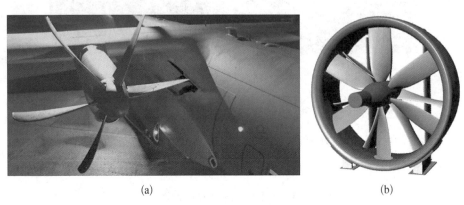

(a)   (b)

图 1.11　空气螺旋桨结构对比
(a) 飞机敞开桨采用窄桨叶　(b) 气垫船导管空气螺旋桨采用宽桨叶

气垫船采用的特种空气螺旋桨要考虑其工作特点。空气螺旋桨的工作介质是不均匀的气流,这造成了其空气动力特性的复杂性;在各种工况下转速波动比较大,尽管气垫船航速远没有飞机的高,但是却需要较大的推力才能越过阻力峰值。要使气垫船空气螺旋桨达到飞机负载螺旋桨同样大小的比推力,其需要的功率和强度要远比飞机螺旋桨大得多。在估算空气螺旋桨选用是否合理时,需要特别注意随着单位负荷的增大,空气螺旋桨的效率是急剧下降的(见图 1.12)。在一定条件下,空气螺旋桨能够保证足够的推力与单位限制负荷有关。在计算所需推力时,不但要满足克服静水设计航速下的阻力所必需的推力,还必须考虑在阻力峰值处的推力越峰裕度是否足够。

图 1.12　气垫船导管空气螺旋桨

气垫船船体结构强度偏弱且尺寸有限,除推进用的空气螺旋桨外,还有垫升风机,导致传动轴系必须做成紧凑型,且为高速传动,以节省重量与占用的空间。气垫船传动轴系设计必须考虑有较强的抵抗纵向、横向变形及角变形的能力,中间需要串以多个高弹性联轴节(见图 1.13)。

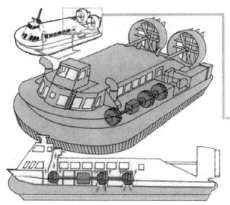

图 1.13　气垫船轴系布置

小型全垫升气垫船所需的推进功率与垫升功率较小,但受布置空间和重量控制等因素制约,常选用前后输出的小型风冷柴油机作为主动力装置,同时驱动垫升风机及空气变矩螺旋桨,典型的动力传动系统布置如图 1.14 所示。其中推进系统由主机飞轮端连接的主动轴系、螺旋桨推进轴系、齿形同步传动皮带、空气变螺矩螺旋桨及液压变矩油缸组成(见图 1.15)。螺旋桨推进轴系由主

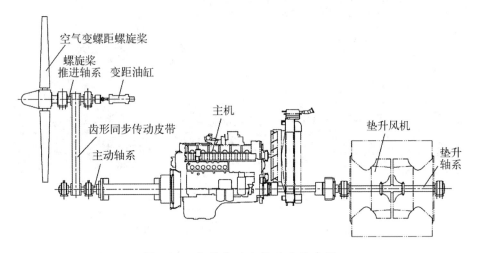

图 1.14　典型的动力传动系统布置

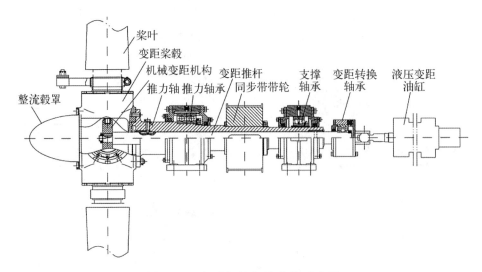

图 1.15　小型气垫船推进轴系布置

动轴系通过齿形同步皮带驱动,用于向空气变螺矩螺旋桨输出功率,并将螺旋桨旋转产生的推力传递给船体,同时内部套轴还兼作螺旋桨变螺矩的传动部件。

鉴于动力装置布置及螺旋桨变螺矩的要求,小型全垫升气垫船推进轴系设计的特点:

(1)由于推进轴线位置较高,受尺寸、空间、重量、减速比等因素的约束,无法采用齿轮箱等常规减速传动方式,选择简单可靠的同步齿形带,主动轴系和推进轴系的轴线偏移距离可大幅度增加、传动速比可通过改变皮带轮齿数灵活调整,避免了系统结构复杂、维护保养困难等问题。

(2)推力轴承需同时承受较大的正、负推力和径向反力,选用可以承受径向和轴向联合负荷的单列角接触球轴承,并成对使用,通过计算分析确定接触角合理分配承载能力;气垫船的铝合金船体变形量较大,选用具有自动调芯功能的调芯滚子轴承作为支撑轴承,用以消除因安装误差及船体变形等因素造成的不良影响。

(3)与常规的可变螺距螺旋桨通过固定式油管给变矩机构供油方式不同,小型气垫船空气螺旋桨通过变矩推杆驱动变矩机构,设置移动式变矩转换轴承,确保变矩推杆除跟随桨毂旋转外,同时跟随变矩油缸进行往复直线运动驱动变矩推杆。

(4)气垫船由于采用铝质船体以及受围裙气垫的影响,尤其是推进轴系位置较高,其轴承支承刚度难以准确确定,可通过扩大轴承支撑刚度的选择范围,针对不同参数进行组合式计算,并对其振动特性进行综合评估。

三、垫升系统

1. 垫升风机

气垫船依靠高速旋转的垫升风机提供高压气流,源源不断地充入柔性围裙与船底围成的气室内,形成高压气垫以垫升船体。同时,气垫内气流从围裙下部囊指末端泄出至大气环境内,形成动态平衡状态。

典型的垫升风机由工作叶轮、导向器、整流器、叶轮轮毂、整流罩、收缩管和扩散管等组成。垫升风机主要分为离心式垫升风机、轴流式垫升风机和混流式垫升风机三种。这三种垫升风机和相应的叶轮形状,如图 1.16 所示。

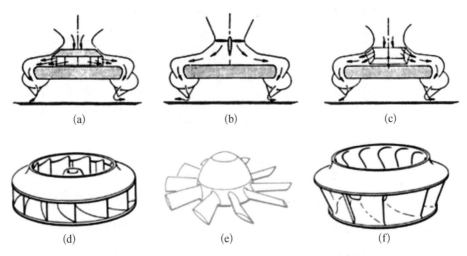

图 1.16　气垫船常用的三种垫升风机类型及相应叶轮形状
（a）离心式垫升风机　（b）轴流式垫升风机　（c）混流式垫升风机
（d）离心式垫升风机叶轮　（e）轴流式垫升风机叶轮　（f）混流式垫升风机叶轮

1）离心式垫升风机

离心式垫升风机的工作原理是依靠叶轮叶片高速旋转产生的离心力把吸入的空气增压后甩出。

为提高气垫船的适航性,垫升风机需具有在最佳工况点附近压力-流量特性宽阔平坦的特点。采用有高效后弯机翼叶片,为气垫技术的进一步发展以及气垫船的大型化打下基础。离心式垫升风机具有以下优点:

（1）压力-流量特性曲线较为平坦,随着垫升空气流量的改变,压力波动较小,有利于降低船体在水面航行时的上下波动,从而改善气垫船适航性和舒适性。典型离心式垫升风机压力-流量特性曲线如图 1.17 所示。

（2）离心式垫升风机的工作效率有了较大程度的提高,目前与轴流式垫升风机相比已经相差不多,甚至与之齐平,同时,其还具有较宽广的高效区域。

（3）通过离心式垫升风机流入气道的空气相比于通过轴流式垫升风机的

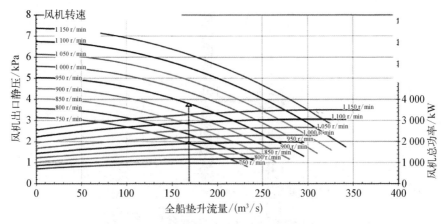

图 1.17　典型离心式垫升风机压力-流量特性曲线

空气静压力为高,有利于气垫船设计的优化。

(4) 离心式垫升风机结构和制作工艺简单,使用过程中也更加可靠。

离心式垫升风机按照使用方式,又分为卧式离心垫升风机和立式离心垫升风机两种。

卧式离心垫升风机不带蜗壳(风机叶轮外的螺旋形流道罩壳),旋转轴沿垂直方向,可减少高度方式的布置空间需求(见图 1.18)。当用于大型气垫船时,大直径卧式离心垫升风机内置于气垫船浮箱内,需要设置刚性气道以引导气流分配。卧式离心垫升风机应用布置如图 1.19 所示。

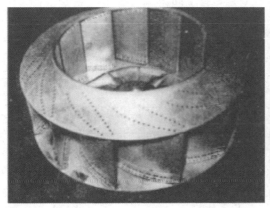

图 1.18　气垫船所用离心式垫升风机叶轮

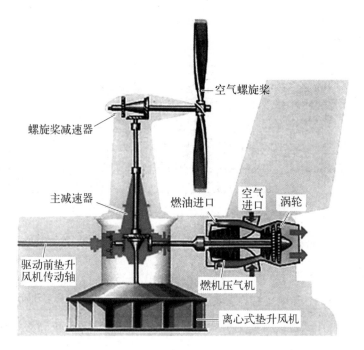

图 1.19　卧式离心垫升风机应用布置示意图

立式离心垫升风机带蜗壳,旋转轴沿水平方向,可减少水平方向的布置空间需求。中、小型气垫船采用的垫升风机一般为带蜗壳的立式离心垫升风机。从蜗壳出风口直接向下部围裙大囊里供气,利用围裙大束形成的柔性气道分配气流,无须设置专用的刚性气道,可节省布置空间。

2) 轴流式垫升风机

轴流式垫升风机的工作原理与离心式垫升风机不同,是依靠旋转叶片叶背吸力与叶面压力把空气吸进增压后反推,更像空气螺旋桨的工作机理。为了回收动叶后的旋转动能,动叶后面还设有整流静叶。为了快捷地调节风机性能,在轴流式垫升风机的进口处还设有可调前置导叶(见图 1.20)。

轴流式垫升风机在早期更为广泛地应用于气垫船。这是由于在确保相同空气流量的情况下,轴流式垫升风机相比离心式垫升风机的结构尺寸更小,并且工作效率也较高,同时还可以方便、快捷地调节其性能,即通过调整导叶、动/

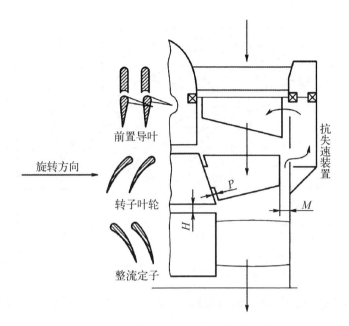

前置导叶

旋转方向

转子叶轮

整流定子

抗失速装置

图 1.20 轴流式垫升风机组成结构

静叶片或转速就能达到此目的。在高海况波浪中航行的实际需求以及随气垫船主尺度的不断增大,这种风机应用于气垫船具有如下明显的缺点。

(1)轴流式垫升风机的效率曲线呈现了一种先增大后减小的趋势。当流量变化到某一临界值时,会出现不稳定运行现象,甚至会出现严重的"喘振",对于气垫船的航行安全构成威胁。

"喘振",即由于轴流式垫升风机的叶片在小流量时,经过动叶的有效攻角很大,甚至会达到因叶背流线分离而产生的失速现象,这时风机的压头就会降低,从而产生在小流量区随流量减小而压力也减小的不稳定风机压力-流量曲线,如图 1.21 所示。因此,必须要在垫升风机壳体内壁设有产生回流的防失速装置,使其风机特性曲线满足气垫船要求。

(2)垫升风机设计点通常选择最高效率点右侧,即特性曲线比较陡的一侧,此时只要流量发生微小的变化,其特性参数就会发生较大的波动,这对航行的稳性不利。

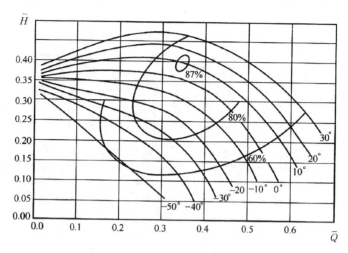

图 1.21　轴流式垫升风机压力-流量特性曲线

（3）类似抛物线形状的特性曲线,其最高效率点区域狭窄,造成设计工况裕度较小,增加了设计的难度。

3）混流式垫升风机

气垫船要求流量大而又不允许多个离心式垫升风机并联向下供气时,则可采用供气流量相对较大的混流式垫升风机(见图 1.22),该风机的叶轮中的旋翼不再是简单的二维机翼型,而是介于离心式垫升风机与轴流式垫升风机之间的三维机翼型(见图 1.23)。

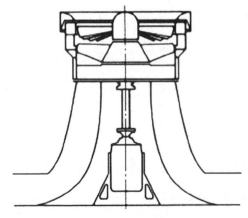

图 1.22　轴流式垫升风机

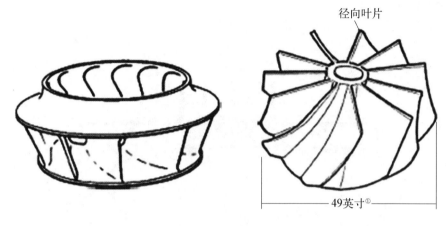

径向叶片

49英寸①

图 1.23　混流式垫升风机三维机翼型叶轮

随着对气垫船经济性要求的提高,总布置更为紧凑,新型混流式垫升风机的应用进一步扩大。

当气垫船开始垫升时,垫升风机提供的高压气流经气道进入围裙大囊,再经围裙大囊上的囊孔进入围裙手指与气垫,最后经手指底端与地面或水面的间隙逸流出气垫,重新进入周边大气环境,形成一个动态平衡过程。由于围裙围成的并不是一个完全密闭的空间,在垫升风机停止工作时,气垫内的高压空气会因气垫内外压差作用而继续泄漏至气垫外部,直至围裙内、外气压相等,气垫船处于自然漂浮状态或着陆状态(见图 1.24)。

由于垫升风机只能布置在舷侧、艉部或者四个边角处,为方便气垫船在复杂地形下从着陆状态过渡到垫升过程中气流进入围裙以及波浪中气流波动平稳,气垫船一般设有气道作为垫升气流通道。依据船体浮箱结构形状,气道可以分为刚性气道与柔性气道(见图 1.25～图 1.27)。

---

① 1英寸=25.4毫米。

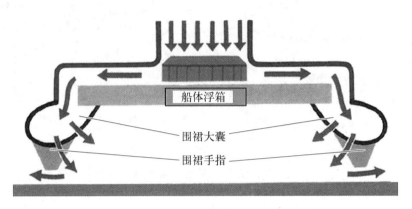

图 1.24　垫升风机将外界空气加压后源源不断吹入围裙气垫内

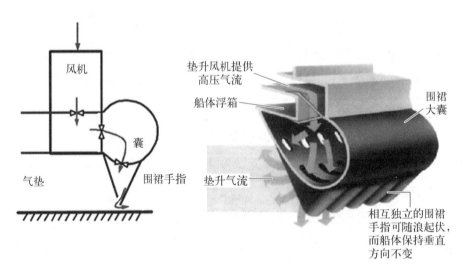

图 1.25　经风机加压后的垫升气流从气道、囊孔进入气垫

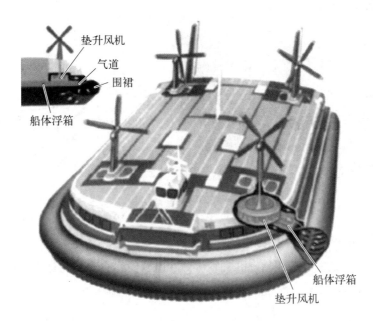

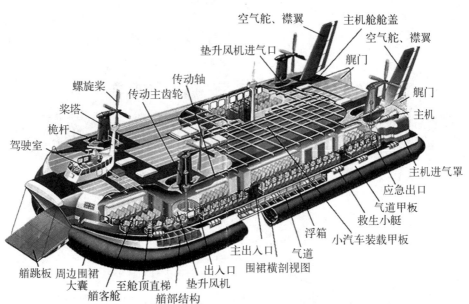

图 1.26　垫升风机气流进入船体浮箱周边的刚性气道

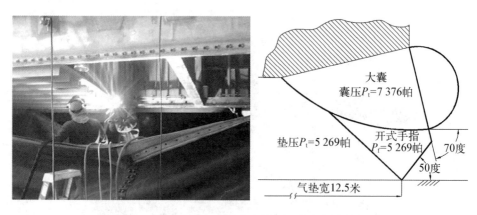

图 1.27　船体浮箱斜升底与围裙大囊围成柔性气道

4）围裙系统

由于围裙的安装应用,在船底形成柔性气垫,使得气垫船与运行表面柔性接触,具备了可随波浪变形的能力,同时垫升高度大幅度增加、刚性船体离运行表面高度增大,提高了越过垂直障碍的能力,真正实现了水陆两栖性(见图1.28)。

| (a) | (b) |

图 1.28　柔性围裙
（a）垫升充气成型状态　（b）起吊自然下垂状态

围裙形式发展从 20 世纪 60 年代的喷口式火腿形围裙开始,克服了触水后阻力大、结构复杂等缺点,逐步发展成为易变形、越障性与让浪性都较好的囊指形围裙与开囊指围裙。英国 SRN 系列气垫船围裙形式的发展过程如图 1.29 所示。

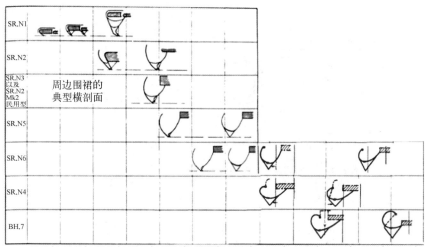

图 1.29　英国 SRN 系列气垫船围裙形式的发展过程

高响应度双囊套指围裙以及单囊套指围裙取消了纵向分隔裙,可部分消除气垫兴波凹陷对垫态横侧稳性造成的不利影响,触水的阻力也比囊筒形低很多。

各种围裙形式的发展过程如图 1.30 所示。

围裙是全垫升气垫船特有的系统,由薄尼龙橡胶布制成,垫升时充气成型维持气垫而垫升船体,是气垫船具有水陆两栖性的基础,并与总体性能密切相关。围裙为柔性结构,由一块块裁剪成特定形状的平面胶布拼接而成,因此设计及放样制造精度对围裙性能有重要影响。气垫船一般采用囊指型围裙,其上部为连续的周边大囊、下部为相互独立的开式手指或小囊、滑板指等。大围裙箱可验证围裙平直分段成型,但对艏、艉转角处的不规则空间分段,则无法直接作成型验证,需要在三维模型中进行光顺处理,再在拖模或自航模试验时对整套围裙加以缩尺验证,因此围裙三维建模极为重要。基于三维模型,按照胶布分片拼缝沿围裙大囊子午线方向分布的基本要求,即可进行某个分段内大囊拼接分片的划分及放样展开。相邻分片边缘需要搭接重叠一定宽度范围以保证拼接强度,故将大囊拼接分片放样展开时,需预先考虑搭接边宽度,制成样板对胶布门幅进行下料剪裁(见图 1.31)。

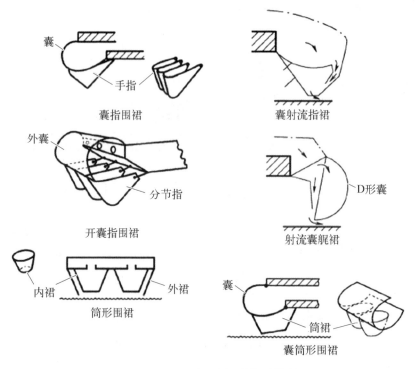

图 1.30　不同围裙形式的典型横剖面

图 1.31　气垫船围裙大囊的胶布门幅拼缝沿着大囊子午线向分布

制作围裙的专用胶布为三明治式夹层结构,尼龙骨架织物位于中间一层,在织物正反两面对称或不对称地涂敷橡胶保护层后经高温硫化而成。尼龙织物为主要受力承载体,橡胶层保护尼龙织物免受海水、盐分、光照、紫外线、磨损等损害,保障胶布使用寿命。尼龙织物一般采用以经线为基础、纬线穿绕在经线上的编织方式,经线方向紧密承载力大,而纬线方向变形大、承载能力相对较小。胶布织物通常纬向宽度有限,而经向可以织得非常长,故胶布经向沿围裙大囊受力较大的子午线方向布置。拼成围裙大囊的胶布分片划分的原则是:分片拼缝位于相应内外安装边交点所组成的法平面内(见图 1.32～图 1.34)。

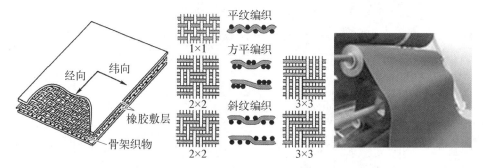

图 1.32　围裙胶布构造、织物编织方式、成卷胶布

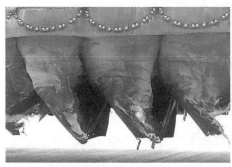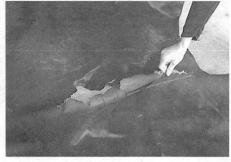

图 1.33　气垫船围裙囊指的典型破损形式

由于气垫船独有的运行特点,在实验室内场难以模拟围裙承受的实际载荷,因此需要以实船围裙破损分析为基础开展围裙胶布性能研究。自从英国第

图 1.34　气垫船围裙囊指的典型破损修复方式

一艘载人气垫船横渡英吉利海峡以来,积累了大量实船使用经验,对围裙胶布进行实船试验和破损情况分析如下:

(1) 磨损。裙指底部橡胶层由于与运行表面接触首先发生磨损,使织物暴露出来也受到磨损(见图 1.35)。

图 1.35　气垫船围裙手指底部胶布磨损脱穗

(2) 撕裂。在碰到尖锐物体或恶劣海况下,大浪引起冲击载荷导致胶布撕裂。

(3) 疲劳。裙指底部连续屈挠,一方面使橡胶胶布产生疲劳裂纹,导致织物暴露引起损坏,另一方面织物本身也产生疲劳使其强度降低。

（4）橡胶敷层与织物分层。在气垫船高速航行时，由于船的升沉、纵摇以及遭遇波浪，使得围裙下部的裙指底部受到高频拍打，导致橡胶敷层与织物之间的黏附能力降低，引起胶布脱层破损。

（5）化学污染。如油料、强酸使胶布性能恶化。

（6）环境侵袭。阳光暴晒、紫外线、臭氧、水泥地面积聚的高温使胶布老化，长期浸泡在海水中会附着海蛎子等海洋生物，导致围裙胶布变硬变脆，影响围裙性能。

评价围裙胶布的主要性能包括拉伸强度、伸长率、撕裂强度、橡胶层与骨架织物黏附强度，这些都属于实验室常规性能。为了揭示胶布的使用寿命与胶布特性之间的相关性，可通过模拟试验再现实船使用时产生的破损形式。

建立胶布特性与使用寿命之间的关系，用以寿命预报。了解不同实船运行时间、胶布性能的劣化情况以及由于浸水和疲劳对胶布性能的影响。找出裙指的磨损率与胶布的主要损伤特征，指导围裙胶布的设计。

国内研制了 58012、57911、4275、4285、4295、42105 等多种规格的气垫船围裙胶布，编制了船舶行业标准 CB/T 3387－1992《气垫船围裙用橡胶涂覆织物》。此外，1982 年 722 型气垫船在长江口区上进行了围裙动载荷的实船测试，测得动载荷系数最大为 10，为围裙强度设计提供了有力的技术依据（见图 1.36）。

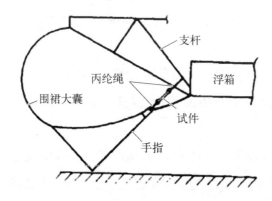

图 1.36　气垫船围裙动载荷实船测试装置示意图

围裙大囊的外安装边一般通过特制压板、上下铰链等形式安装在船体浮箱上,如图 1.37 所示。

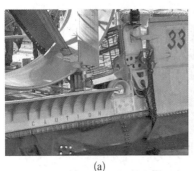

(a)　　　　　　　　　　　　　　　　(b)

图 1.37　通过特制压板或上下铰链将围裙安装到船体上

(a) 特制压板　(b) 上下铰链

5) 电力系统

电力系统为气垫船提供连续、安全、可靠的电力,以确保全船用电设备的正常运行。电力系统主要由供电系统、配电系统、照明系统及驾控系统等组成。重要装置有发电机组、主配电板、充放电板、照明灯、航行信号灯及驾控台等。

交流发电机组是气垫船上重要的交流电源,它可通过主配电板为全船用电设备供电。气垫船用发电机组主要以风冷柴油发电机组为主,小型气垫船也常采用先由蓄电池启动作为主动力的柴油机,随后再由柴油机的轴带发电机为全船供电的形式(见图 1.38~图 1.39)。

为严格控制全船重量,气垫船早期采用 400 赫兹航空电制以匹配船上采用的轻型航空电气设备,后转为采用更加经济的 50~60 赫兹船用电制,电气设备也以船用的为主。

气垫船在停靠码头或自行上岸时,为降低自身发电机运行产生的噪声影响,一般采用岸上供电方式,为此需要把 220 伏或者 380 伏的岸电接入气垫船电力系统中,需要在船上设置岸电转换接口装置。

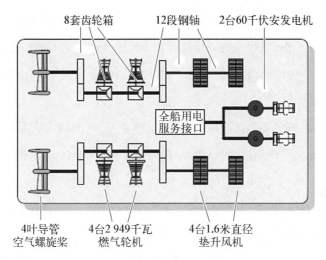

图 1.38　典型的气垫船发电机组布置(独立发电机)

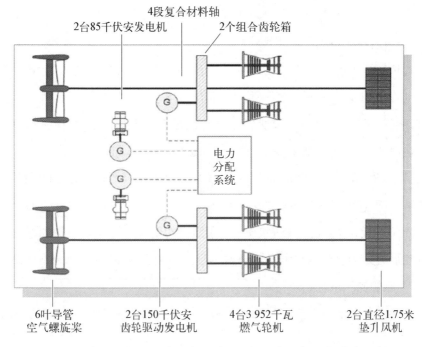

图 1.39　典型的气垫船发电机组布置(独立发电机＋轴带发电机)

为保障航行安全，气垫船一般设置多种备用电源，如可充放电的常规蓄电池、应急蓄电池、UPS[①] 应急电源等，同时尽可能实现左、右舷供电相互独立且能相互备份。因此，气垫船的供电网络比较复杂，同时气垫船垫态运行时水花飞溅大、自身存在颠振，发电机组及装船的电缆、电气设备必须做好充分的"三防"工作。

6）船舶辅助系统

船舶辅助系统主要包括液压驱动系统、变矩系统、消防灭火系统、燃油系统、冷却水系统、通风及空调系统、压载水/舱底水系统、全船注入/测量空气系统、淡水冲洗系统（仅海上气垫船用）等。其中，液压驱动系统包含空气舵操纵装置，空气螺旋桨变矩系统等，用于转舵及调节螺旋桨推力等。变矩系统由液压油箱、电动液压泵、应急手摇泵、油滤、单向阀、电磁阀、压力继电器、蓄压器、变矩油缸等组成。由于气垫船在垫升状态的稳性远低于排水状态稳性，船垫升姿态对重量、重心变化敏感，一般采用在船体浮箱的四个边角分别设置燃油箱兼作压载用。各油箱互连互通，通过燃油调驳系统来调整气垫船的垫升姿态，以利于操纵并降低航行阻力。

7）通信导航系统

通信系统通常由短波电台、甚高频电话、电喇叭、扩音机、海事卫星电话等组成；导航系统则包括北斗/GPS[②] 卫星导航仪、导航雷达、电子海图等，可用于航迹规划、避碰、交会避让等。气垫船垫升状态下阻尼小，航速高，存在横向侧滑现象及高速埋艏风险，必须随时掌握船位、航速、航向等信息；同时存在水花飞溅、振动大、安装位置受限等不利因素，对导航雷达性能要求高且需严格控制其重量和尺寸，一般采用高速船所用的轻量化雷达，如雷松、FURUNO 等。中、大型气垫船上还安装差分 GPS 或利用高速陀螺等设备测得船自身的艏向角，实时解算得到侧滑角并将其控制在安全范围内，尤其是在自行登滩上岸之前更需要尽量消除侧滑现象。

8）船舶操纵系统

全垫升气垫船为横跨航空和船舶两个行业的产品，在垫升航行状态下的水

① 不间断电源，uninterruptible power system。

② 全球定位系统，global positioning system。

动力性能与常规船舶有本质上的不同,垫态航行时仅周边围裙下部手指与水面柔性接触,其水动阻尼与常规船舶相比非常小,呈数量级变化;同时由于垫态航行时船体基本脱离水面,其推进和操纵面只能采用高置的气动设备,具有推进和操纵效率低、强非线性和强迟滞性的显著特点。因而,全垫升气垫船呈现明显的船态易受外界因素干扰,加、减速存在延迟滞后和冲程大、机动操纵反应时间长的缺点,同时又具有不当驾驶会导致"高速纵向低头埋艏""低速横向侧滑失稳"危险现象,甚至引发翻船等恶性事故,因此气垫船的驾驶操纵与常规舰船驾驶操纵存在明显的差异。

气垫船早期更偏向于航空设计理念,船体采用铆接铝合金结构,操纵模式以脚蹬控制空气舵为主操控面。后随着实船应用及技术发展,形成独具特色的操控理念及操控技术。操纵面由桨后空气舵、可摇头桨发展到空气舵、侧风门、艏部矢量喷管、侧部围裙提拉装置、电动侧推风扇等;操纵方式由脚蹬、手动旋钮/手轮操控矢量喷管,发展到单个操纵手柄(其上带多个功能按钮)、操纵杆、双杆差动操纵等方式,具体如表 1.1 所示。

早期气垫船采用从飞机借鉴过来的敞开式空气螺旋桨,在桨后设置单片空气舵或者将桨直接安装在可旋转的桨塔上随之偏转,通过左、右两舷螺旋桨的推力差来操控航向,驾驶员通过脚蹬由钢丝绳传动改变空气舵转向;手轮则有4 种动作,左/右旋转控制桨塔旋转(−30 度～+30 度),轴向推拉交替控制垫升高度与螺旋桨螺距角(见图 1.40 和图 1.41)。

在航速较低时,空气螺旋桨的推力较小,相应的桨后空气尾流低,空气舵的舵效差,低速操纵性不佳。为此,可设置围裙提升装置、围裙横移装置、气道甲板放气阀、临时堵围裙囊孔装置等措施来提高低速操纵性(见图 1.42)。

随着导管空气螺旋桨的应用,空气舵开始直接设置在导管后缘处,舵叶数目也有所增加,为确保同步性,舵叶下缘用连杆连在一起。操舵传动方式改变为液压传动,使得布置更为紧凑(见图 1.43)。若螺旋桨为固定螺距螺旋桨,导管后还需设置多片水平方向的舵叶以控制螺旋桨推力的大小。

表 1.1 国外典型全垫升气垫船操纵面配置及操控模式

分类	项目	SRN4	API-88 BHT130	Griffon 2000TD	Griffon 8000TD/8100TD	Griffon 995ED	Griffon 12000TD	JEFFA	JEFFB	LCAC	SSC	BPS M10	Murena	Zubr	T2000	LSF-II	MVPP10	ACV-1
	国家	英国	英国	英国	英国	英国	英国	美国	美国	美国	美国	美国	俄罗斯	俄罗斯	芬兰	韩国	日本	新加坡
空气舵装置	垂直空气舵	*	*	*	*	*	*	*	*	*	*		*	*	*	*	*	*
	垂直安定面												*	*				
	水平升力舵		*															*
空气推进器	导管空气螺旋桨台数 4叶汗桨	4	2	1	2	2 2	2	4 4	2	2	2	2	2	3	2	2	2	2 2
	摇头桨台数																	
	可变螺距空气螺旋桨	*	*	*	*	*	*	*	*	*	*	*	*	*	*	*	*	*
	矢量喷管						2		2	2	*		4	4	4	4		
	艏艉推风嗣																	
气垫力操纵装置	侧部围裙提拉装置	*	*	*	*	*	*	*	*	*	*	*	*	*	*	*		
	两舷侧风门																	
	甲板放气门			2	2		2						8	8				8
	边角油舱燃油调驳	*	*	*	*	*	*	*	*	*	*	*	*	*	*	*	*	*
	左右舷风机转速差	*	*	*	*	*	*	*	*	*	*	*	*	*	*	*	*	*
操控模式	胸蹬	*	*	*	*	*	*	*	*	*		*	*	*	*	*	*	*
	方向盘	*	*			*										*		*
	矢量喷管旋钮																	
	围裙提拉杆	*	*	*	*	*		*	*	*								
	操纵手柄(带按钮)			*	*													
	单操纵杆				*		*	*										*
	双操纵杆										*							

注:"*"表示设置有该设备。

图 1.40　SRN4 型气垫船操纵面

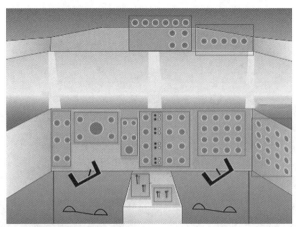

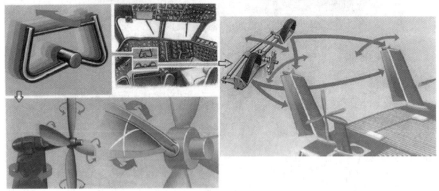

图 1.41　SRN4 型气垫船驾驶室布局示意图及操控模式(脚蹬及手轮)

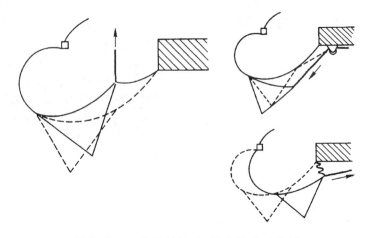

图 1.42　一舷围裙提升、横移原理示意图

图 1.43　气垫船导管桨后的空气舵

随着科学技术的进步,空气舵的传动方式采用电传控制的电动-液压伺服舵机,布置方式更为灵活,可靠性大幅度提高(见图 1.44)。

图 1.44　气垫船导管桨后的空气舵由电动-液压伺服舵机驱动

艉侧推装置是气垫船在风浪中灵活操控的重要手段。大部分的艉侧推装置为由离心式垫升风机供气的旋转喷管,通常可以分为两类。一类由离心式垫升风机独立供气,另一类采用双出口离心式垫升风机同时向下给气垫供气、向上给喷管供气的形式。艉侧推装置可提供矢量推力,低速及高速时效率均较高,可有效地克服气垫船低速操纵性差、抗侧风能力弱等缺点。美国 LCAC 早期采用简单的矢量喷管形式(见图 1.45),中间研发过低构型的阶梯状喷管(用于为芬兰设计的 T - 2000 气垫船、为韩国设计的 LSF - Ⅱ 气垫船),如图 1.46 所示,后又发展为相对扁平的双层出口形成的新构型喷管,用于最新研制的舰岸连接器 SSC 上。英国的 AP1 - 88 型及 BHT 系列气垫船、Griffon12000TD 型气垫船上也设置过艉侧推装置。国内极地气垫船、边防气垫巡逻船、沈阳飞机厂建造的 D4 气垫船均设置了艉推器(见图 1.47)。

图 1.45　早期 LCAC 的第一代艉侧推器

　　侧风门直接从高压气垫内取气产生喷气推力,一般设置在气垫船前、后、左、右四个边角位置处,可产生单侧推力、回转力矩等,在俄罗斯设计的气垫船上得到广泛应用,如 Murena 型、Aist 型、Zubr 型等气垫船。日本的 MVPP 10 型气垫船则在船首正中设有一个艉风门,用于辅助操纵。

图 1.46　LSF-Ⅱ上的第二代艉侧推器

图 1.47　美国研制的第二代气垫船艉推器

作为在大风浪中抗侧漂的重要手段,还有采用摇头螺旋桨的气垫船,如英国的 SRN4 型、芬兰的 LARUS 型、美国的 JEFF A 型和我国的 722 型气垫船。气垫船 LARUS 的摇头导管桨如图 1.48 所示。

图 1.48　LARUS 型气垫船的摇头导管桨

第二章
气垫船的研制和发展历程

气垫船的研制涉及流体力学、空气动力学、结构力学,与常规水面船舶不同的总布置、结构形式、动力装置、机电设备、特有的围裙、空气螺旋桨、垫升风机等设备。研制气垫船需要攻克垫升、阻力、耐波性、低头埋艏、气固液耦合、垂直与水平失稳、推进系统、围裙材料、形式以及船-机-桨三者匹配等诸多关键技术。

我国是世界上最早进行气垫船研制的国家之一,早在20世纪50年代末期,即开始投入对气垫理论和气垫船的研究。我国十分重视气垫船的研制,将其纳入国家船舶发展规划,多次组织召开全国气垫船工作会议和气垫技术应用专业会议,明确主攻方向,发挥社会主义制度的优势,组织协调相关行业参与,集中力量攻坚克难,促进我国气垫船的研制与发展。

气垫船的研制与常规船舶有很大的不同,常规船舶发展已有数百年的历史,从设计到建造均经过实践检验,拥有完整体系且行之有效的规范、规则、公约和标准。而气垫船则不同,它只有60~70年的历史,是一种新船型,每前进一步从理论到实践都要进行探索和试验,需要付出艰辛的劳动。

我国气垫船研发团队胸怀科技兴国,科技强国之志,明知在研制气垫船的道路上,充满坎坷和辛酸,会遇到重重艰难险阻,甚至会危及生命。但他们不畏艰险,迎难而上,将气垫船的研制视为己任。尊重科学,注重实践,以气垫技术理论为基础,以气垫船应用为主攻方向,以试验艇试验为抓手,以研制实用气垫船为目的。从零起步,爬坡过坎,自主创新,洋为中用,始终坚持理论研究与实践相结合,以理论研究成果带动实船设计建造应用的原则。历经理论预研、课题研究、型号试制和实船应用,成功地研制了全垫升、侧壁式气垫船和气垫运输平台共 90 余型 200 余艘,为浅水急流、海域滩涂和冰雪地区的航行和作业创造了条件,为国防装备、交通运输、工程建设和旅游观光事业作出了贡献。

第一节　自力更生砥砺前行

1957 年,苏联专家乌沙可夫将研究气垫船这一想法告诉哈尔滨军事工程学院(简称"哈军工")工程系舰船教研室主任顾懋祥和水面舰艇设计教员恽良。该院海军工程系主任黄景文得知这一船型具有快速性和两栖性后予以大力支持。该学院将气垫船的研制列为"特级"科研项目,当年年底,研发团队构思草图制成气垫船模型,进行了阻力、静飞升等试验。1958 年由该团队设计,哈尔滨飞机制造厂建造了中国第一艘增压室式、四周刚性封闭、活塞式发动机、轴流式垫升风机、木质空气螺旋桨推进、铝质铆接船体的小型全垫升气垫船试验艇(代号"33")。8 月 1 日在松花江上试验,时任国防部长彭德怀元帅在该院刘居英副院长陪同下亲临视察。当时该艇虽然只能垫升未能越过阻力峰,但彭帅还是十分高兴,鼓励参试人员好好干。研发团队在哈尔滨郊区呼兰河中一个荒无人烟的小岛上安营扎寨,领导又到试验场看望大家,研发团队备受鼓舞。呼兰河岛上生活艰苦、环境恶劣、他们佩枪防狼、赤身抗暑,但这一切都难不倒满怀斗志的气垫船研发团队。他们为弄清艇底风压、流量、流速,冒着风险爬到艇底测量取得第一手数据。试验艇在更换主机加大马力[1],改进前、后气封装置,经

---

① 1 马力=0.735 498 7 千瓦。

过三个月的艰苦奋战,完成改装任务。改装后的 33 型气垫艇移师旅顺基地,在海上航行时越出了阻力峰,进行了静水和波浪航行等试验,航速达 69.5 千米/时。1959 年 7 月在旅顺口外海上进行了 16 海里[①]的长航试验取得了成功。1960 年海军司令员肖劲光、旅顺基地司令员刘华清、海军党委委员等 40 多位领导观看了 33 型气垫艇高速航行和登陆表演。

这艘全垫升气垫试验艇的研制,使研发团队初步了解了气垫船的基本机理,对气垫垫升、阻力、阻力峰、稳性、耐波性有了感性认识。

世界第一艘气垫船问世次年,为了尽快改变我国贫穷落后的面貌,1958 年各行各业兴起赶超世界先进水平的热潮。气垫船的研制也不例外,国内先后有 40 余家单位开展气垫原理与气垫技术应用试验,采用空气螺旋桨喷气推进,研制"飘行汽车""无轮汽车"和"气垫飞行器",但由于气垫船系高新技术产品,它的研制需要掌握诸多基础理论和相关的设备和材料,这些条件当时都不具备,所研制的全垫升气垫试验模型,均未装围裙,操纵性不佳,只停留在原理探索研究阶段。

1959 年我国遇到严重的自然灾害,国民经济面临严重困难。1960 年 8 月党中央提出对国民经济实行"调整、巩固、充实、提高"的八字方针,此后,我国国民经济建设由"大跃进"转入调整时期。

1960 年,国防科委召开全国气垫技术会议,决定改变以往"遍地开花"的局面,明确对气垫技术的应用研究,应缩短战线,以研制气垫船为主,按照科技发展规律,对关键技术协作攻关,循序渐进。全国处于调整时期,许多单位相继暂停了气垫船的研究。

这段时间,我国从事舰船研发设计的船舶工业管理局船舶产品设计院第一船舶产品设计室,从事舰船研发的科技人员知悉具有两栖性能的气垫船是研发的重要船型之一,他们开始关注国内、外气垫船发展动态,1961 年该室的一部

---

① 　1 海里＝1.852 千米。

分划归中国船舶及海洋工程设计研究院建制。

1962年,国家科委①船舶专业组制定了船舶科学技术发展十年(1963—1972年)规划时,采纳了该院提出的建议,将气垫船技术的开发列入规划项目,国防科委确定气垫船的研制以中国舰船研究院为主,责任单位为中国船舶及海洋工程设计研究院。

中国船舶及海洋工程设计研究院(即第七〇八研究所)1962年12月组建了气垫船研究小组,初始该小组仅有两人是我国较早引进气垫船研制的单位对气垫船这一特殊船型了解甚少。当时国内对气垫船既缺乏理论知识,也无气垫船设计规范、规则、指导性文件,更谈不上专用设备、材料和建造程序工艺及实践经验。研究小组白手起家,举步维艰,为尽快掌握气垫船概念、气垫原理,了解国外气垫船发展概况,研制小组搜集有关气垫船文献资料200余篇,研究了多种气垫理论公式、数据,走访了第七研究院有关研究所、上海交通大学、中国科学院力学研究所、五机部的研究所等科研院校及有关工厂。撰写成《气垫原理的初步探讨》《气垫船发展概况》和《气垫船发展概况及其应用前景》等文章,在学术刊物上发表。为使更多人了解气垫船,他们编写讲义,举办气垫船知识专题讲座,为研发气垫船进行了人才和技术准备。1963年研发进入设计阶段,绘制了草图,并计划制造试验模型。

1964年3月,李志侠调任中国船舶及海洋工程设计研究院院长,他在听取有关气垫船研制工作汇报后,曾任海军高级学校副校长的他,高兴地说:"这种船海军很需要,赶快研究发展。"他决定从当年毕业进该院的大学生中挑选一批人员充实气垫船研究队伍,划拨经费,制作试验模型。并将该院的气垫船研究小组规模扩大,1964年12月组建成气垫船研究设计科(711科),1975年10月扩建为气垫船设计研究室,后来发展成为一个拥有150余位科技人员,专业设置齐全的我国气垫船研发主要基地。

---

① 国家科学技术委员会。

1964 年 9 月，中国船舶及海洋工程设计研究院制作了静垫升和自航模型，进行了气垫船模型试验，解决了离心式风扇无蜗壳时是否能出风的问题，并验证气垫原理、稳性、操纵性等，完成了气垫船模型风扇气流量-压头-效率的变化规律、并对气道、静飞升、平衡性、直线航行、回转、抗侧风、压载气垫船操纵等系列试验，达到了预期的目的，增强了研发团队的信心和勇气，为研制试验艇奠定了基础。

1964 年，国家科委把气垫船的研制列入科学技术发展规划科研项目，要求当年 7 月开展模型设计，制造和试验；1965 年进行试验艇设计、制造和试验；1966 年下半年开始进行实艇的研究设计。

1964 年 9 月，李志侠院长向中国舰船研究院刘华清院长汇报工作时，刘华清院长指示："气垫船研制最迟也要在 1966 年底前完成实艇研制任务。"李志侠院长当即表态说："好，我们要像打仗一样坚决完成任务。"1965 年 1 月罗瑞卿总参谋长指示："一定要在 1966 年上半年把气垫船实艇研制出来。"

1964 年 12 月，中国船舶及海洋工程设计研究院进行气垫试验艇设计，1965 年 3 月沪东造船厂开工建造，时间紧任务重，研发团队边设计边施工，克服了人手少、要求高、时间紧等困难，研制人员每天从早上 6 点工作到晚上 6 点，紧张劳累，默默工作无私奉献，奋斗 3 个半月，于 1965 年 6 月完成了代号为 711-Ⅰ型全垫升气垫试验艇的任务。

为了进行各项试验，该院在上海青浦淀山湖旁建立了一个极其简陋、生活和工作条件艰苦的试验场，研发团队毫无怨言，全身心地投入试验。首次试验艇垫升高度不足，试验艇不进反退，风扇传动齿轮断裂，研发团队感到有负重任。此时李志侠院长对大家说："试验不成功不是你们的责任，只要大家工作努力，责任我负。"他的话让研发团队放下包袱，静下心来分析原因，找出设计对阻力估算偏低，主机功率不够的原因后，换装了功率稍大的航空发动机，经在江湾机场陆上飞行试验成功后，又在闵行黄浦江深水区试验，该艇顺利越过阻力峰，航速达到 70 千米/时。继而重回淀山湖试验再次获得成功。随后经柔性喷口改进后，航速达到 105 千米/时。时任中国军事科学院副院长粟裕大将受中央军委委托调查全军军事装备的研发情况,于1966年3月与南京军区司令员许世友上将,海军东海舰队司令员陶勇中将等领导一同到青浦淀山湖试验场考察,试验成功,获得赞许,粟裕大将勉励研发团队继续努力。711-I型气垫船经三次大改装,从刚性周边射流喷口发展到柔性"围裙"气垫,加装了自行研制的火腿形射流柔性喷口、水平舵、纵倾调节油箱、抗侧风装置,成为我国第一艘安装柔性喷口的气垫艇。该试验艇进行了登陆、压载、惯性、迫降、航速、两栖、越野长航试验。越过阻力峰,航速达到70千米/时。越过高0.45米的高墙,垮过宽2.7米、深0.5米的壕沟;从陆上跳下0.5米陡岸到水面,取得了一系列初步成果。

研发团队对气垫船的特性有了进一步的了解,掌握了若干关键技术,包括阻力计算,阻力峰分析、船体纵倾对航行影响、柔性喷口形式、围裙在垫升过程的成型等,用以指导后续艇的设计。

1965年夏季,国家科委为配合西南地区大三线建设,组织专家团到金沙江考察。时任中国船舶及海洋工程设计研究院总工程师钟思作为船舶研发专家参加,他在考察中提出气垫船可适用于在金沙江上航行的建议,得到交通部专家的赞同。据此交通部在当年冬季国防科委召开的船舶技术政策讨论会上,提出需要气垫船以解决金沙江航运,支援三线建设的要求。会议依据当时国内、外气垫船发展的现状,决定购买一艘技术相对成熟的英国气垫船,同步由该院研制一艘气垫船。国家科委领导指定由参会的李志侠率队赴英借参加气垫船博览会之机,洽谈购船事宜。经与英方谈判,英方同意中方购买SRN6气垫船,后英方反悔未能达成。此事表明核心技术用金钱是买不来的。李志侠回国后向领导机关汇报此行经过,使研发团队更加坚定走自力更生的道路,以更大的热情投入研发工作,开始筹划711-II型试验艇和运行于金沙江的711-III型侧壁式气垫艇。

711-I试验艇从1964年7月进行模型设计、制造、试验试航的两年时间里经历不断摸索、改进,从而促进了我国气垫船的发展,在我国气垫船研发史上具有重要意义。

1966 年 5 月 30 日,李志侠院长在上海主持召开了全国气垫船技术与协作现场会,领导机关、研制、协作等 18 家单位代表与会。会上该院最早投入气垫船研制的王志功作了 711－Ⅰ型艇研制报告,表示:"在党中央、毛主席领导下,有决心、有勇气,以独创为主,走中国发展气垫船的道路,将气垫船研制赶上世界先进水平。"会后全体与会代表观看了 711－Ⅰ型气垫艇航行登陆表演。

711－Ⅰ型气垫试验艇成果与经验教训为后续的全垫升气垫船设计与建造提供了有力的参考依据,为气垫船的研发奠定了基础。

1967 年 2 月,由该院设计,沪东造船厂建造了 711－Ⅱ型全垫升气垫试验艇。该艇总长 11.74 米,总宽 5.10 米,艇体为铝合金铆接,配置两台 604－1 航空活塞发动机,传动系统复杂新颖。该艇设计时吸取了 711－Ⅰ艇的经验,对其试验中出现的问题进行了改进,采用囊指型围裙,可变正负螺距的可调螺距空气螺旋桨,全艇机电系统操纵和驾驶由一人集中控制,围裙提升与舵联动操控,在上海淀山湖和黄浦江上进行试验,飞升、推进、埋艏、稳性和侧漂等基本性能得以改善,该艇的回转半径显著减小,操纵性大为改善,具有顺利驶入河汊、上岸退滩、逾越沟渠等能力,航速达到 98 千米/时。展示了气垫船良好的快速性与两栖性,推动了气垫船事业的发展。

根据国家科委会议关于开发三线建设,需用气垫船技术加速发展三线水上交通运输的要求,1966 年 9 月开始研制 711－Ⅲ型侧壁式气垫艇作为首制试验艇。研发人员冒着 40 摄氏度的高温,在无空调设备的水池进行艇模拖曳试验,站在水中调试艇模,完成模型试验和实船设计后,建造时因时处"文革"[①],船厂无法按期完成,考虑到该艇试制任务重要,中国船舶及海洋工程设计研究院决定自行建造。研发团队和工人师傅在院内临时搭建的工棚内,夜以继日地施工,仅用了 3 个月的时间,就完成了我国第一艘侧壁式气垫艇的建造。该艇艇体为木质,外包玻璃钢,经过 50 多天 20 多航次试验,该艇航行性能达到设计要

———————

① "文化大革命"。

求,稳性、操纵性和越峰性能良好。

1967 年 5 月按上级要求,711-Ⅱ型艇赴金沙江进行航行试验,考核气垫船在该水域的适用性。六机部、交通部、总后勤部以及黑龙江省、内蒙古自治区、广东省、昆明军区等机关亦派员前往现场观察。金沙江急流险滩多,被一般船舶视为畏途,曾吞噬过不少船工生命。有些滩陡流急,普通机动船要依靠岸边绞滩站的钢缆拉船过滩。711-Ⅱ、Ⅲ型在试验过程中不惧流急,越过滩石,显示出在该水域上良好的航行性能。

1976 年 7 月 711-Ⅱ艇赴北京怀柔水库进行航行演示表演。表演获得圆满成功,气垫船这一高科技、高性能船型的价值得到认可,促进了日后的发展。

在这期间沈阳飞机制造厂凭借在飞机制造中的工艺能力、航空发动机运行的经验以及科技人员在气体动力学等方面科技成果亦投入气垫船的研发。于 1965 年 3 月启动,1965 年 6 月研制了第一艘木质结构 DX-1 型气垫船,作为探索气垫船原理和垫升、操纵及水上适航性状态。试验结果表明陆上可行驶,但水上则无法越过阻力峰。1965 年 7 月贺龙元帅到沈阳飞机制造厂视察,观看了 DX-1 气垫船试验,并对科技人员深切地嘱咐:"希望做好气垫船研究设计工作,为国防建设服务,多做贡献。"沈阳飞机制造厂紧接着于 1965 年着手 DX-2 气垫船设计,1966 年总装完工。

至此,从 1958 年到 1967 年近 10 年时间里,我国气垫船研发在国家有关部委的策划下,投入大量人力、财力,参与研发的单位领导和研发团队自力更生坚定信念,聪明才智和不畏艰险,勇往直前的精神,经过无数次试验,获得极为宝贵的气垫船运行状态的大量数据,更加明确了攻克气垫船技术的目标方向。

第二节　理论研究推进实艇试验

为加快科研工作进展,中国船舶及海洋工程设计研究院建立了简易而实用的气垫船静飞升实验室,为实船设计提供实验数据。研发团队到旧机电商店购买旧的鼓风机,用人力三轮车搬运材料,仅用5万元,一年建成,两年调试完毕投入使用。该试验室取得了意想不到的成功,既培养了气垫船专业人才,又进行了多项响应围裙和全垫升气垫船模型耐波性研究、二元围裙实验研究、斜指围裙和流量控制面对全垫升气垫船性能影响等研究及多项试验。研发团队根据研究分析、试验证实的结果,撰写了多篇很有学术价值的论文。

随着我国国力增强,科技投入相应加大,又通过三次改扩建,该院的气垫船静飞升实验室发展成为拥有大(小)围裙试验装置、垫升系统试验平台、特种垫升风机试验装置、实船仿真试验平台、气垫船模波浪试验平台和实船围裙总成试验平台的气垫技术实验室。该实验室已成为国际上规模最大、试验内容最多的气垫船技术和气垫船设计专用实验室之一。研发团队依靠自身智慧,通过这一实验室以及船模拖曳水池、风洞试验室来摸索气垫船运行的物理机理,建立了基于理论分析的计算方法,在此基础上逐步编制并完善气垫船的垫升性、阻力、稳性、耐波性与操纵性以及围裙成型与变形的相关计算软件和有关总体性能的设计或试验方法的企业标准和行业标准。

围裙气垫系统的设计是气垫船垫升、阻力、稳性与耐波性研究的关键技术。中国船舶及海洋工程设计研究院对气垫形式与"围裙"成型、变形进行了深入的理论研究与试验验证。气垫原理由周边射流理论向沿壁射流与增压室理论发展,继围裙形式从火腿型发展为囊指型后,进行了响应围裙变形及抗颤振、水气动力作用下变形的研究。在决定气垫船垫升性与稳性的囊指围裙气垫非平衡射流基础理论上获得突破。撰写多篇有价值的论文,并编制了多项气垫船设计规范、程序和指导性文件。

20世纪80年代,改革开放为气垫船的科技工作者创造了更加广阔的发展空间。通过出国考察、访问、学术交流,了解了响应围裙颤振难题的解决途径,使气垫船在波浪上具有优良的减阻和运动响应性能,提出响应围裙的气弹性与水弹性动力学理论,解决了柔性围裙在水气作用下的气-固-液耦合动力学难题,为编制气垫船性能设计软件奠定了基础,并成功地运用到实船上。

气垫船的推进螺旋桨从早期的航空空气螺旋桨发展为适合气垫船的改进翼型导管空气螺旋桨,使实船的推进效率得到明显的提高。

在主机、船用材料、空气螺旋桨和围裙材料方面实现了关键技术的突破。对气垫系统、导管空气螺旋桨系统和围裙系统的气动力进行了较深入研究。对影响气垫船垫升性能的囊指围裙、气垫非平衡射流基础理论研究也获得了突破。从系统分析与反馈原理出发导出的"围裙气弹与水弹响应度"的概念,构建了围裙"缩进""颤振"和"静动态失稳"判据,提出了降阻、减摇响应围裙水气动力设计原则。在此理论基础上开发了囊指、开囊指、折角指、双囊指、双囊折角指等一系列实用响应围裙形式的成形设计与变形响应计算软件,以及与之相关的气垫船稳性和耐波性计算软件,奠定了气垫船性能设计的理论基础。构建了低阻、高耐波性响应围裙技术。应用该技术可避免围裙气垫静动态失稳,可降低气垫船静水阻力、波浪附加阻力和垂向加速度。该项技术打破了国外公司的垄断,使我国气垫船研制技术取得了重大突破,获中国船舶工业总公司 1991 年科技进步奖一等奖。

1980 年 5 月,国务院国防工业办公室主持召开第二次全国气垫技术专业会议,会议认为,我国气垫船长期停留在试验、试用阶段,主要是由于缺乏适当的动力系统以及船体柔性围裙材料不配套,鉴于科研经费有限,故先从小型内河气垫船开始,逐步向沿海中型气垫船实用化过渡。

1982 年 10 月,全国第三次气垫船技术专业会议,分析了气垫船研制向实用化过渡存在的问题和困难。统一思想,加强领导,提出解决问题的一系列措施和方法。并在改革开放政策的指引下,通过有关部门适当引进国外先进技术和设备,经过 5 年努力,主要关键器材设备做到基本自给。

20 世纪 80 年代中、后期,我国气垫船实用化研制技术日臻成熟,在总体性能方面,随着气垫力学与围裙动力学研究的深入及主尺度参数的优化设计,使垫升功率大大降低,加大了有效装载。

在船体结构方面,对强度、振动、外载荷进行了大量试验研究,使得设计建造工艺水平有较大的提高。

在动力装置方面,高速柴油机(包括风冷和中间水箱冷却)已成功应用到全垫升气垫船上,大大提高了气垫船的经济性和可靠性。

在内装、噪声控制方面已达到国外高速船水平,舒适性有明显的改善。

通过 30 多年的研究、设计和试验总结,积累和完善了气垫船模型试验技术和性能预报技术,编制了一批气垫船设计规范、规则、程序和指导性文件,新船型研究开发取得突破性进展,我国气垫船研制迈向海洋,成功研制了一批实用化气垫船产品。

1984 年,若引进一艘 100 客位的柴油机全垫升气垫船,国外公司报价180 万英镑,按当时汇率为上千万元人民币,约相当于国产造价的 4 倍。这又一次说明先进设备、核心技术靠金钱是买不来的,气垫船的研制必须依靠自己的力量。

我国自行研制 140 客位,航速 47 海里/时的 722‑Ⅱ型全垫升气垫船,攻克了低囊压响应围裙;特种防锈铝合金艇体材料、3.6 米导管空气螺旋桨、2.8 米可拆叶片垫升风扇、挠性连接大功率长轴;"机-桨-扇"联合控制系统,走的是一条发奋图强,自主创新的道路。

722‑Ⅱ型全垫升气垫船,采用的是国产的 409 型船用燃气轮机,安装的是自行研制的围裙。依靠的是研制人员提出的理论基础、实践经验、真才实学及大胆创新精神。在研制过程中,研制人员有的身患严重哮喘,有的 4 次胃出血,有的严重高血压,有的顾不上照顾家庭、顾不上孩子参加高考,全身心地投入科研、设计并配合建造,创造了 600 天驻厂纪录,有的长时间蹲在仓库一个个精挑细选铆钉,表现出不畏艰难、艰苦奋斗的奉献精神。

722‑Ⅱ型全垫升气垫船是一艘技术密集、具有多项国内首制项目的新型气垫船,数十台关键设备,成千上万个零部件都打上了"中国制造"印记,这是祖国的光荣,是中国工程技术人员的骄傲,它标志着我国气垫船由江河湖泊迈向了海洋,标志着我国已开始有能力研究、设计、制造具有当代先进水平的大型气垫船。

在此期间,上海船舶运输科学研究所(简称"上海船研所")与安徽省水运科学研究所合作设计 WD 型内河侧壁式喷水推进气垫艇,由巢湖造船厂建成并小批量生产。该船艇重 16 吨,40 客位,航行吃水 0.45 米,航速达 38 千米/时,具有良好的经济性。

中国船舶及海洋工程设计研究院对 717－A 型气垫艇进行第二次改装。该艇命名为 717－C 型气垫艇。以此为原型艇,为重庆轮船(集团)有限公司设计、建造了 54 客位的 717－Ⅱ 型气垫艇"岷江"号;以及为重庆轮船(集团)有限公司设计、建造了 70 客位的 717－Ⅲ 型艇"重庆"号,两艇航速分别为46.9 千米/时和 44 千米/时。建成后均在重庆营运,从 1984 年 10 月起连续运营 10 多年,由重庆到泸州单程 249 千米,到宜宾单程 372 千米,只需 6 小时到8 小时 30 分,大大缩短了航行时间。

该院在 719 原型艇的基础上,设计了 719－Ⅱ 型侧壁式气垫船"鸿翔"号。该船由中华造船厂制造,于 1987 年冬交付使用。该船总重 123.5 吨,采用 3 台进口的 TBD234V16 高速柴油机作为主机,航速 44～50 千米/时,载客 258 名,用于上海市区到崇明岛的短途客运,使航渡时间从原来 2 小时缩短至 45 分钟。实船营运表明,该船性能稳定,飞升、推进动力装置可靠,围裙寿命已适应营运要求,是实用化的船型之一。

为了在沼泽、滩涂、淤泥等一般车、船难以到达的地区使用气垫船,大港油田指挥部委托该院研制可用火车运载的小型全垫升式"气垫吉普"。该艇采用耐腐蚀铝合金做艇体,配用两台汽车汽油机(后改为两台进口柴油发动机),采用导管螺旋桨和囊指型围裙,总重约 2.6 吨,可载客 8～10 名。该改型艇后由杭州东风造船厂和芜湖造船厂小批量建造了 17 艘,交付黄河水利委员会、油田等用户使用。

1987 年,河南省旅游局委托该院设计、上海飞机制造厂建造用于黄河旅游的 7212 型全垫升式气垫船"郑州"号,该船总重 10.3 吨,载客 33 名。该船是开发黄河旅游资源的实用型气垫船。

1987 年 7301 型自航式气垫平台,由中国船舶及海洋工程设计研究院设计,杭州东风造船厂建造,最终成功投入大港油田海滩使用。该平台载重 35 吨,淤泥上航速 40 千米/小时,获国家重大装备科技进步奖。

研发的产品经试验、试用、投入使用,积累了大量宝贵经验,培养和造就了一批气垫船科研、设计、建造和使用人才,有力地推进了我国气垫船的工程化和实用化。

1984 年中国气垫技术开发公司在天津成立。该公司为科研生产联合体,至 1996 年研制的气垫船有宜宾至宜昌,载客 128 位,航速 54 千米/时的双体气垫船"康平"号及上海至海门,载客 250 位,航速 65 千米/时的双体气垫船"三北门"号和"三北海"号。

第三节　自主创新加快发展

1989 年国家科委将大型气垫船的研制列为国家"火炬"计划首批重大项目。1991 年天通高速船开发有限公司研制了我国第一艘 HT901 型油田钻井平台用气垫货船。该船总重 21 吨,载重量 4 吨,最大静水航速 50 千米/时,续航能力 4 小时,可收放的跳板供一辆车上下。之后该型又建造了 HT901 型客船。该船荣获国家火炬计划技术产品金奖。

1992 年中国船舶及海洋工程设计研究院为大港油田研究设计的 600 吨人工岛钢模气垫垫升系统建成。该人工岛平台直径 63 米,安装 7 台道依兹风冷柴油机带动的鼓风机,大港油田称其为"中华第一岛"。此平台曾因围裙材料变形未能垫起,后查明原因,调整围裙连接点后即可正常垫升,巨大的人工岛气垫平台垫升牵引下海获得成功。

为加强香港地区与内地的交流,中国船舶及海洋工程研究院和广州黄埔造船厂研制了全焊接铝7211型双体气垫船"迎宾4"号。该船于1992年12月建成,并投入蛇口-香港地区航线客运。

该船在设计中充分消化吸收了国内外侧壁式气垫船的经验,解决了全焊接铝质客船的材料、设计、工艺等问题,采用了机舱进气过滤技术,首次进行了垫态稳性计算等,使该船实现了安全、舒适、快速地营运。在该航线上被旅客称为"珠江明珠"。荣获得国家科技进步奖三等奖。

1995年中华人民共和国船舶检验局正式公布《内河气垫船检验暂行规定》、现有《海上高速船入级与建造规范》《内河高速船入级与建造规范》包括了气垫船规范内容,使气垫船的设计、建造、检验有规可循、有法可依,促进了我国气垫船的发展。

1996年中国船舶及海洋工程设计研究院设计、杭州东风造船厂建造了7226型40客位系列气垫船。以往空气螺旋桨的变矩机构全在桨毂内,机构复杂且价格高,不适应气垫船多变的型号,限制了可变螺距螺旋桨的应用。该船对外伸油缸、外伸油路的变矩机构进行了技术攻关,采用桨壳外挂平衡块的方法大大降低变矩杆转接轴承的动载荷,减小了轴承受力。更重要的是螺旋桨和风机参数可选择范围增大、效率提高,该船可以悬停、前进、后退。该船将变矩液压油路及油缸置于桨毂之外方便了制造和维修,从根本上解决了变矩机构的可靠性,从此可变螺距螺旋桨得以广泛使用。

7226型系列气垫船应用于秦皇岛海滨、丹东鸭绿江口地区旅游航线及新唐港的建港工程勘测。经使用验证,该气垫船经济性和操纵性良好。1997年通过四川省交通厅鉴定,该型船获得中国船舶工业总公司科技进步奖二等奖。

大港油田根据滩海勘探开发的需要,1996年委托中国船舶及海洋工程设计研究院设计100吨被动式气垫运输平台,用于大型设备及燃料、淡水等物资器材的运输。该院经过对垫升性能、牵引力等方面研究及相应设备的研制,100吨气垫运输平台为钢质主船体,铝质上层建筑,采用平台上绞车自行绞滩或用其他运输工具牵引。1997年该平台建造完工,经过一年多的现场考核试验,1997 年 9 月通过中国石油天然气总公司及中国船舶工业总公司的验收鉴定。

我国对破冰型气垫船研制积累了一些经验和技术储备。对气垫破冰机理进行了理论研究,中国船舶及海洋工程设计研究院开发了一型能用于极地等寒冷地区低温环境下使用的气垫船,可兼具破冰和运输功能,对我国极地地区科考、延长北极航道通航期、寒区低温环境物资及人员转运、应急救援等都具有重要的作用。还对边防气垫巡逻船在北方界江、界河流冰期的应急使用进行了试验研究。

我国气垫船的研制与发展的道路,充满了艰辛与曲折,众多科技工作者付出了艰辛的劳动,涌现出一批为此作出突出贡献的科技工作者和能工巧匠。

中国船舶及海洋工程设计研究院原院长李志侠,人称"气垫迷",他在统筹策划、组织领导该院科研设计工作期间,十分重视我国气垫船的研制与发展,组织气垫船科研课题立项,确保经费落实,选调充实扩大研制队伍。并深入研制一线,选定试验场,解决研制过程中遇到的问题和困难。他身先士卒亲临一线,具体主持气垫船的研制,为研制人员传递满满的正能量。他在气垫船研制的各个阶段发挥了关键性的组织领导作用,我国气垫船的发展能有今天的成绩,李志侠功不可没。

我国气垫船研发的开拓者之一——恽良教授,多年来一直致力于我国气垫船技术和气垫船研究设计开发工作,他参与了我国第一艘全垫升气垫试验艇的研制与试验。参与研制了我国多型首创的全垫升气垫船和侧壁式气垫船,组织研发团队成功地解决了多项技术难题。他组建了我国首座气垫技术试验室,首次在燃气轮机应用到气垫船与响应围裙技术应用方面获得突破。他总结气垫船研究、设计、制造、试航所取得的经验,撰写了我国第一部气垫船原理和设计专著。在国内、外刊物及相关的会议上发表了 40 余篇学术论文,多次在国际会议报告中作主旨发言,享有国际声誉。

中国造船工程学会与英国皇家造船工程师学会合作,从 1989 年至 2019 年,先后举办中国国际高性能船舶国际学术会议 20 余届,恽良教授作为会议联合主席之一,为国内高性能船科研人员搭建与国外专家学者学术交流的学术舞台作出了贡献。

我国气垫船女专家华怡把有限的生命全部投入研制气垫船的事业中,她参加了我国当时吨位最大的一艘全垫升气垫艇的总体设计,承担了船舶性能计算。在模型试验阶段,她主动承担数据分析和撰写试验报告等任务。

她深知气垫船的围裙是设计中的关键。1979 年,她与另一位同志大胆设想、周密论证,在国内首次建立了"二元囊指裙的静态成形计算方法",这一方法具有重大的实用价值。她又将这一方法发展为"三元围裙计算方法",为攻克围裙设计关键技术奠定了基础。

海上试验是检验气垫船"围裙"设计成败的重要环节。每次试验,华怡都争着上船,仔细观察、认真记录,并能迅速整理试验结果报告。气垫船在海上高速行驶,有时会出现险情,华怡从小晕车、晕船,在试航中只要遇到风浪就呕吐不止。尽管如此,每次出航华怡都坚持上艇。一次她吐得晕倒在大舱里,同志们把她扶进小舱,想让她休息,可当人们一转身,她又摇晃着身子出现在大舱里。她说:"我是设计人员,知道船摇摆的难受滋味,就会更加努力地去改善气垫船的适航性。"出航归来,她顾不上休息,和大家一起检修围裙。烈日暴晒,小虫叮咬,她全然不顾,在用竹竿撑起的"围裙"里面,半躺着身子观察和记录。大家劝她休息,她说:"我是研究围裙性能的,不了解围裙在使用中的损坏情况,怎么能设计好围裙呢!"

华怡主持完成的《气垫船静水阻力估算方法》,经全国船舶标准化技术委员会批准,成为我国气垫船设计中普遍采用的一个指导性文件。她参与研究并与他人合作完成的《侧壁式气垫船在波浪上运动的非线性理论》和《气垫船耐波性理论》两篇论文,为建立我国的气垫船耐波性理论打下了基础。她主编的《气垫船模适航性试验方法》对气垫船适航性的研究起了重要作用。她英年早逝,在气垫船研究岗位上战斗到生命的最后一刻。

中国船舶及海洋工程设计研究院早在 20 世纪 60 年代就进行气垫船研究，该院马涛研究员 1985 年在美国洛克维尔的国际气垫技术会议上，代表国内的几位科研人员宣读了有关围裙性能研究的三篇论文，受到与会各国气垫学者一致好评。英国气垫船公司的总工程师威勒在讨论时发言："想不到在围裙性能研究方面中国同行已经走在前面。"会上，各国学者决定合著一本反映气垫船技术的书，名为《气垫船技术、经济和应用》，1989 年 12 月出版发行。马涛因在围裙气弹和水弹动力学理论上的贡献，承担有关围裙性能章节的编写。国外某教授认为："马涛等在该领域的进一步发展，不仅对于围裙性能的理解，而且对于围裙设计的改进都作出了重大贡献。"从此，国际上对围裙特性的研究中心转移到中国船舶及海洋工程设计研究院。

马涛与研发团队，应用第二代响应围裙与第三代新翼型导管空气螺旋桨，使流体动力性能获得飞跃。

他们不畏艰辛，冒着被导管桨强大气流吹倒的危险，反复进行调试和试验，突破了总体性能、船体平台、综合设计技术、主要系统及设备四大类型 25 项关键技术。他独创的气垫参数与推进垫升功率综合优化方法，以及建立的试验相似准则，结合在国际上首创的"响应围裙气弹水弹动力学理论"，对总体气垫参数及围裙组合形式与剖面型线进行了综合优化。

在研究过程中，马涛研究员由于工作压力过于繁重，两次生病住院，但仍坚持工作，解决了高密度艇高响应度围裙等设计难题，经过实船验证，该型艇总体性能达到国际先进水平，其中阻力、动稳性、耐波性及航行安全性等核心技术指标居同类艇国际领先水平，先后获得专利 24 项，相关系统及科研课题获得国防科学技术进步奖 10 余项。

中国气垫船发展过程中，失败与成功并存，经过无数次挫折失败，换来经验与成功，取得了来之不易的成果，如今站在世界气垫船研制的前列，为国民经济建设和交通运输事业的发展作出了贡献。

随着科学技术进步，交通工具的发展，桥梁隧道的建设和高速公路网络的形成,民用气垫船应用受到一定程度的影响,但气垫船的特殊功能,在加强国防装备现代化,交通运输,在滩涂、沼泽、浅海滩深淤泥等区域工程建设及旅游观光领域仍然大有用武之地。

进入 21 世纪,研发团队通过实验室、船模水池、风洞等实验设施,开展了一系列理论研究,逐步完善了涉及气垫船性能和围裙成型与变形相关设计、计算软件,逐步建立了有关气垫船总体性能设计、试验方法的行业标准和企业标准。我国气垫船的研制,对标世界先进水平,对大、中型气垫船一系列关键技术进行了系统的理论研究与实船应用。成功地研制了新型响应围裙系统、新型高密度导管空气螺旋桨,使新研制的气垫船的快速性、动稳性与耐波性等流体动力性能达到国际先进水平。随着我国船舶工业的发展,气垫船配套设备和材料越来越齐全,质量更好。新研制的气垫船总体性能优化,技术指标先进,减振降噪,注重节能环保,改善驾控提高航行安全性等方面都有较大的提高。

第三章
气垫船理论与设计研究

气垫船是介于常规船舶与飞机之间的小众学科,应用柔性围裙围成气垫来垫升船体脱离水面或地面,高速运行于水气界面上。在表面水动力、外部气动力、内部气垫动力与围裙响应动力的气-固-液耦合作用下的运动特性复杂程度远高于常规船舶或飞机等运载工具。这给气垫船的总体性能设计带来较大的困难,也是早期气垫船研制过程中存在各种各样难题的原因。我国气垫船设计的基础理论完全是从零开始,加强理论研究,以理论突破带动实船研制。20世纪60年代,我国科研人员通过试验艇、气垫技术实验室以及船模试验水池、低速风洞广泛地进行试验探索其物理机理,逐步建立相应的理论计算分析方法并加以逐步完善。在此基础上逐步建立完善气垫船的垫升性、阻力、稳性、耐波性与操纵性以及围裙成型与变形的相关计算机软件,并逐步制定了有关气垫船总体性能的设计或试验方法的行业标准和企业标准。

第一节　气垫船基础理论研究

一、垫升理论

气垫船不同于常规排水船型,它是由高速旋转的垫升风机向下鼓气,在船

59

体下方形成气垫而支撑悬浮于水面或地面之上。气垫船的垫升性能如常规船舶的浮性一样,对其阻力、稳性以及耐波性都有较大的影响。早期气垫船在船底采用周边射流型的气垫形式,具有较高的垫升效果,当时采用的是刚性喷口,后因其触水后阻力大增而改用火腿形柔性喷口形式,对应的设计理论为"周边射流指数理论",用以计算设计飞高以及流量压头需求,经试验艇的实船试验,火腿形柔性围裙仍存在触水阻力大的问题(见图 3.1)。

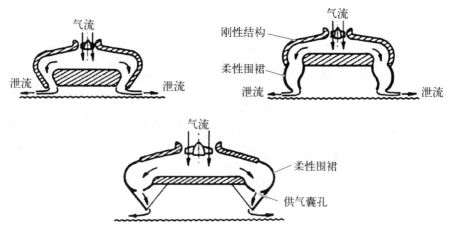

图 3.1　早期不同的垫升理论与射流形式

20 世纪 50 年代后期,英国发明了囊指型围裙形式,其基本原理是利用围裙下部的分节手指(或锥指)对高频小浪的避让,与利用围裙上部大囊对大浪的随波起伏来降低气垫船围裙触水后的阻力。这时的气垫形式为气流从围裙大囊沿手指前柱面内侧壁向气垫供气,对应的设计理论为"沿壁射流"理论。

20 世纪 60 年代末到 70 年代初,中国船舶及海洋工程设计研究院在上海淀山湖开展 711 型与 711 - II 型气垫船的广泛实船试验的同时,为了研究垫升理论与围裙形式,在 1970 年初开始建立了包括小围裙箱、水围裙箱与大围裙箱等试验装置在内的气垫技术实验室,如图 3.2 所示。

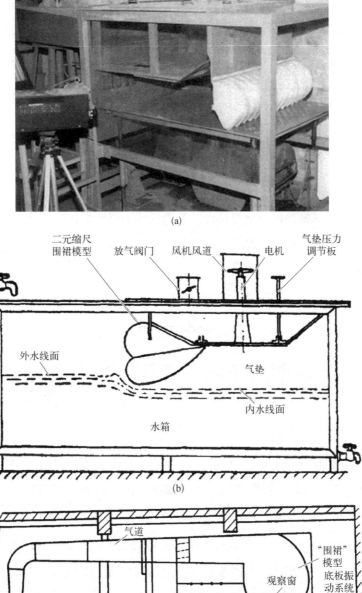

图 3.2 早期建立的气垫技术试验室
（a）小围裙箱 （b）水围裙箱 （c）大围裙箱

利用这些试验设施,对不同几何参数与供气形式的围裙进行了垫升性试验,并开展了垫升理论的基础研究。采用囊孔靠近囊指前柱面内侧壁的沿壁射流供气方式,具有较高的垫升效率,在同样流量情况下可实现接近周边射流型的飞高。中国船舶及海洋工程设计研究院气垫船研发课题组首次建立了我国的平衡状态沿壁射流指数理论,为气垫飞高与供气流量压头的设计计算奠定了基础。后来为了研究气垫倾斜稳性的原理,研发团队又在此基础上丰富发展了非平衡沿壁射流的垫升理论,填补了国际上只有平衡状态沿壁射流理论的空白(见图3.3)。根据黏性射流理论通过卷吸形成的过给涡流在气垫内形成局部负压区的非平衡射流理论,揭示了早期气垫船纵向埋艏失稳的物理本质,为以后研发奠定了基础。

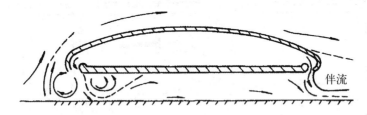

伴流

图3.3 沿壁射流过给气流卷吸在艏部围裙形成气垫负压原理

1979年第13届国际水动力学会议在华征集论文,时任中国船舶及海洋工程设计研究院总工程师袁随善力荐课题组的这篇论文"气垫船非平衡沿壁射流理论和试验研究",后来该论文与中国船舶科学研究中心的另一篇论文同时被录用。1980年中国船舶工业总公司组建了以中国船舶科学研究中心顾懋祥所长为团长的代表团参加了在东京召开的第13届国际水动力学会议,马涛代表课题组在会上宣读了这篇论文,引起了国际气垫船业界的高度关注。

1980年,"气垫船非平衡沿壁射流理论和试验研究"获得国防工业重大改进技术成果奖三等奖。

为了消除由于沿壁射流造成气垫局部负压的影响,并随着囊指围裙的进一步优化,设计飞高与气垫流量逐渐降低,气垫形式最终改为增压室供气形式。根据垫升理论分析,在小飞高区,增压室形式与沿壁射流具有相近的垫升效率(见图3.4)。

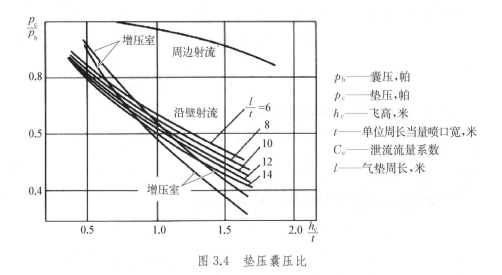

图 3.4 垫压囊压比

p_b——囊压,帕
p_c——垫压,帕
h_c——飞高,米
t——单位周长当量喷口宽,米
C_e——泄流流量系数
l——气垫周长,米

早期711-Ⅱ型试验船的艉部围裙曾采用射流润滑囊形式,但因其结构复杂且触水后阻力性能不佳,后来改为气垫船的囊锥筒形围裙线型。与囊指型围裙一样,该围裙形式的垫升特性在气垫技术实验室的围裙箱内也进行了试验与理论研究。通过试验,发现这种围裙形式由于其气垫泄流形式不同,围裙很易被吸附于运行的水面或地面,不仅增加了阻力甚至还会发生"蹦蹦跳"的现象,只有在大飞高时才能稳定。研发团队通过测试围裙底端流场在气垫内外的压力分布与围裙变形影响,经理论分析探明了囊锥筒形艉部围裙发生上述现象的机理(见图3.5)。

这也是装有这类形式艉部围裙的气垫船,如英国AP1-88系列以及国内其仿制船HT-903型全垫升气垫客船,在实际航行中艉部多颤振、锥筒形围裙损坏率极高的原因(见图3.6)。

图 3.5　艉部囊锥筒型围裙吸附原理示意图

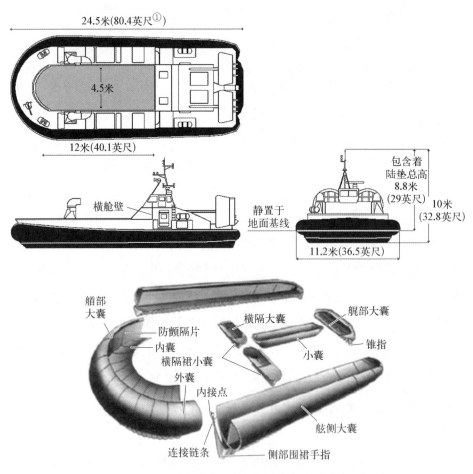

图 3.6　AP1‐88 型气垫船围裙布置及艉部囊锥筒型围裙

---

①　1 英尺＝0.304 8 米。

在该理论与试验研究基础上,中国船舶及海洋工程设计研究院将艉部围裙大囊下锥筒改为分节小囊形成自身的双囊型围裙或三囊型围裙。根据陆上小围裙箱与水围裙箱对其气垫泄流区域压力分布的测试结果,建立了压力分布的半经验公式以及相关的垫升力学模型,由此获得了该型艉裙的气垫泄流系数以及小囊成型的几何线型(见图3.7)。

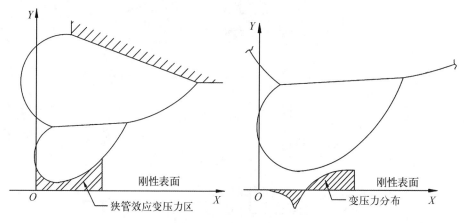

图 3.7　双囊型围裙受力及囊弧底部的压力变化

这套艉裙形式流体动力性能明显优于英国的囊锥筒艉裙,而且未出现"蹦蹦跳"现象,可靠性高,触水/触地损坏率低(见图3.8)。

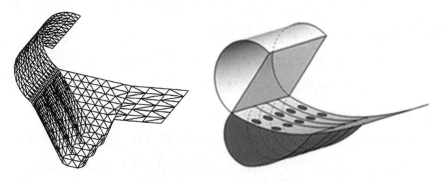

图 3.8　囊锥型与双囊型艉裙形式

气垫船的垫升系统由风机,风道,大囊等组成,有时船的垫升不好甚至越不出阻力峰,与上述各个环节的流量、压力损失有关。如何对设计的垫升流道根据垫升流量、压力需求计算获得对应的垫升风机流量特性要求,既是建立垫升性能的计算方法,又是垫升性能研究的主要目的。由于实际的内部流场结构复杂,一般仅能通过试验来获取流道各处的损失系数(见图3.9)。

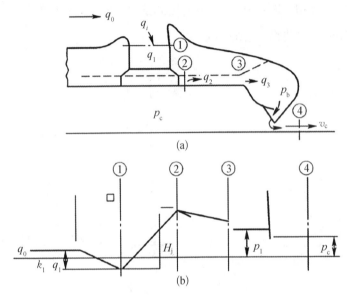

① —风机进口损失;② —风机出口损失;③ —流道损失;④ —囊孔损失。

图 3.9 垫升系统流道损失

气垫船缩尺模型包括专用垫升模型与拖曳船模,由于缩尺船模的雷诺数(Re)比实船要小很多,相似问题给模型试验结果带来很大误差,为此一般垫升模型都比拖曳船模要大很多,以使其内部 Re 尽量达到自模拟区范围。

如美国 JEFF B 拖曳船模的缩尺比为 12 左右,而兼作垫升性能试验的自航模的缩尺比为 6,如图 3.10 所示。

无法达到 Re 自模拟区的拖曳船模,为达到垫升性能相似,在垫升风机缩尺相似前提下,一般要通过增加缩尺风机转速来满足流量压头相似,同时大囊到气垫的囊孔损失也因为不相似而要修正缩尺囊孔面积。气垫技术实验室通过大、小船模试验,结合国内、外实船测试结果分析,建立了垫升系统中垫升风机与垫升流道(囊孔)的缩尺相似修正方法(见图3.11)。

图 3.10 JEFF B 小尺度拖模与大尺度的自航模

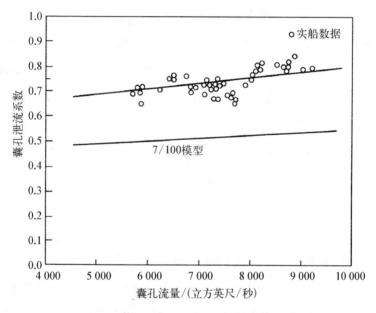

图 3.11 船模与实船的囊孔泄流系数

围裙作为一个充气的柔性结构,在实验室或船模上的缩尺相似也存在较大问题,其成型与变形除与压力及其刚度相似外,还与材料特性与应变刚度相关。材料特性及应变刚度的影响在围裙成型与变形计算中很难得到反映,几何变形越小的围裙材料刚度的影响越大,只能通过放大尺寸通过接近于 1∶1 的实尺度围裙试验来解决,这也是气垫技术实验室中需要建设大、小围裙箱试验装置的原因。这些试验装置为其后响应围裙动力学的理论研究,实船围裙的成型与变形设计计算奠定了试验基础。

基于上述研究,中国船舶及海洋工程设计研究院主编了 CB 20377—2018,《全垫升气垫船性能试验模型的相似要求》船舶行业标准并建立了"气垫船垫升性能计算方法"与相关软件。

二、阻力性能与越峰

一方面,气垫船高速运行于水气界面上,承受外部气动力、气垫兴波与围裙触水的水动力、进出口气垫动量力,这些流体动力相互耦合,受力复杂,且受风浪影响变化很大,给气垫船阻力性能的设计和预报造成极大的困难。另一方面,在船模流体动力试验中又存在许多相似的问题。水池阻力试验中,船模首先要满足垫升系统的风机-风道-大囊-气垫的动力相似,还要考虑围裙材料不同引起的刚度相似。在此基础上水动力主要满足傅汝德数(Fr)相似,水池试验中外部气动力雷诺数(Re)不相似,必须予以扣除,气动力则由Re 达到自模拟区的风洞试验结果获得。早期气垫船在实船试验与船模试验中进行了大量的探索工作,20 世纪 70 年代中国船舶及海洋工程设计研究院通过与英国 BHC 公司的合作,引进了英国的气垫船阻力计算方法。因为气垫船的阻力性能不仅与气垫参数相关,还与周边围裙形式、具体的船体型线参数密切相关,而这部分阻力很难反映到理论计算中。以华怡为学科带头人的课题组针对上述阻力性能试验与预报问题,结合英国的理论计算方法开展了大量的船模试验与理论研究,将美国 Newman 基于移动压力面兴波理论提出的气垫兴波阻力系数图谱,并将其插值加密处理以方便编程应用,如图 3.12 所示。

通过总结国内外典型气垫船的无因次压长比与气垫流量系数之间的关系,获得气垫流量回归公式,用以指导垫升性能设计。

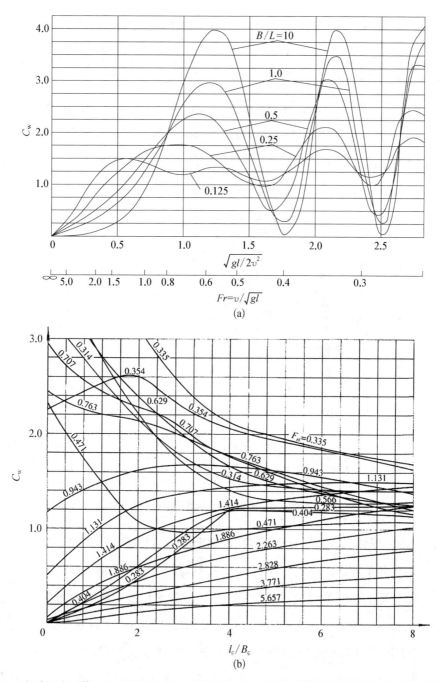

C_w—兴波阻力系数 l—船长,米 B—船宽,米 g—重力加速度,米/平方秒 v—船速,节

图 3.12 Newman 移动压力面兴波阻力系数图谱及其插值加密处理

由此开发了气垫船静水阻力计算程序,编制了船舶行业标准《气垫船静水阻力计算方法》。该标准对早期气垫船越峰困难或达不到设计航速的问题解决,奠定了设计理论基础。

气垫船在低速航行时,其主要阻力成分为气垫兴波阻力与围裙触水阻力,高速航行时兴波阻力下降、气动阻力比例上升,一般在 $Fr=0.6$ 附近存在一个主阻力峰值,这之前还有第二阻力峰,气垫船必须在越过主阻力峰后才能正常航行。气垫船的兴波阻力峰值如图3.13所示。

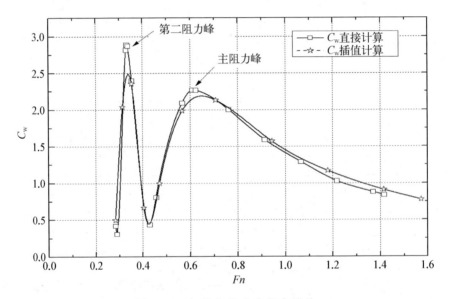

图3.13　气垫船的兴波阻力峰值

该阻力峰值与气垫压长比、长宽比密切相关,气垫压长比大(重载)、长宽比小,其阻力峰值越高,设计不当很容易产生越峰困难的问题。

当气垫船在水面上航行时,气垫压力形成的水面凹陷随船一同前进,并发生变形,形成气垫兴波。气垫船的高压气垫兴波波形如图3.14所示。

随着航速增加,兴波波长变大。当兴波波长等于船长时,船尾处于兴波最低谷处,与船首处水面高度差最大,船的抬头纵倾角达最大时,其兴波阻力达到峰值(见图3.15)。

图 3.14　气垫船航行时高压气垫兴波波形

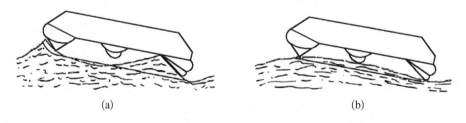

(a)　　　　　　　　　　　　　　　(b)

图 3.15　第一、第二阻力峰处艉部围裙手指与气垫兴波波面的关系
（a）第二阻力峰处　（b）第一阻力峰处

船越过阻力峰值后,兴波阻力瞬间大幅度衰减,船即达高速航行(见图3.16)。

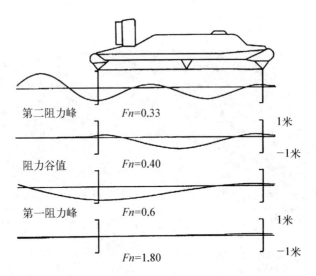

图 3.16 不同航速下气垫兴波波长与船长的比较

越峰问题还与围裙型式及参数密切相关,因越峰时船抬头角较大、艉部围裙浸入水中,艉部围裙与艉转角围裙触水后的上抬能力对越峰影响较大。此外,气垫船对风速、风向十分敏感,顺风低头阻力小、越峰容易,逆风抬头阻力大,使得越峰更加困难。在阻力性能的试验与理论研究中,由于气垫船阻力成分的复杂性与相似等问题,给阻力预报的精度带来较大的误差,船模水池试验、实船测试结果与理论预报在初期误差要达到30%左右,即在理论计算总阻力中需乘以0.9~1.2的系数。大量试验研究表明,总阻力系数主要取决于围裙系统设计。从英国引进的气垫船阻力计算方法是基于他们研发的低密度响应围裙系统,其围裙具有较优的触水阻力与随波起伏响应能力。国内随后根据响应围裙动力学理论对响应围裙设计方法的不断改进,阻力理论预报的精度获得大幅度提高。对于中、低密度的小型气垫运输船,其总阻力系数经实船验证为0.9左右,而对高密度的中型气垫运输船,其总阻力系数为1.0左右,这是因为气垫密度的升高使得围裙刚度变大,导致其触水阻力的增加(见图3.17)。

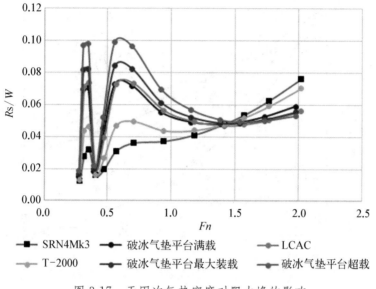

图 3.17   无因次气垫密度对阻力峰的影响

　　气垫船在波浪中的阻力性能更为复杂,其波浪附加阻力包括升沉、纵摇运动与气垫兴波耦合的附加阻力,围裙触水面积增加的附加阻力,以及由风速增加产生的附加阻力。波浪附加阻力与围裙随波起伏的响应度设计有着更为密切的关联,一套低气垫密度、高响应度的围裙系统可使气垫船波浪阻力大幅度下降。在气垫船船模波浪试验与理论预报的研究中,相似性以及线性波浪预报方法存在不少问题。通过规则波与不规则波对比试验,验证了由于水气界面上运行的强烈非线性给阻力预报带来的影响,采用不规则波试验的预报精度更高。同时由于气垫系统在波浪中运行时的空气压缩性给波浪试验带来了较大的问题,船模试验相对实船是不可压缩的,因此造成模型试验的运动加速度偏小、阻力偏大的原因。经过大量的船模波浪试验结合理论研究分析,课题组在完成了《气垫船静水阻力计算方法》的行业标准编制后,后期又完成了船舶行业标准 CB 20327—2016《全垫升气垫船风浪中阻力计算方法》的编制。这些基础的理论与试验研究为气垫船在风浪中快速越峰并达到设计航速奠定了扎实的基础(见图 3.18)。

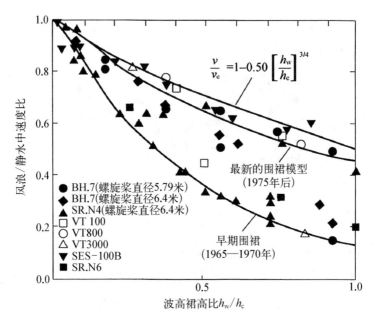

图 3.18　波高裙高比与气垫船风浪中失速的关系

三、纵向稳性与高速埋艏

气垫船越过阻力峰值后,在高速航行时 $Fr=1.0\sim2.0$,气垫兴波已大幅下降,这时气动力开始占据主导地位,很容易受外界风速风向的干扰影响。逆风抬头阻力增加,顺风埋艏阻力减小,在较大的顺风条件下,气垫船高速时很易发生"低头埋艏"的纵向失稳现象,这时如同急刹车一样,纵向与垂向加速度都很大,十分危险,这是气垫船发展史中一个很重要的"拦路虎"问题。

为了研究低头埋艏的机理,20 世纪 70 年代,中国船舶及海洋工程设计研究院研发团队通过 711 - Ⅱ型试验船进行了大量的实船试验,设置了气垫压力与囊压的电测传感器,记录试验过程中的气垫压力与囊压的变化(见图 3.19)。

通过多次试验研究发现气垫船采用"十"字形气垫分隔,在陆上静垫升时外加的埋艏力矩可使艏部气垫压力升高产生复原力矩,但在水上高速航行时埋艏,却使艏部气垫压力降低,甚至出现负值,反而产生了倾覆力矩,原因何在?

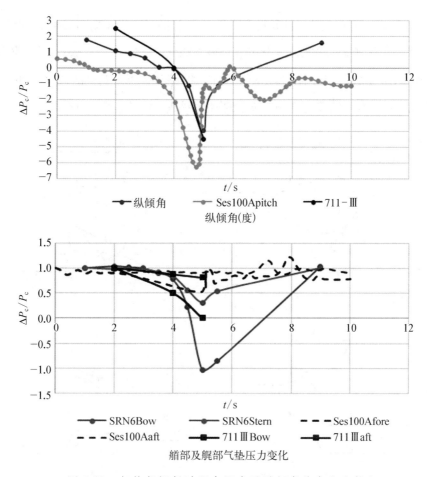

图 3.19　气垫船埋艏过程中压力及纵倾角的变化比较

通过对具有不同围裙参数的实船试验,在同样囊压、垫压的条件下,有的围裙转瞬间就被高速水动力拖进船底,有的围裙则能抵抗一段时间才被拖进,这是为什么呢? 低头埋艏的原因是,顺风高航速产生的埋艏力矩,使船低头、艏裙触水导致的纵向失稳,那么气垫船外部气动力是如何影响其纵稳性的呢?

　　针对这三个问题,研发团队在 711-Ⅱ 型试验船试验的基础上,在气垫技术实验室进行围裙气垫机理试验、流动水槽围裙抗缩进试验、风洞气垫船模的纵向气动力试验,以及水池船模纵稳性试验(见图 3.20)。气垫技术实验室的非平衡射流理论与试验研究表明,在船埋艏,艏裙触水时,其射流向气垫内过给以及水表面高速向后运动,通过气垫黏性卷吸作用形成了局部的负压区,为此后续的囊指围裙不再采用沿壁射流形式,改用了垫升飞高效率略低的增压室供气方式提供了依据。研发团队通过囊指型围裙在流动水槽不同流速与浸深的抗缩进性能试验,获得了不同围裙响应度与不同 D 型囊隔片长度的围裙"缩进失稳"的边界,如图 3.21 所示。

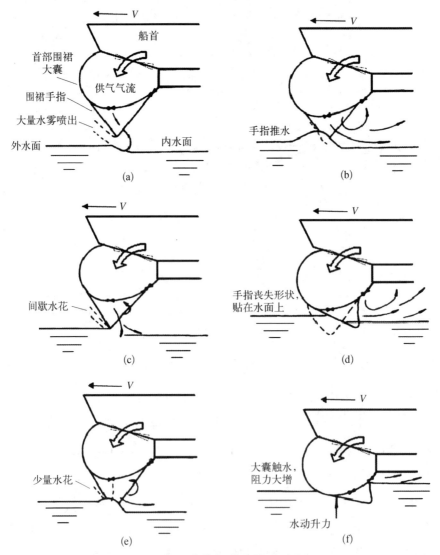

图 3.20 囊指裙触水缩进过程

(a) 正常航行 (b) 中度缩进 (c) 手指推水 (d) 严重缩进 (e) 轻度缩进 (f) 埋艏减速

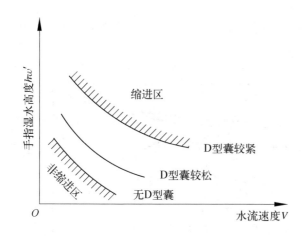

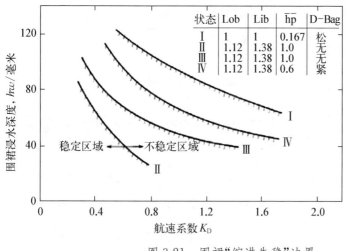

图 3.21　围裙"缩进失稳"边界

　　结合理论计算分析,首次对不同几何参数围裙在水动力作用下的"下拖"与"缩进"两个自由度运动有了直观概念,并初步建立了围裙抗缩进的结构稳性判据,理论研究与试验表明,采用 D 型囊隔片是围裙抗缩进的有效手段。711-Ⅱ型试验船船模风洞纵向稳性试验时,马涛等对该船的六分力内外气动力各项运动导数作了分析,建立了气垫船纵向运动方程特征根稳性分析法,通过分析揭示了外部气动力与内部气垫力的耦合影响,发现该船的气动外形对顺、逆风的影响十分敏感,顺风时极易低头埋舱,并造成舰裙触水(见图 3.22)。

据此提出了改善气动外形布局,前后气垫刚度采用"鸭式"分布,加强气垫分隔耦合稳性等技术措施。

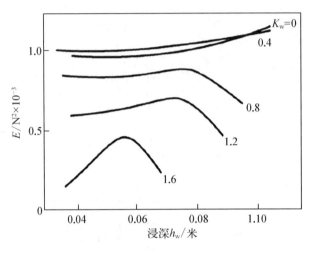

图 3.22　艉裙的触水缩进稳性判据

经对"低头埋艏"纵向稳性的理论研究与试验,对高速埋艏的物理机理有了比较清晰的认识,初步建立了相关的理论计算与分析方法,研究结果表明围裙触水在水气动力作用下"下拖"与"缩进"两个自由度变形的结构稳性是问题的关键。这给后续响应围裙的设计研究指明了方向,因这与气垫船围裙在波浪上的触水阻力密切相关,也是英国 BHC 公司的核心技术。通过后续的"响应围裙气弹与水弹动力学"和气垫船纵向稳性理论的深入研究,结合首次采用响应围裙设计方法的 722-Ⅱ型全垫升气垫运输船实船"低头埋艏"原因分析,加深了囊指围裙内、外囊几何刚度设计对围裙"下拖"与"缩进",以及结构失稳影响的认识,内囊刚度或张力相当于"压杆稳性"的预应力,是抗缩进的关键。在上述理论与试验研究的基础上,研发团队最终建立了"气垫船高速纵稳性与艉裙变形性能的理论计算方法",并开发了相关的软件。在设计方法上,在对英、美、俄三国气垫船艏部围裙几何线型的响应能力与抗缩进性能综合分析的基础上,提出了既确保艉裙有一定随波响应能力,又能抗高速缩进的合适几何刚度外囊与大刚度高张力内囊的中响应度围裙的线型。该型围裙在中型气垫运输船上获得成功应用,使该船的高速性能与耐波性能明显优于美、俄同类型气垫船(见图3.23)。

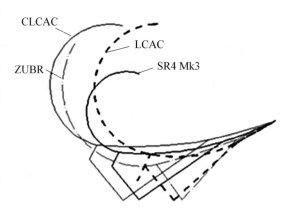

图3.23   几种典型气垫船艏部围裙

711-Ⅲ型侧壁式气垫船是我国研制的第一艘侧壁式气垫试验船,20世纪70年代在黄浦江上开展了广泛的水动力试验。试验中也有发生高速低头埋艏现象。一种是船越出阻力峰值高速航行时,当乘员从船中移至船首产生的低头力矩使船突然埋艏。船出现大幅度低头纵倾时测得的前气室气垫压力最低降至零。另一种低头埋艏现象发生在船越峰后高速(约40千米/时)航行时,突然遭遇其他船舶的尾浪,随后出现较低缓慢的低头埋艏,纵倾角与气垫压力的下降幅度均较小。其埋艏过程中压力及纵倾角的变化如图3.24所示。

通过对低头埋艏过程中参数变化比较可见,低头埋艏均为短时剧烈过程,纵倾角很快变为负值,艏部气垫压力迅速降低甚至变为负值。侧壁式气垫船船舷两侧为刚性侧壁,仅艏、艉部为柔性围裙气封,在埋艏过程中,刚性侧壁阻止了垫升气流逸出,同时侧壁艏、艉吃水的变化提供了一定的纵倾恢复力矩,使其埋艏过程相对全垫升船要相对缓和,但遇浪埋艏同样影响正常航行,使船失速至阻力峰值以下。

气垫船在高速航行低头埋艏时,外部气动力对纵倾角随航速的变化影响较大,是造成纵向失稳的外因之一。艏部气封围裙触水时的抗缩进能力有着至关重要的影响。

为解决侧壁式气垫船的低头埋艏问题,可采取以下措施:一是采用双层艏指分隔气垫提供稳性,二是在艏部增加专用垫升风机直接向下为艏裙供气稳压。

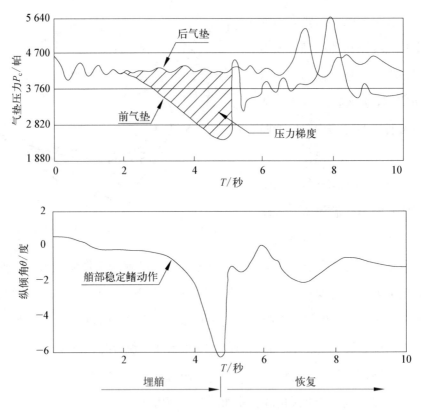

图 3.24　侧壁式气垫船埋艏过程中压力及纵倾角的变化

四、横侧稳性与低速翻船问题

气垫船越出阻力峰值高速航行时,仅有围裙下部囊指末端与运行表面接触,阻尼小,易受风浪影响,船的艏向与航迹向存在一定的偏差角,即侧滑角。若操舵过大或回转率过高,会发生甩艉侧滑风险(见图 3.25)。

当缺乏横向运动控制手段时,船大幅度侧滑,由于横向阻力大,横向速度快速衰减(见图 3.26)。

当侧滑速度达到一定值时,船垫态横稳性大幅下降,船在外界扰动(横风、横浪)作用下,存在翻船风险。气垫船在横向风浪作用下,横向侧翻过程如图 3.27 所示。

图 3.25　气垫船横向侧滑试验

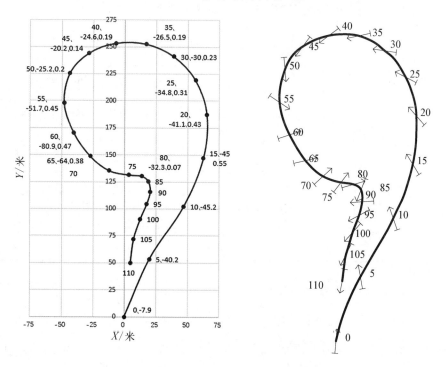

图 3.26　气垫船侧滑时运动参数及时运动轨迹

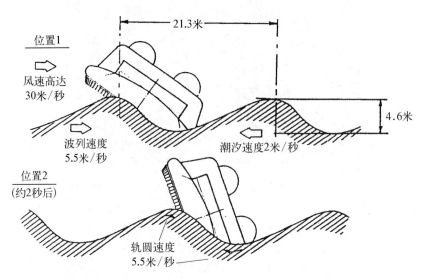

图 3.27　气垫船在横向风浪作用下的横向侧翻示意图

气垫船在发展的早期曾多次发生过横侧翻船的安全事故见表 3.1。

表 3.1　20 世纪 60 年代横侧翻船事故

序号	船型（国家）	日　期	翻船情况（发生地）
1	SRN5 - 004（英国）	1965 年 4 月	船静水高速航行，突然低头，侧漂而横向翻船（挪威）
2	SRN5 - 007（英国）	1965 年 5 月	船静水高速航行，突然低头，侧漂而横向翻船（美国旧金山）
3	SRN5 - 005（英国）	1965 年 7 月	船静水高速航行，突然低头，侧漂而横向翻船（英国）
4	711 - Ⅰ（中国）	1966 年 5 月	船静水高速航行，满舵急转，侧漂而横向翻船（中国）

20 世纪 60 年代末期，英国在总结了气垫船翻船事故的教训后，由英国航空顾问协会提出了气垫船横稳性设计要求与规范。当时对气垫船运动性能了解尚不充分，只是提出了静垫升时气垫分隔稳性与重心高等技术指标。我国的内河与海上气垫船的相关规范则是在此基础上的修订版。

　　在气垫分隔横稳性理论研究过程中,中国船舶及海洋工程设计研究院研发团队结合围裙响应动力学的研究,建立了在气垫分隔稳性基础上包括周边围裙垂向与横向变形及触地影响的垫态横稳性计算方法,完成了《气垫船垫态横稳性计算方法》的行业标准编制(见图 3.28～图 3.30)。

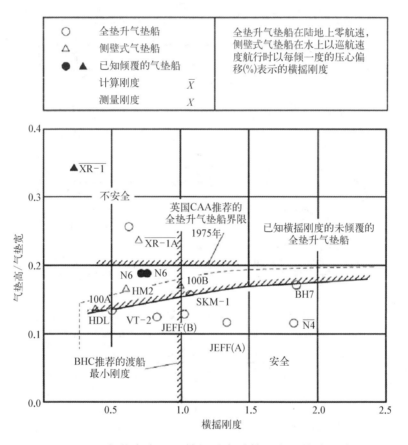

图 3.28　气垫高宽比及横摇刚度对横侧安全性的影响

　　该稳性计算方法后又发展到应用有限元计算围裙变形响应对复原力的影响。其计算流程、ABAQOS[①] 中构建的侧部围裙有限元模型及理论计算与模型试验获得的横稳性力矩随横倾角的变化如图 3.31～图 3.33 所示。

────────────

　　① 一套功能强大的工程模拟软件。

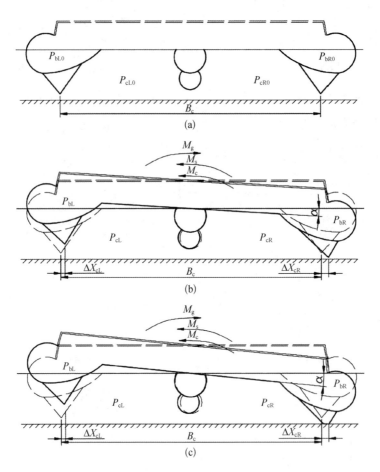

图 3.29　气垫船垫态横倾时气垫分隔稳性与围裙变形示意图

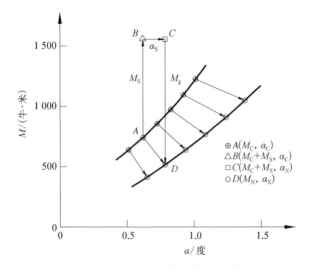

图 3.30　气垫船垫态横稳性计算原理图

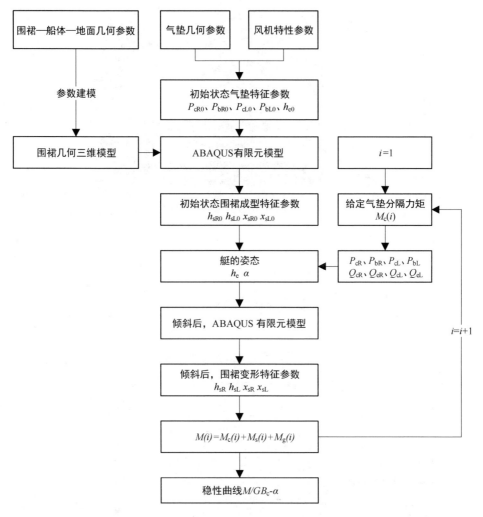

图 3.31　用有限元计算围裙变形对复原力影响的流程框图

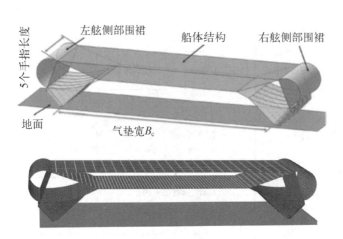

图 3.32　ABAQUS 中构建的侧部围裙有限元模型

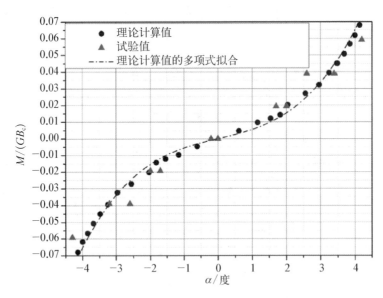

图 3.33　理论计算与模型试验获得的横稳性力矩随横倾角的变化

实际上经过随后的自航模试验与实船的试验表明,即使满足该规范要求,气垫船仍不能保证低速横侧翻船的安全性。

从英国 SRN5 几次翻船事故可见,都是由于船先发生不对称的低头埋艏而造成的,图 3.34 的实船及图 3.35 的自航模试验获得了进一步的验证。

图 3.34 某气垫船实船低头埋艏试验

图 3.35　不对称埋艏引起翻船的运动特性

中国船舶及海洋工程设计研究院研发团队在对早期淀山湖气垫船翻船事故原因分析的基础上,结合国外的相关技术分析与自航模试验的结果,开展了航行时横侧稳性的理论与试验研究。气垫船在操纵运动中很易发生侧漂,同时失速到低速状态,或由高速不对称埋艏侧滑失速到横向低速状态,当侧滑速度在横向傅汝德数 $Fn_B = 0.4$ 附近时,其气垫稳性就会变得很差,外界风浪扰动大时就会失稳翻船。由于气垫稳性是由船底"十"字形分隔裙将气垫分隔成四个气室提供的,分隔裙下飞高间隙大小对气垫稳性影响至关重要。通过对气垫船侧漂时气垫兴波波形的理论计算,发现在 $Fr_B = 0.4$ 附近,即在横向阻力峰附近,气垫船横跨在一个兴波波长上,提供横稳性的纵隔裙下的飞高间隙达到最大,这时横稳性大幅下降,甚至变为负值(见图 3.36 及图 3.37)。

通过进一步计算分析表明对高载荷高垫压气垫船,气垫兴波的凹陷更大,在较大的 $Fr_B \approx 0.4$ 范围内气垫稳性都变成了负值。为了确保这时气垫船航行的安全,必须采用基于航行安全限界的操纵控制,以避免气垫船在这样的航向

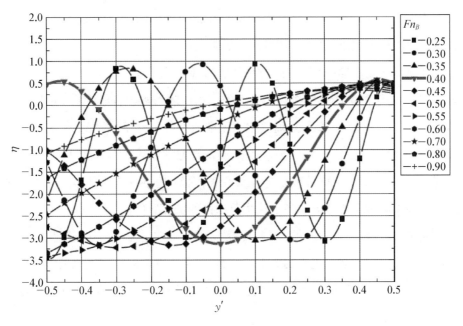

图 3.36　气垫船横向运动时不同 Fn_B 时舯横剖面下兴波波形

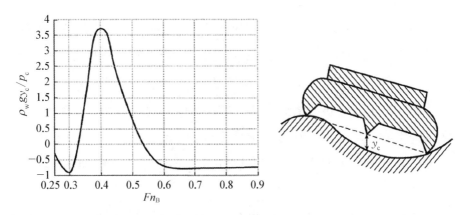

图 3.37　侧滑时横向稳性分隔裙下飞高 y_c 随 Fn_B 的变化

与航速范围内运行。通过对俄罗斯的带有射流喷口的分隔裙的围裙系统船模试验发现，由于分隔裙下的射流气幕大大增加了气室之间的分隔效果，结果使得在 $Fn_B=0.4$ 附近的气垫稳性仍能维持在正值范围内，但这种射流分隔裙需设置专门的供气通道，这给应用带来一定难度。

在航行横侧稳性的理论与试验研究中，还发现除了上述的气垫失稳原因外，还存在由于侧部围裙缩进失稳引起的大幅横倾问题。这种情况一般发生在 $Fn_B \geqslant 0.5$ 的高速侧滑区域，这时气垫兴波造成的凹陷已不大，气垫分隔稳性下降不多，但由侧部围裙响应度设计不当使围裙触水时在水动力作用下，抗"下拖"与抗"缩进"能力差而造成了横倾失稳。因此，艏部围裙与侧部围裙的响应度设计必须同时需要考虑在各自速度范围内的抗"缩进"能力。

通过航行横稳性的理论与试验研究，掌握了气垫船横向失稳翻船的机理，目前在横稳性满足规范规定的要求外，已建立了一整套的模型水池试验与理论计算方法，给气垫船航行横稳性与安全性设计以及航行安全限界奠定了技术基础。

五、响应围裙气弹与水弹动力学

气垫船围裙系统类似于常规船舶的线型设计，不同的围裙形式与设计参数对气垫船的阻力、稳性、耐波性、操纵性与航行安全性有着极其密切的关系。20 世纪 60 年代末期，英国 BHC 公司通过对横穿英吉利海峡的大型气垫船（SRN4）开展了广泛系统的试验，提出了"响应围裙"的概念，并成功应用于改进后的 SRN4MK3 型气垫船上（超 4）海峡渡船上。其围裙在波浪上具有优越的随波起伏能力，使该型船的流体动力性能达到了四级海况下 40 节航速的技术顶峰，如图 3.38 所示。

跟踪国外最新科技成果，研究设计一组可在波浪上随波起伏变形、具有良好阻力性能，同时又具有不低头埋艏的优良稳性的响应围裙系统，成为中国船舶及海洋工程设计研究院研发团队的重大科研攻关目标。20 世纪 70 年代初

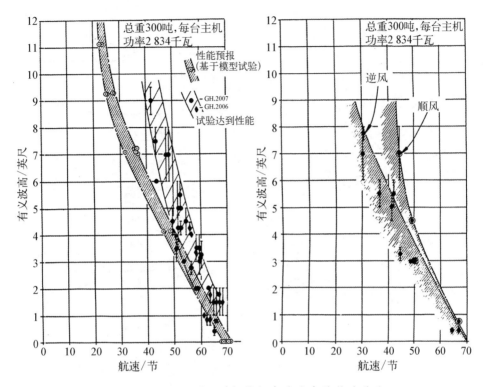

图 3.38　SRN4Mk3 型气垫船在波浪中的航速曲线

通过气垫技术实验室的建立,在大、小围裙箱试验的基础上,结合船模与711-Ⅱ型试验船的实船试验结果,开始建立囊指型围裙成型与变形的计算方法。同时,通过船模耐波性试验,开展了结合围裙变形响应的耐波性理论研究,如图 3.39 所示。

在波浪上运行的气垫船与随波起伏的响应围裙(见图 3.40)。

由于气垫船围裙系统的设计涉及气垫-围裙-水动力复杂的气-固-液耦合动力学,理论研究难度较大。为了研究响应围裙的设计原理,研发团队变换思路,开始把围裙响应简化为绕围裙安装到船体的内接点转动的单自由度运动,建立非线性围裙动力学方程,将其与气垫动力学耦合在一起,首次在国际上建立了带有围裙响应的气垫船垂向运动方程。通过理论研究指导围裙变参数设计,制造缩尺围裙进行船模水池试验验证。为了深入分析围裙型线对气垫船垂

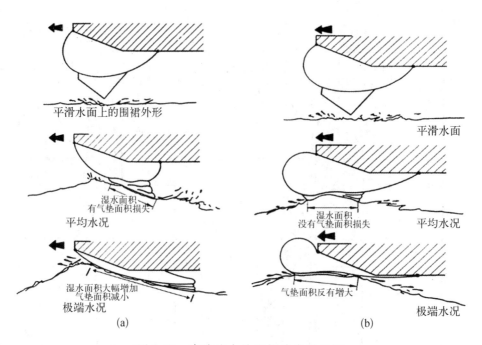

平滑水面上的围裙外形

平滑水面

湿水面积
有气垫面积损失

平均水况

湿水面积
没有气垫面积损失

平均水况

湿水面积大幅增加
气垫面积减小

极端水况

(a)

气垫面积反有增大

极端水况

(b)

图 3.39　在波浪上的围裙响应原理图

（a）易下拖的低响应围裙　（b）易上抬的高响应围裙

图 3.40　在波浪上运行的气垫船与随波起伏的响应围裙

向运动特性的影响,研发团队将气垫船垂向运动方程进行线性化处理,引入"系统分析与反馈原理",将围裙作为一个在垫压扰动下的被动控制系统,来研究围裙动态响应参数设计方法。这种研究对围裙在波浪上随垫压波动产生的响应运动基本是可行的。但无法反映围裙在触水状态下,被向下与向内拖进的现象,为此研发团队又进一步拓宽思路,围裙大囊除绕内接点转动外,大囊的内囊还可伸缩,开展了包含上述两个自由度运动的非线性围裙动力学方程研究。该项研究结合船模高速低头埋艏试验进行了初步验证,也为抗缩进埋艏围裙的参数设计提供了理论依据。船模低头埋艏试验表明,围裙变形响应度越大,也越易缩进失稳。1983 年响应围裙课题组设计了三套不同响应度的围裙系统在同一船模上进行对比性波浪试验。试验结果正如理论预期的那样,响应度大的那套围裙性能最佳。其波浪阻力与运动加速度响应均有明显的降低。

　　应用上述设计原则设计的响应围裙系统所进行的三种船模试验结果如图 3.41～图 3.43 所示。图 3.41 显示了响应围裙对静水阻力的影响。船模 A 为低响应围裙系统。其响应度 $\Delta hs/\Delta hc \leqslant 0.6$,船模 B 为中等响应度围裙系统,响应度 $\Delta hs/\Delta hc \approx 0.75$,而船模 C 为高响应度围裙,响应度 $\Delta hs/\Delta hc \approx 0.85$。为了提高气垫船的经济性,气垫流量从船模 A 到船模 C 与船模 B 依次减小,其无因次流量 $\overline{Q}$ 分别为 0.020、0.012 7、0.006 8,而气垫压长比是增加的。其无因次压长比 $\overline{P_c}$ 分别为 6.8、6.6、8.2。由图 3.41 中可见,从船模 A 到船模 C 尽管流量减少近一半,但高响应度使其阻力依然降低了约 30%。虽然船模 B 的流量只有船模 A 的 1/3,而压力又增加了不少,但其阻力也比船模 A 降低了 20% 左右。

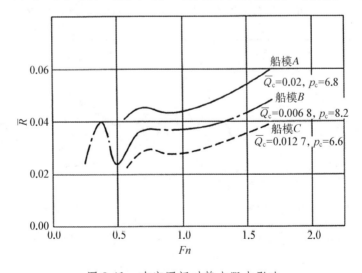

图 3.41　响应围裙对静水阻力影响

图 3.42 是船模在波浪中的附加阻力响应。由该图可见,船模 B 的附加阻力仅是船模 A 的一半,而船模 C 在中低频率处又降低了一半、高频时与船模 B 接近。由此可见,应用响应围裙理论开发的低阻响应围裙技术可使气垫船在静水和波浪上的阻力大幅度下降,这在气垫船技术上是一重大突破。

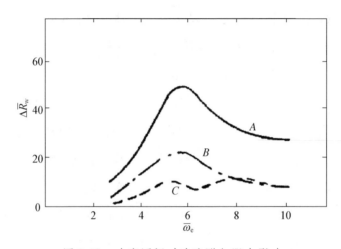

图 3.42 响应围裙对波浪附加阻力影响

图 3.43 是船模在波浪中的响应围裙对艏部加速度的影响。由该图可见船模 B 比船模 A 艏部加速度降低了 $20\%\sim30\%$,而船模 C 在此基础上,在高频

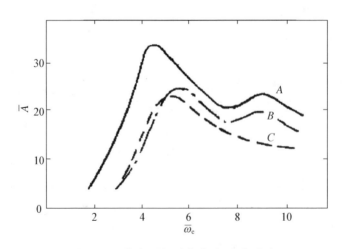

图 3.43 响应围裙对艏部加速度影响

处又降低了近 1/3。而在遭遇频率 $\omega_e = 9$ 附近正是气垫船在短波中颠簸加速度最大、乘员感受最不舒服的区域。因此高响应围裙的随波起伏能力大大降低了气垫船在波浪上的运动响应，从而大幅度改善了乘员的舒适性。

由于波浪中气垫船航速不高，仅在静水中高速顺风低头埋艏航行引起的响应围裙缩进失稳的问题没有反映出来。两者之间相互矛盾的要求是响应围裙在艏部围裙上的应用必须要解决的核心技术，既要具有随波起伏降阻，减摇的能力，又要具有在高速触水时不缩进、并能上抬抗低头埋艏的能力。

在静水中高速航行时，艏部围裙触水不下拖并能上抬，则在波浪中以中速航行时触水上抬的响应度更大，可随波起伏降阻减摇。波浪中还应考虑艉裙触水上抬的响应能力，其响应度要大于艏裙的响应度，否则会引起波浪中低头运动并增加阻力。

为深入研究响应围裙的设计理论，1982 年底马涛以访问学者身份被派往当时国际上气垫动力学研究中心之一的加拿大多伦多大学宇航研究所进修。在此期间结合该研究所非响应围裙气垫动力学理论研究成果，通过建立响应围裙升沉运动平台试验装置，结合国内对响应围裙的研究方法与成果，对响应围裙的围裙-气垫动力学理论开展了系统性的研究。首次将围裙大囊应用有限元法结合气垫动力学，建立了气垫船垂向运动方程，进行响应围裙非线性响应特性的计算。同时通过运动方程线性化，将围裙响应作为被动控制系统进行分析，引入"囊与气垫系统阻抗""内外囊变形刚度"和"围裙气弹/水弹增益"等物理概念，首次建立了围裙气弹响应与水弹响应的定量分析方法（见图 3.44）。

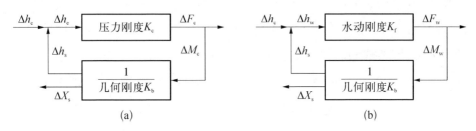

图 3.44　围裙气弹响应与水弹响应框图

（a）未触水情况　（b）触水时情况

应用"响应围裙动力学"的基本概念与方法,可以定量判别响应围裙随波起伏的能力,判别响应围裙在水动力作用下的"缩进"失稳,以及在气垫动力作用下的"颤振"失稳。由此基础理论建立的围裙气垫系统"垂向隔振因子",可以较好地反映气垫船在波浪上运行时,响应围裙在各个遭遇频段降阻减摇的隔振特性。

研究结果显示,改善气垫船的适航性与响应围裙的第一、第二固有频率有关,第一固有频率正比于外囊刚度,该刚度越小则第一固有频率越低,降阻减摇的隔振效率越好。第二固有频率正比于内囊刚度,该刚度减小则第二固有频率降低,会引起气垫船与围裙的高频颤振,反而不利于围裙隔振,这与711-Ⅱ型气垫船第一次应用大变形响应围裙的情况相似。该理论结果要求在波浪中响应围裙的外囊应设计成小曲率半径低刚度,内囊则应设计成大曲率半径高刚度,对内囊刚度的要求则与高速触水抗缩进失稳的要求匹配一致。

"响应围裙动力学理论"首次在国际上成功地将一个极其复杂的围裙-气垫-兴波水动力之间非线性气-固-液耦合动力学问题简化,以清晰的物理概念提出了可抗"缩进"与"颤振"失稳,且能随波起伏降阻减摇的响应围裙设计方法,打破了英国BHC公司对响应围裙核心技术的垄断。20世纪90年代加拿大多伦多大学继续开展了非线性响应围裙升沉动力学理论的深入研究,国内响应围裙课题研发团队则在响应围裙气弹动力学与水弹动力学理论的基础上,结合大、小围裙箱试验与船模水池试验,开展了囊指裙、囊折角指裙、双囊指裙、双囊裙等各种形式围裙的成型、变形响应度,陆上稳性与高速触水稳性的设计软件的开发,并开始应用于相应的气垫围裙系统设计中,同时进一步完善带有响应围裙动力学的耐波性预报软件。应用该项目在国际上首创的设计技术,可避免围裙气垫静动态失稳,可使全垫升气垫船静水阻力降低20%~30%,波浪附加阻力降低近一半,垂向加速度响应降低30%以上,该研究成果荣获1991年中国船舶工业总公司科技进步奖一等奖。基于上述研究成果,对于各种囊指/双囊型围裙在不同压力下的成型计算方法已完成了船舶行业标准CB 20379—2018

《全垫升气垫船围裙静态成型计算方法》的编制。

响应围裙设计技术研究成果首次在同期研制的 722-Ⅱ 型气垫船上获得成功应用,使该船的水动力性能达到当时国际先进水平。设计的低频锥形响应围裙系统,艏部及侧部采用囊指型围裙,艉部采用双囊型围裙,围裙响应度从艏侧到艉侧逐步增大,在波浪上航行时具有明显的随波起伏与让浪能力。但由于该船垫升系统采用卧式垫升风机效率较低,风道设计阻力偏高,艏部围裙囊压比太低,仅达 1.12 左右,加上艏裙内囊刚度设计不够大,在顺风高速航行时发生了一次由艏部围裙缩进产生的低头埋艏。响应围裙的设计概念在其后的 721 型双体气垫船上获得成功应用,改善了该艇在海上运行的运动响应与阻力性能。该船艏部气封为囊指型围裙,艉部为双囊指型围裙。虽然艏、艉气封的随波起伏能力会增加一些侧壁双体的湿水阻力,但在降低艏、艉气封的湿水阻力的同时,还减小了船的升沉、纵摇运动的幅度,因此波浪中的水动力性能仍得到较大的改善。721 型气垫船的响应围裙设计通过双体气垫船升沉纵摇耐波性理论计算与船模试验验证,最终使该船在波浪上的运动响应与阻力性能都得到了较大的改善。响应围裙气弹与水弹响应度设计方法在后期的中、小型气垫运输船研制中都获得成功应用,特别是后者使其快速性、航行稳性与耐波性达到国际上同类船的领先水平。

六、耐波性理论研究与响应围裙主动控制

气垫船在波浪中航行时,气垫-围裙-水波的气-固-液耦合动力学效应非常复杂,因此在 20 世纪 80 年代前在国际上气垫船耐波性的研究成果中基本上未见有加入"围裙响应"影响的论文。中国船舶及海洋工程设计研究院研发团队结合"响应围裙动力学"的理论研究,将围裙运动响应简化为绕内接点转动的单自由度运动,理论计算与船模试验结果具有较好的吻合度。理论研究提出的响应围裙减阻减摇的隔振原理,为围裙系统耐波性设计提供了依据,在 20 世纪 80 到 90 年代于国际高性能船舶会议发表了 10 余篇相关论文,受到国际气垫船同行的高度关注。特别是 2017 年，美国在"气垫船六自由度数学模型"的理论研究中也开始引用中国科技人员在国际会议上发表的响应围裙动力学模型。

20 世纪 90 年代后期，为了研究响应围裙在波浪中动态响应的机理，在气垫技术实验室设置了可以进/放气控制的大、小围裙箱试验装置，其中小围裙箱还可作地板的升沉以模拟波浪上运动，用以测试围裙在动态压力变化下的变形响应。随着气垫船耐波性理论研究的深入，由于拖曳水池的船模试验难以获得响应围裙在波浪上运动的降阻减摇机理，随后又建立了运动波浪带气垫船模试验平台，以及可进行升沉、纵摇与横摇的三自由度气垫船模振动试验平台。

通过这些试验装置对围裙系统在波浪上随波起伏的响应能力，以及气垫系统升沉、纵摇与横摇三自由度固有频率对耐波性的影响进行试验，加深了理解，为耐波性理论研究奠定了试验基础。由于围裙材料变形相似性存在较大问题，如人工岛钢模气垫平台研制的折角指型全指围裙，就因缩尺模拟试验不相似，给实船研制造成垫升困难，随后采取措施现场解决了问题。根据国家重大办课题"自升式气垫钻井平台研制"的需求，对大围裙箱试验装置进行了改造，在该装置上可实现实尺度、高压头的围裙系统成型与变形试验，这也为其他气垫船由船模与理论研究结果直接跨越到实船围裙设计提供了试验验证。

在气垫船耐波性理论与船模试验研究中，由于气垫空气压缩性船模与实船不相似，船模围裙与实船围裙变形刚度的相似性也不佳，气垫船在短波长的小波浪上高速运行时出现"蹦蹦跳"现象，船模试验无法模拟，这时船的高频运动加速度较大，通过带有围裙响应以及气垫压缩性气容影响的升沉运动理论分析，揭示了气垫船在高频时垂向运动的响应特征，通过优化设计响应围裙的第二固有频率可以明显地改善该频段的垂向加速度响应（见图 3.45）。

根据船模与实船的耐波性试验，高密度气垫船在波浪上高速航行时，由于气垫系统刚度大、阻尼大，再加上瞬间气垫全封闭与气垫压缩性的非线性影响，使其在高频短波中的加速度响应很高，产生令人讨厌的"鹅卵石效应"——"蹦蹦跳"，使气垫船乘员在航行期间达到不能承受的疲劳极限。全垫升气垫船进

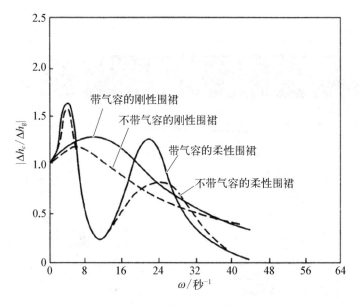

图 3.45　气垫船在各频率的升沉运动响应

行响应围裙固有频率的优化设计后,优良的围裙随波起伏响应能力使这种现象得到了明显的改善。高响应围裙系统降阻减摇的"隔振"作用,使全垫升气垫船耐波性获得大幅度的提高。

　　当时国内的侧壁气垫船已向可在近海运行的双体气垫船发展,719 型侧壁式气垫船在长江口作为高速渡船获得成功运行,但气垫船高速航行于中、小波浪上的垂向加速度响应给乘客带来很不舒适的疲劳感。该船研发团队在不断优化气垫系统与艏、艉气封设计的同时,改型设计了 719 - Ⅱ 型气垫船,并试图通过引进美国 AMD 公司的气垫进/放气控制系统的技术,因此,专门派出技术人员赴美国与该公司进行技术谈判。

　　与此同时,研发团队根据对美国气垫船进/放气控制技术的研究,充分利用我们对响应围裙机理研究的成果,提出了以艏、艉气封围裙响应作为气垫船进/放气的主动控制面,如图 3.46 所示。类似于全垫升气垫船波浪上响应围裙被动控制的概念,通过主动控制艏、艉气封下端的飞高来调节波浪上压力的大小,以减小其垂向加速度响应,同时可降低艏、艉气封在波浪里的湿水阻力。

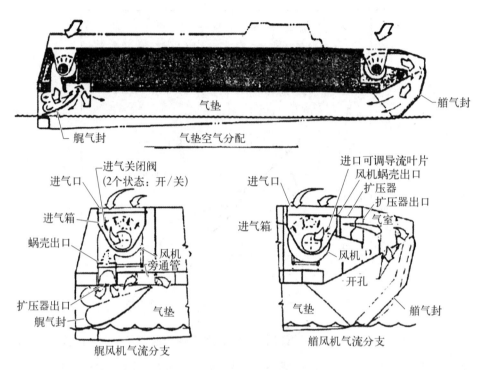

图 3.46 美国侧壁式气垫船艏艉进放气控制

这种控制方法可以大幅度降低美国气垫进/放气控制中围裙变形响应的不利影响,从而减小其失速。艏、艉气封的主动控制可根据升沉、纵摇运动的信号实施异步控制,更能适应波浪对扰动产生的影响。艏、艉气封主动控制的原理是,应用响应围裙动力学中的大囊(含气道)与气垫阻抗的概念,气垫放气减小气垫阻抗,结果降低了围裙响应度;大囊进气是减小大囊阻抗,结果增加了围裙响应度(见图 3.47)。通过进/放气两者之间进行全波的匹配控制,可以在有两侧壁双体影响下改善艏、艉气封在波浪上的随波起伏能力。

在该项研究中,研发团队提出了分别将风扇进气阀、围裙大囊与气垫放气阀等三个控制面作为围裙响应控制系统低通、中通与高通滤波器的设计概念,可以在不同航速与遭遇频率的各种频段下,调节围裙响应的幅值和相位值。

这项侧壁式气垫船舒适性控制技术的理论研究成果在 1991 年第一届国际

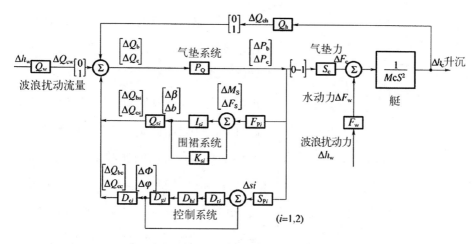

图 3.47   进放气控制对艇、艉气封主动控制原理框图

快速运输系统会议上发表。1994 年在加拿大蒙特利尔召开的国际气垫技术会议上，马涛代表研发团队发表了"响应围裙主动控制的适航性自控系统"论文，获得国际同行的高度关注。后续通过与镇江船院（现江苏科技大学）合作，对围裙主动控制采用基于控制对象模型的智能控制专家系统进行深入研究，在按照控制对象复杂响应关系的数学模型基础上，结合不同航行工况通过自学习功能进行系统计算和运行校正，生成最优控制关系进行实时控制。智能控制专家系统的应用比单纯的 PID[①] 或状态控制器，具有明显的鲁棒性。该项目在 1995 年获得中船总公司科技进步奖二等奖。

七、操纵性理论与六自由度运动仿真

气垫船高速航行于水气界面上，同时受到表面水动力、外部气动力、内部气垫动力与围裙变形触水动力的作用，复杂的气-固-液耦合动力学使其操纵运动的力学特性与常规船存在很大的差异。气垫船在操纵运动中，受外界风浪干扰或操控惯性的影响，很易发生大侧漂。气垫船运行轨迹与运动参数定义如图 3.48 所示。

————————————

① 比例-积分-微分。

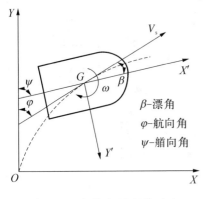

图 3.48　气垫船运行轨迹与
运动参数定义

由于漂角的变化,回转时大地回转率也不如常规船舶那样等同于艏摇角速度回转率。这些差异给气垫船操纵性的理论与试验研究以及操纵控制设计都带来了较大的难度。气垫船除直航外,在侧漂或回转过程中都带有较大的横倾角,其操纵运动是四个自由度耦合运动。进入 21 世纪后,根据中型气垫运输船研制的需求,研发团队开始深入开展气垫船操纵性的试验与理论研究,并在此基础上又进一步进行了气垫船六自由度操纵运动的数字仿真研究。

在气垫船模型进行平面运动机构操纵性试验中,由于气垫船与常规船舶在操纵性动力学中存在的差异,在试验方法与数据处理上存在不少差异,给试验结果预报带来了不确定性。为此研发团队结合理论计算与分析,比较了平面运动机构水池试验与旋转臂水池试验的优缺点,提出了适合气垫船的试验方法。对于风洞试验获取的外部气动力,给出了各操纵力对船体干扰的相似准则试验方法。在水气动力系数试验的基础上,建立了非线性四自由度操纵运动微分方程,结合表面波动方程理论计算对气垫船操纵运动水动力特性进行了分析。分析结果表明,与常规排水型船舶相比,气垫船侧滑运动产生的力是主要的平面运动力,回转运动力相对量级不大。因此漂角对航向稳性与回转性能有较大的影响,这是与常规船舶存在的根本差别。气垫船在越出阻力峰值后的侧漂回转运动中,漂角 15～20 度是个临界点,随航速增加临界漂角越小。小于该临界漂角时,操纵运动基本是稳定的;大于该临界漂角或傅汝德数在阻力峰值以下时,操纵运动基本是不稳定的(见图 3.49、图 3.50)。

气垫船高速回转时与常规排水船舶完全不同,必须依靠一定的外漂速度产生向内的兴波阻力以提供向心力,回转开始时随漂角增大,水动回转阻力矩也

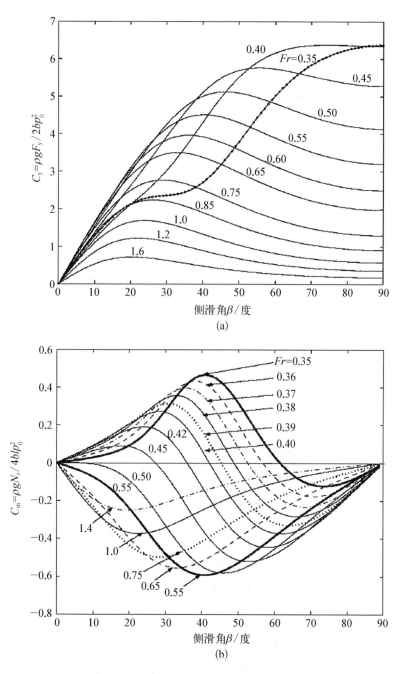

图 3.49　气垫船兴波侧向力与转艏力矩系数

（a）侧向力系数　（b）转艏力矩系数

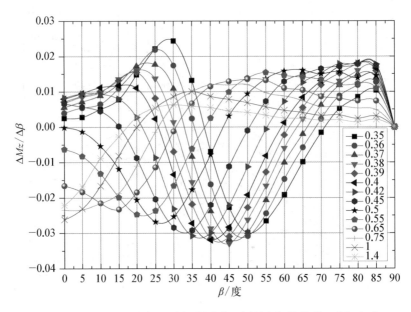

图 3.50　不同侧漂角下的摇艉力矩对侧漂角的导数 $\Delta Mz/\Delta\beta$

越大,以平衡空气舵的回转操纵力矩,但当漂角达到 15～20 度时,气垫兴波阻力达到最大值,随后便随漂角增大向心力与回转阻力矩不再增大,反而变小,这时船的回转就会变得不太稳定,如果操舵力矩不迅速减小即不快速回舵或反向打舵,船就会发生急速甩艉。

　　气垫船在回转时由侧滑的水动侧向力产生向心力,其中主要为兴波阻力,船因而要产生内倾的横倾角,该内倾角随航速增大而减小,在漂角 15～20 度的稳定回转范围内,内倾角随漂角与回转角速度增大而增加,即大舵角时横倾角也大。无风自由侧滑时横倾角随漂角变化曲线如图 3.51 所示,内倾角在漂角不大于 15 度前随漂角而增大,而在漂角大于 15 度后则随漂角而减小,向心力减小使回转进入不稳定区域。

　　一般,稳定回转时内倾角的正常范围为 0.5～2.5 度,受风向风速的影响较大。下限为顺风进入回转时发生,当船转到 90 度航向,侧风产生的外倾力矩使内倾角减小,外侧围裙触水又进一步增加外侧阻力矩,从而使船的横稳性明显

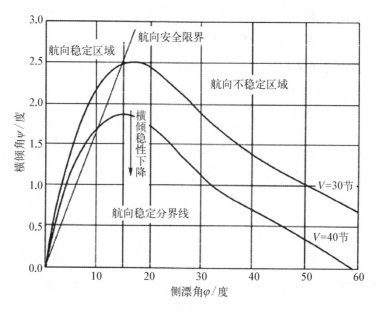

图 3.51　气垫船回转时横倾角随漂角变化曲线

地下降,特别对于高密度气垫船的气垫兴波凹陷对分隔稳性影响较大时,在阻力峰值附近及以下的低速回转时内倾角达到零度左右已失去横稳性。顺风回转时外侧围裙的触水引起的水动阻力增大了回转阻尼力矩,减小了漂角,而外倾造成的气垫泄流动量力则减小了侧向阻力(向心力),横稳性与向心力的减小使船的回转变得不太稳定,回转漂角减小使回转半径增大。

逆风进入回转则情况正好相反,当转到 90 度航向侧风产生内倾力矩使内倾角加大,内侧围裙触水的横倾阻力矩使船内倾对横稳性是有利的。其水动回转力矩减小了回转阻尼力矩,增大了漂角,气垫内倾造成的动量力增大了向心力,这时船回转半径减小也容易产生内旋而甩艉。

一般情况下,气垫船在阻力峰值以下回转,外倾角和漂角越大其横稳性越差,因此顺风时不得采用大舵角回转。空气舵在船尾,操舵回转同时产生了向外侧向力,增加了船回转时的外漂角。由于其在船重心上方,同时还使船外倾,减小向心力,这些都不利于气垫船的抗侧漂与有利回转。为此很多气垫船都设置有艏侧推装置,包括矢量喷管、摇头螺旋桨或导管螺旋桨。艏侧推装置除了提供回转力矩外,还产生向内的倾斜力,使船内倾增加向心力。艏、艉操纵面同步操控可以抵抗外界干扰引起的侧漂以保持航向,反向差异操控可以实现小漂角有效回转,同时降低船发生侧滑甩艉的风险。

为了研究气垫船的航向稳性与航行横稳性,以获得其航行安全运行包络线,实施航行安全限界控制,在四自由度非线性操纵运动方程的基础上,通过建立小扰动线性化特征方程,对直航、斜航与回转的航向稳性以及直航、斜航与回转的横稳性进行了特征多项式稳性分析,给出了相应的稳性判据。为获得大范围运动状态空间稳定域,马涛提出了非线性"相空间"的航行稳性分析方法,可给出不同航速时的漂角-回转率-横倾角的稳性边界。加入升沉-纵倾角的纵向运动稳定边界,在计入操控力以及外界风浪干扰后,可获得气垫船的航行安全包络线,用于操控系统中航行安全限界控制(见图 3.52)。

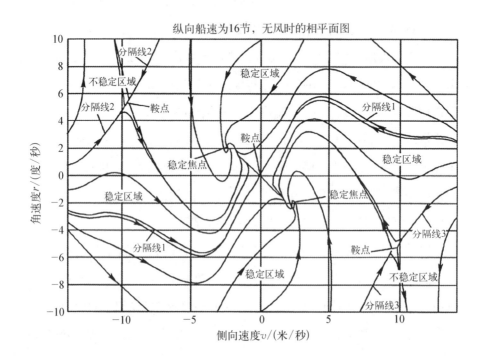

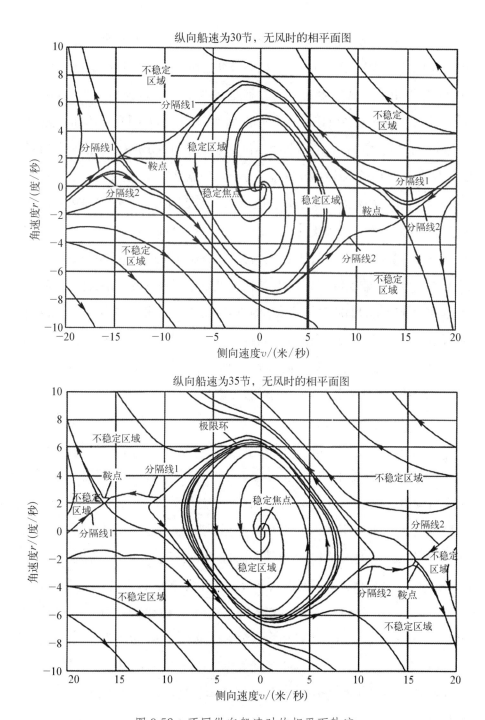

图 3.52 不同纵向船速时的相平面轨迹

在回转特性与操纵面的理论研究中,在四自由度非线性操纵运动方程基础上,马涛研究员建立了线性的回转/侧漂操纵运动的回转特性解耦方程,给出了回转率与漂角的显式时域解。该方程是完全不同于常规船舶的二阶线性K-T方程。据此对各航速下的应舵跟从性及单位舵角回转率与漂角、航向稳性指数关系进行了分析。结合非线性仿真计算分别对定航速、定舵角/桨距差以及不同风向角下的回转特性进行了分析。根据桨距差、空气舵、矢量喷管等各操纵面特性以及人因工程要求,提出了多操纵面优化组合的操控原理,给出了各操纵面的操控力模型及设计方法。通过气垫船自动驾控系统的设计原理研究,马涛研究员发现常规船舶的航向控制即艏向控制的方法不再适用于气垫船,气垫船航向控制实际上与船纵/横向速度以及回转率等三个自由度都密切相关,比常规船舶的艏向角与回转率的单自由度控制要复杂得多。根据气垫船的非线性多自由度耦合的操控特点,提出了适合内部机理复杂性,与外界风浪干扰产生的不确定性条件的航向与大地回转率"自抗扰控制器"或"神经网络PID控制器"的自动控制策略,为气垫船自动驾控系统的设计指出了方向。

在四自由度操纵运动方程研究的基础上,通过计及升沉、纵摇等垂向平面内运动的影响,建立"六自由度操纵运动仿真"的数学模型,根据气垫船流体动力特性,研发团队分别提出了"表面波动力学""气垫动力学""围裙动力学"与"外部气动力学"四个独立模块的仿真计算方法以及气-固-液相互耦合作用的输入/输出框图,给出了基于实时"共享数据层"运动数据交换平台的六自由度操纵运动仿真的总体计算框架(见图3.53)。在该模型中,各动力学仿真模块可以根据理论与试验研究的不断深入进行版本升级迭代,以提高系统的仿真度。该模型可以显示气垫船操纵运动中各种水气动力以及围裙系统的张(应)力,可用于计算各种运动状态下船体的六分力以及对应各自由度的动稳性,也可进一步计算各种操纵面在波浪中运动的操控特性。该模型作为"数字气垫船运动模型"可用于计算气垫船有关垫升、阻力、稳性、耐波性与操纵性等各项总体性能计算,并随着研究的深入可不断改进模块版本提高其仿真度,其不单是气垫船总体性能仿真计算的核心技术,也是气垫船驾驶员训练模拟器的核心技术。

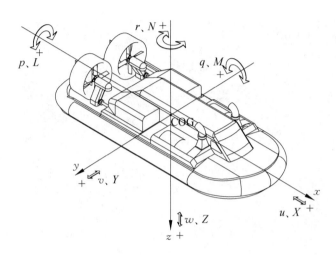

图 3.53　六自由度操纵运动随船坐标系

在"六自由度操纵运动仿真模型"的研究中,结合中型气垫运输船的实践,中国船舶及海洋工程设计研究院气垫技术实验室建立了"气垫船仿真试验平台",如图 3.54 所示。该平台以实船驾驶舱为基础,其下部设有可反映波浪中船体短周期运动与加速度响应的六自由度伺服运动机构作为支撑,驾驶舱前方有通过投影设备投射在广角球幕显示屏上的外部环境下六自由度长周期操纵运动视频。在仿真试验平台上驾驶员或科研人员可如操控实船那样,进行各种仿真试验,与实船总体性能试验结果对比,可对运动仿真模型的软件进行改进升级,提高仿真试验平台的仿真度。完善后可将这套装置应用作为气垫船驾驶员训练模拟器。随着大型气垫船的研发,大缩尺比的垫升模型试验由于内部流畅 *Re* 的不相似性,会带来较大的误差,因此气垫技术实验室又建立了一个 *Re* 达自模拟区的小缩尺比垫升模型。该模型在进行垫升与静稳性试验时,还可以对周边围裙,特别是三维转角围裙的成型与变形进行校核试验。同时为改进气垫船垫升性与操纵性能还建立了艏部双出口风机矢量喷管的试验装置以及轴流式垫升风机试验装置等。

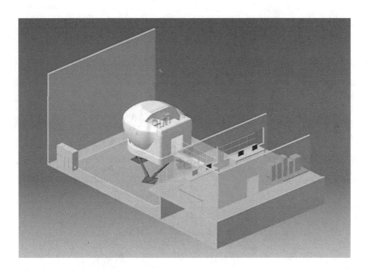

图 3.54　气垫技术实验室的实船仿真试验平台

从 20 世纪 60 年代至今 50 多年来,结合试验船、气垫技术实验室、船模试验水池与低速风洞的广泛试验与理论研究,中国船舶及海洋工程设计研究院研发团队从零开始,通过摸索物理机理建立数学模型逐步建立了一整套的气垫船总体性能设计的理论和试验相似准则与预报方法。

这些气垫船设计的理论是以围裙气垫动力学为核心,在国际上首创的"响应围裙气弹与水弹动力学"理论,使我国气垫船的流体动力设计方法具有突出的优越性。

该课题研究成果获得 1992 年中船总公司科技进步奖一等奖。

1990 年该院恽良研究员在广泛收集国内、外气垫船原理研究与设计方法的论文和科技报告的基础上,编著了《气垫船原理与设计》一书,这是国际上首次比较系统地介绍气垫船设计理论的专著,该书在国际上出版后受到国际同行的广泛引用,于 1995 年获得中船总公司科技进步奖二等奖(见图 3.55)。

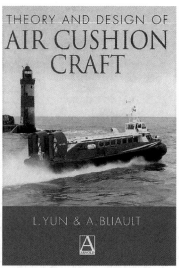

图 3.55 《气垫船原理与设计》专著及其英文书

2012 年在中型气垫运输艇成功研制的基础上,该院马涛、邬成杰研究员编著了《气垫船总体性能与围裙气垫系统流体动力设计》一书(见图 3.56),在总结国际气垫船技术发展现状的基础上,对气垫船阻力与总体性能优化、总体方案设计、围裙气垫系统与垂向动力学、横向动力学与安全驾控、风浪中六自由度运动力学、模型与试验相似准则及预报等国内最新研究成果进行了系统介绍。目前,马涛研究员根据多年来对气垫船操纵性理论、航向稳性与航行纵/横稳性、回转特性与操纵面、航行安全限界与自动驾控策略以及六自由度操纵运动仿真等方面的研究成果,正在编写《气垫船操纵、控制与运动仿真》一书。

图 3.56 《气垫船总体性能与围裙气垫系统流体动力设计》

通过三次改、扩建后的中国船舶及海洋

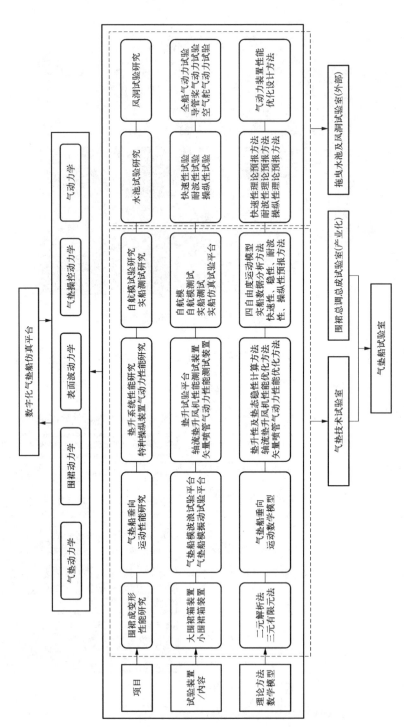

图 3.57　气垫船数字仿真理论与试验体系

工程设计研究院的气垫技术实验室,已成为目前国际上规模最大、试验项目最多的专用实验室之一,实验设施如表 3.2 所示。

表 3.2 气垫技术实验室设施及其试验项目

序号	设 施 名 称	试 验 内 容
1	大围裙箱试验装置	实尺围裙分段静动态成变形试验
2	小围裙箱试验装置	缩尺围裙分段模型静动态成变形试验
3	垫升系统试验平台	垫升性能与垫态稳性及三维围裙成变形试验
4	特种垫升风机试验装置	轴流式垫升风机、双出口离心式垫升风机及矢量喷管试验
5	实船仿真试验平台	实船总体性能仿真与操纵驾驶仿真试验
6	气垫船模振动试验平台	船模垫态升沉、纵摇与横摇及其耦合振动试验
7	气垫船模波浪试验平台	船模模拟在波浪上的适航性试验
8	实船围裙总调总成试验平台	实船围裙组装总成及安装调试试验

通过 50 多年气垫船设计理论与试验方法的研究,目前该院在"数字化气垫船仿真平台"与"气垫技术试验室"的理论与试验研究课题研究成果的基础上,已初步建立了气垫船学科一个比较完整的数字仿真理论与试验体系(见图 3.57)。

第二节 气垫船设计关键技术研究

一、气垫船总体性能优化设计技术

早期的气垫船在总体方案设计中,缺少一套完整的总体性能优化设计方法,只是根据设计者的经验来确定设计方案中的气垫与围裙参数,然后进行阻力、稳性等的计算,这给设计带来一定的盲目性,往往会造成一些性能上考虑不周的问题。中国船舶及海洋工程设计研究院研发团队通过设计基础理论的研究,在 20 世纪 90 年代提出了一套结合气垫、围裙参数与推进/垫升功率需求的总体性能优化设计方法。该方法将船舶运输效率作为目标,以设计需求为约束条件,将垫升功率转化为等效阻力,把运输效率目标转换为有效阻升比,给出影响有效阻升比的气垫/围裙参数(长宽比、压长比、流量系数、船正投影面积比、裙高、囊指高与波高比、航速动压比等)的表达式;根据波浪上越阻力峰时间需求与最高航速需求,以及航速动压比、全船导管螺旋桨面积比,来确定无因次推力载荷比及推进效率表达式;根据全船垫升风机面积比、风机线速度压力比与气道大囊损失系数以及囊压垫压比获得无因次垫升流量压头以及垫升效率表达式;在设计约束条件下将这些参数都代入运输效率进行综合优化,可通过垫升与推进效率随这些设计参数的变化曲线进行观察分析(见图 3.58)。

通过气垫船总体性能优化设计方法的研究表明:高密度气垫船在高傅汝德数 F_n 时具有较高运输效率,低密度气垫船在低傅汝德数 F_n 时具有较高运输效率,对于有在高海况越峰需求的气垫船,其推进垫升功率比随海况的升高而升高,且推重比也高于低海况气垫船。总体性能的优化设计方法在低密度小型气垫运输船和高密度中型气垫运输船的总体方案设计中获得成功应用。小型气垫运输船的成功研制使得以柴油机为动力的中、小型气垫船的流体动力性能

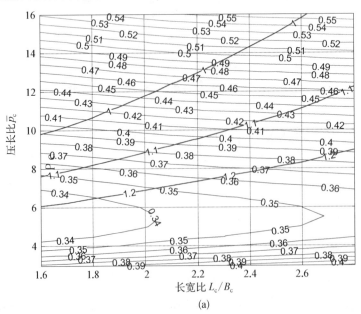

(a)

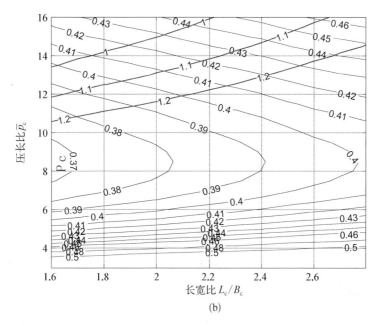

(b)

图 3.58　$F_n=0.9$ 及 1.2 时海上气垫船无因次总功率
(a) $F_n=0.9$　(b) $F_n=1.2$

达到国际先进水平，该型船的研制 1997 年获得中船总公司的科技进步奖二等奖。中型气垫运输船打破欧美国家技术封锁，在国内气垫船理论研究成果的基础上，在响应围裙、高负荷导管空气螺旋桨、柔性基础上的长轴系、轻型重载船体结构以及操纵综合控制等各项关键技术上取得了突破，使该型船的阻力、动稳性与耐波性等各项总体性能指标达到国际上同类船的领先水平。目前该型船已实现批产。

二、响应围裙系统的优化设计

气垫船围裙系统线型的设计包括艏部、侧部、艉部的周边围裙，及其内部的纵/横向分隔围裙，通过总体方案设计，确定围裙气垫的总体性能参数，即囊压/垫压、裙高/囊指高，以及主尺度等。围裙系统的优化设计技术主要包括确定周边裙形式，对艏、侧、艉不同部位围裙进行响应度的分配并进行成型与变形的设计计算。在"响应围裙动力学"设计理论确立前,围裙线型的设计都带有很大的盲目性,在通过船模试验和实船试验的基础上,积累了一些经验,这给实船性能以及围裙的可靠性带来了不少的问题。随着设计理论与计算方法的不断完善,围裙系统的优化设计技术终于取得了突破,并完善了各种围裙型式的成型与变形计算方法的行业标准和企业标准。

艏部围裙的线型设计要满足最高航速下顺风低头时不发生围裙缩进、船舶纵向失稳以及在额定航速下具有较优的随波起伏响应度,通过优化设计计算可获得具有大几何刚度的内囊与适当几何刚度的外囊线型。侧部围裙型线的设计要求与艏部围裙相类似,但所需要满足的横向速度较低,该航速根据最大航速与最大漂角来决定,因此其响应度可设计得较高,即外囊几何刚度可小于艏部围裙的刚度,由此就产生了艏部围裙外囊转到侧部围裙外囊时逐渐减小的锥形囊设计。艉部围裙的响应度应设计为最大,理论上称为"全响应"围裙。艉部围裙形式也不再采用囊指型而采用双囊与三囊型或者大囊加复合囊锥,其外囊几何刚度设计得最小,使艉裙具有最高的响应度。纵/横分隔围裙的设计决定了气垫船的纵/横向分隔稳性,分隔裙形式有两种,即大囊加小囊的龙骨片型和大囊加锥形喷口型,后者分隔稳性较好,但需要有专门刚性气道供气。气垫分隔形式也有两种,即"十"字形和"T"字形,一般气垫长宽比小的取后者。周边围裙系统的优化设计中还要保证囊压/垫压比要有个合理的分布,即艏部要高、艉部要低,并结合艏、侧、艉围裙响应度从小到大的合理分配,以确保艏部围裙与艏转角围裙有较高的抗缩进失稳能力。围裙系统的集中参数优化设计方法对三维转角围裙无法达到精确的设计,这部分线型设计更多地依赖于试验与经验(见图 3.59)。随着设计技术的进步,目前在商业软件基础上开发了"围裙柔性结构有限元"的计算方法,已可以对整个围裙系统的成型与变形进行设计校核。

气垫船在水面上高速航行,围裙同时受到外部波浪水动力与内部气垫动力的作用,囊指会发生高频拍打、大囊会在波浪中发生拍击(见图 3.60)。这些外载荷给围裙系统造成的损坏,使早期的围裙使用寿命和可靠性都非常低,这也

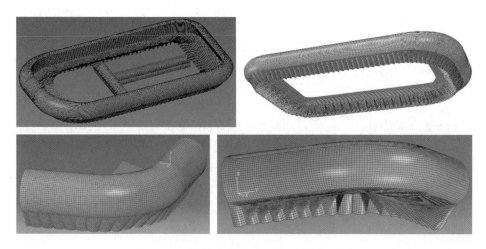

图 3.59　艉转角围裙的三维有限元成型

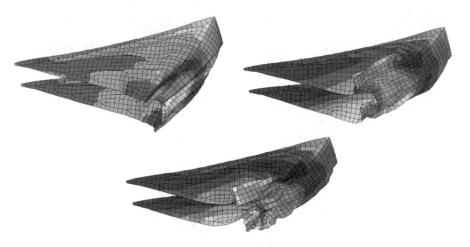

图 3.60　不同航速下手指触水拍打变形

与当时的围裙材料与制造工艺有关。为了提高围裙的使用寿命,研发团队开展了系列围裙材料与制造工艺的设计与试验研究,以提高材料的抗拉强度与抗撕强度以及抗剥离强度。对于中、小型气垫船的围裙材料从早期的 6408(材料代号,下同)开始研制 57911、58012 直到 4275,中、大型气垫船则从 4275、4285、4295 直到 42105 等,随着材料强度的提高,其厚度、刚度与重量也随之增加,这给根据围裙运行外载荷来精确设计材料的强度提出了更高的要求。柔性结构围裙系统在波浪中外载荷的计算与确定难度极大,只有在"围裙柔性结构有限元"计算方法课题有关软件开发后,才逐步取得一些进展。根据研究成果,首次掌握了囊指在内部气垫力与外部水动力作用下产生高频拍打的物理机理,从建立的数学模型中获得了取决于垫压/水动压头欧拉数的平均攻角、拍打频率与平均阻力,囊指在水气动力作用下并不是如早期假设那样,总是平贴于水表面,而是绕着一个平均攻角在水、气之间高频挠曲拍打,由此高频挠曲加速度产生的疲劳损坏是影响囊指寿命的关键因素。

通过围裙大囊在波浪中拍击运动的仿真计算表明,大囊几何线型在水动拍击力作用下的瞬态变形使局部拍击区域内空气突然受压,从而使大囊张力与应力瞬间迅速变大,这个外载荷一般在围裙材料拉伸强度之内,但会引起与船体连接的结构超载而造成损坏。围裙系统寿命与可靠性的优化设计不单与上述外载荷及强度有关,还与三维转角围裙的成型设计、三维放样与展开技术有关,采用有限元计算后在这方面也取得了较大的进展(见图 3.61)。

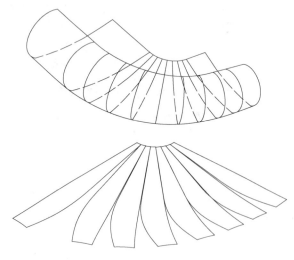

图 3.61　气垫船转角围裙三维放样与展开

此外,围裙制造时采用生胶还是熟胶工艺,通过确保裙布拼缝处黏接强度,囊指连接、分段连接以及与船体连接的连接强度的保证,也是提高围裙可靠性与使用寿命的关键。通过几十年的设计、试验与应用研究，目前围裙系统的可靠性已取得突破性进展，使用寿命从早期的几十小时到现在大囊可超过1 000小时，囊指等易损件则可达250小时以上，基本上可满足气垫船的使用要求。

三、气垫船专用导管空气螺旋桨设计技术

气垫船推进系统早期采用的是飞机螺旋桨的改型设计，最开始直接采用三叶窄叶宽度的敞开式飞机螺旋桨，使用中发现其不能适应比飞机速度低得多的气垫船，推力与效率完全达不到要求。后来在此基础上进行了改型设计，三叶桨变成了四叶桨，叶宽也增加了，但翼型没变，仍沿用航空的NACA‐16系列翼型，推力与效率的提高使气垫船的推进功率需求有所降低。后来结合船型的研发对适合气垫船的空气螺旋桨开展了课题研究，1980年中国船舶及海洋工程设计研究院开始跟踪国外设计研究，逐步采用导管空气螺旋桨。导管空气螺旋桨比敞开式飞机螺旋桨具有明显的优势，在同样桨直径下可较大程度地提高螺旋桨推力和提高低速时的推进效率，同时在导管后方的空气舵的舵效也大幅度提高。空气螺旋桨的设计方法也从直接应用飞机螺旋桨设计方法发展到结合导管的气垫船专用推进桨设计方法。在20世纪80年代后期722‐Ⅱ型气垫船研制中，该院研发团队瞄准英国VT‐2型气垫船与美国JEFF B型气垫登陆艇的导管螺旋桨，开展了低速高载荷导管空气螺旋桨的设计研究工作。通过对不同载荷比的桨叶参数以及不同导管形式与参数的设计与风洞试验研究，验证了设计方法的可信度。在这期间，小型气垫船为了减轻桨叶重量和降低制造成本，开始应用玻璃钢材质的桨叶以取代航空金属桨叶，同时为了适应高载荷设计，开始采用厚叶型的ARAD翼型。该翼型更适合低速桨，其升力系数可比原来的NACA‐16翼型提高40%～50%。但当时由于国外对该系列翼型气动力参数的封锁，仅根据少数几个典型剖面翼型参数设计的导管空气螺旋桨在实船上的应用未获成功。为此，20世纪90年代在小型气垫运输船的研制中，该院研发团队与西北工业大学合作开展了高载荷比的第三代高升阻比PR系列新

翼型的设计与试验研究,该翼型的桨叶相对第二代 ARAD 翼型桨叶在同样载荷下效率更高。通过优化桨后推力支架-气动力外形,严格控制桨叶叶梢与导管内壁之间的间隙,导管空气螺旋桨设计取得较大的突破(见图 3.62)。

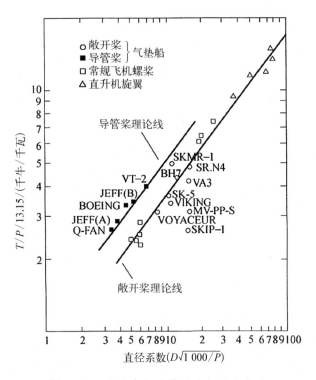

图 3.62 不同功率系数下的每马力推力

21 世纪初,随着中型气垫运输船的研制,根据更高载荷的设计需求,该院研发团队与西北工业大学国家翼型中心开展了 DP 系列的超临界新翼型的设计与试验研究。该系列新翼型设计可使高载荷翼型在临界马赫数下无激波或只有弱激波,从而可在高升力系数下大大降低激波阻力,提高升阻比且使发生失速的攻角延后增大(见图 3.63)。

由于桨叶的高载荷导致桨叶后面的气流旋转动能增大,能量损耗增大从而降低推进效率,在该桨的设计中通过导管的优化设计进行有效扩压的同时,首次在气垫船上采用桨后整流支臂的优化设计。整流支臂采用同样的翼型,具有

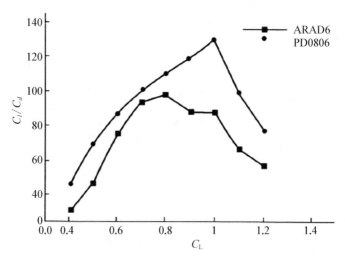

图 3.63　DP 翼型与 ARAD 翼型性能比较

较高的升力系数与升阻比,通过反向扭转桨后旋转气流产生较大的推力回收。该型船的导管空气螺旋桨结合桨叶翼型,导管与螺旋桨后整流支臂的优化设计,使其气动力性能达到了国际上同期气垫船导管螺旋桨的先进水平(见图 3.64)。

图 3.64　装有整流支臂的导管螺旋桨

在高载荷大功率导管空气螺旋桨的风洞试验研究中，相似性要求主要为 **Re**、进速比（J）以及马赫数（马赫），其中 **Re** 可达到自模拟区，大功率导致马赫数很难相似，造成气动力性能的预报出现一定的误差。同时模型导管螺旋桨在风洞中高速尾流的强烈引射效应也使低速（实用速度范围）的试验结果误差大幅度增加。因此必须要在导管螺旋桨的 CFD[①] 理论计算经风洞试验验证后，对高工况马赫数影响以及低航速状态进行拓展计算预报气动力性能。目前这方面的风洞试验与 CFD 计算相结合的导管空气螺旋桨设计技术已日趋成熟。

四、轻型铝质船体结构设计技术

采用轻型船体结构是提高气垫船运输能力的有效措施，但早期的设计缺乏适用的设计规范，船级社在高速船舶设计规范中有关气垫船的部分，都是根据早期英国民用航空委员会（Civil Aviation Authority, CAA）《民用气垫船安全条例》的相关资料制定的，随着气垫船技术的不断发展，有些内容已不能完全适用，特别是对海上高速气垫运输船。气垫船完全不同于常规船舶，其下部有柔性围裙与气垫，在波浪上高速航行时刚性船体结构并不触水，在同样的航速与波浪条件下，气垫载荷比即压长比对结构外载荷有着重大的影响。压长比或气垫载荷比小，相当于刚性结构放在一软垫子上，承受的总体垂向加速度小，但局部特别是艏部承受拍击压力的概率就大。英国在 SRN 系列民用气垫船的结构设计中，应用航空结构柔性设计的理念，提出了气垫减载因子的概念，以严格控制船体结构重量（见图 3.65）。而美国在 JEFF 系列军用气垫船结构设计中为确保船体可靠性没有采用气垫减载因子的概念。

在分析船体结构受力特点的基础上，中国船舶及海洋工程设计研究院研发团队根据《民用气垫船安全条例》的相关计算规范，结合船模试验对加速度载荷与拍击压力载荷随气垫压长比的变化进行了综合分析，获得了我国民用气垫船的气垫减载系数与压长比关系曲线（见图 3.66）。

---

① 计算流体力学，computational fluid dynamics。

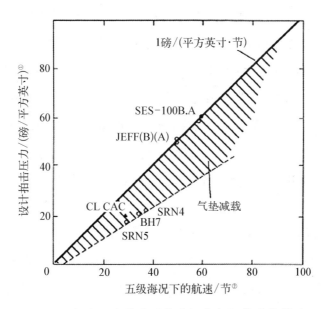

图 3.65 五级海况各航速下拍击压力与气垫减载影响

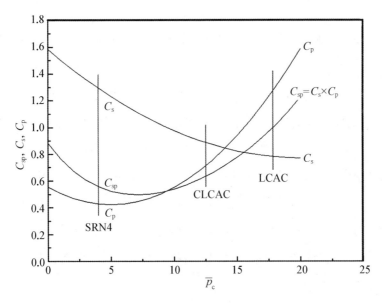

图 3.66 加速度与拍击压力气垫减载系数与压长比关系

① 1磅/平方英寸＝6 897 牛/平方米。

② 1节≒0.514 米/秒。

由于气垫-围裙的存在,使船体结构在波浪中受力情况复杂,合理预报作用于刚性船体上的波浪载荷是气垫船结构优化设计与安全性评估的基础。现阶段基于波浪-气垫/围裙-刚性船体运动相互耦合作用的外载荷数值直接求解方法尚未成熟,结构设计载荷的确定主要依靠经验与上述对现有规范的合理裁剪,适用性则通过气垫船"分段船模"结构模型水池波浪试验加以验证。结构模型水池试验除了要满足水气动力性能试验的相似条件外,还要满足模型结构与实船结构的刚度相似条件,相似性问题更加突出。气垫船在波浪中运动时,由于气垫空气压缩性的不相似,造成船模高频垂向运动与加速度响应偏低,使其预报的加速度值在各频率发生畸变而且均方根值偏低。

目前这种流体动力的不相似性可以通过气垫船适航性计算软件在与船模试验验证的前提下,对实船进行预报修正来解决。但由于模型结构刚度与实船的相似本身也存在一定的问题,这也给模型试验预报值的精度带来一些不确定性。

对气垫船总振动的计算分析方法,由于围裙-气垫系统与水表面变形刚度的耦合带来相当大的复杂性,不能应用常规船舶现有的商业软件进行有限元计算分析。目前只能根据有关规范在 ABAQUS 软件中建立气垫船结构有限元模型,对于船体下方围裙-气垫系统刚度以及水面变形刚度的影响,通过在船底并联设置相应的垂向分布弹簧来模拟,即气垫内部分布弹簧刚度为围裙-气垫-水面三个刚度串联值,周边围裙区域分布弹簧刚度为气垫刚度与围裙变形刚度串联值。其中水面变形刚度随航速升高而变大。附连水质量在静垫升时最大为一倍船的重量,随航速增大而减小。由此建立的气垫船总振动分析方法基本上反映了气垫船结构振动的物理状态,对各向振型的振动模态固有频率可获得比较合理的计算结果(见图 3.67)。

气垫船船体结构采用轻型铆接与焊接铝结构,小型船为铆接铝结构,大型船为防腐铝焊接结构。船体下部的浮箱结构是船体的主承力结构,上层建筑的扶强抗剪板相对受力较小,为减轻船体重量对于上层结构有时也采用铆接。

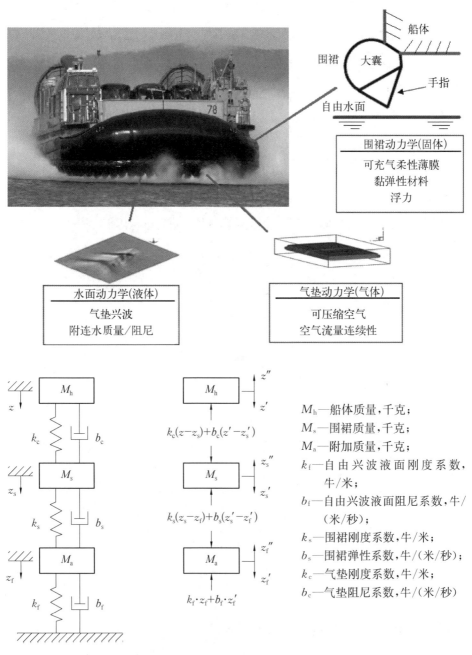

图 3.67　气垫船船体结构刚度计算原理图

由于气垫船的垫升风机向下供气大开口一般都靠近船中,这给浮箱结构的总纵强度带来不利的影响,可以通过结合垫升风机下蜗壳的结构设计予以补强。艉部的导管空气螺旋桨与船体结构的基础设计对高功率大推力导管桨的推力传递有着重要的影响。通过导管、螺旋桨后整流支臂与前缘防护罩支臂及下部导管基座的一体化设计,可以大幅度提高导管空气螺旋桨的整体刚度,保证螺旋桨叶的导管之间的间隙,提高推进效率,但同时必须要在导管内壁结构设计中考虑螺旋桨叶叶梢产生的高强度脉冲载荷的影响。由于模型风洞试验中马赫数不相似,空气压缩性的影响使模型试验的导管内壁脉动压力偏小,因此必须要通过导管螺旋桨的 CFD 计算在模型预报的基础上对实船导管螺旋桨内壁压力进行理论修正(见图 3.68)。

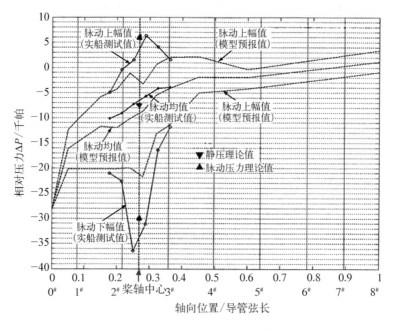

图 3.68　某船导管内壁脉动压力分布

五、动力系统与柔性传动轴系设计技术

海上气垫船高速运行于水气交界面处,在风浪条件下气垫泄流造成的水花飞溅大量涌入船体,这不仅给船体结构和系统设备的海水防腐带来比常规船舶提出更高的要求,特别是动力系统。大功率动力系燃气轮机虽经过防腐与船用化改进,但对进气的含盐量仍有严格限制,气垫船上燃气轮机的进气形式有两种,即气垫进气与直接从舷外进气。前者进气含盐量略少且可增压,但要消耗大量垫升流量,后者进气含盐量控制要求更高。我国初期研制 722-Ⅱ型气垫船,燃气轮机采用垫升流道供气,后因卧式风机气道损失估计不足,垫升流量不足导致垫升困难,后改为舷外进气。由于对气垫船海上航行飞溅造成的含盐量尚无设计标准,进气滤清装置的滤清效果也不佳,加上 409 型燃气轮机的防腐性能不足,最后导致燃气轮机的进气叶片严重腐蚀而损坏。中型气垫运输船在研制过程中,该院研发团队十分关注这个技术难题,除了采用引进的船用燃气轮机外,采用国外气垫船在海上航行的飞溅盐雾指标结合燃气轮机的进气含盐量要求,对该船进气滤清系统(包括进气滤清装置及其后的进气稳压室)进行了优化设计与试验验证(见图 3.69)。采用旋风级-前惯性级-网垫级-后惯性级的四级进气滤清装置和导流良好的狭小空间进气稳压室,较好地满足了燃气轮机的进气含盐量与阻力的需求,确保了海上气垫船燃气轮机的可靠性,为后续的海上气垫船燃气轮机进气系统的优化设计奠定了基础。

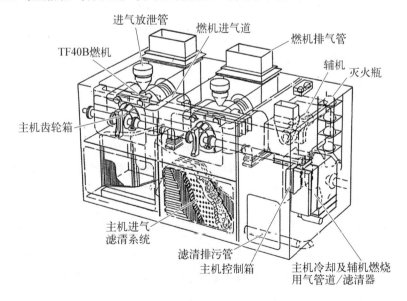

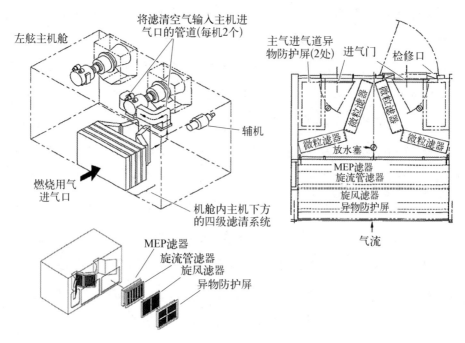

图 3.69　气垫船燃气轮机的进气滤清系统

一般,气垫船的船体为轻型铝质结构,作为动力系统的支承基座刚性差。对于双主机的气垫船,主机-垫升风机-推进螺旋桨构成了多转速多支点的长轴系设计。由于轴系传递功率大,支承基座弱和自身轻量化的设计要求,给轴系的振动设计带来较大的难度。除了要确保整个轴系自身的扭转振动符合规范要求外,还要结合轴系支架及其下部的基础结构设计保证轴系纵振与横振的频率与强度满足相应规范的要求。为了适应轻型船体结构的变形,传动轴系必须具有较强的适应纵、横向变形与角变形的能力,因此轴段间须配以多个高弹性联轴节或膜盘联轴器,以满足轴系对中安装及运行的需求,即实现柔性长轴系的设计。该院研发团队为进行轴系整个系统各种振动的综合评估与分析研究,通过建立整个轴系综合振动有限元模型进行理论计算与优化设计。由于轴系振源包括主机、垫升风机与螺旋桨等,如对中不准、不平衡、气流阻塞或设计不当,会导致设备与结构激振。需在从低速暖机到整个转速工作频率段对振动频率与强度进行设计校核,以满足规范的要求。又由于理论计算与分析时对实际的物理模型进行了一定的简化,在实船试验或运行中还会发生各种各样的振动问题。这就需要根据实船测试的振动数据来修正有限元的振动模型,并通过修改设计对振型与固有频率重新进行计算分析与评估(见图 3.70)。气垫船的振动问题一直是实船研制中的重大难题之一,需要在实船的试航与试验中不断地加以解决。

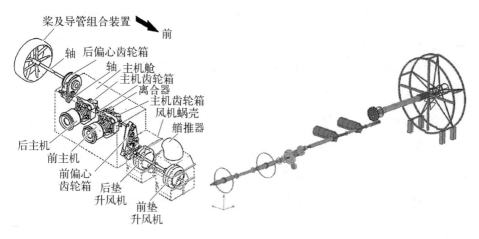

图 3.70　典型气垫船综合振动有限元模型

六、运动控制与安全驾控设计技术

　　气垫船无论采用柴油机还是采用燃气轮机作为主机,一般都采用双主机动力系统,即每舷动力系统布置依次为主机-垫升风机-导管螺旋桨,且垫升与推进为同一轴系。气垫船高速航行时垫升转速要恒定,导管螺旋桨推力与功率的变化只能通过改变螺旋桨螺距来实现,而且变螺距引起的功率变化不能影响转速。否则当变大螺距增加推力的同时,推进功率的增加会引起主机降速,这在高航速时会增加气垫船低头埋艏的风险。这要求在机-桨-扇的动力系统控制中,螺旋桨变螺距过程中引起的功率变化必须与主机油门的控制相协调,从而使转速稳定。我国 722 - Ⅱ 型气垫船在燃气轮机控制系统中就因为控制系统的超调量太大达不到设计要求,每次较快调大螺距都会引起垫升风机转速的下降,这也是该船易发生加速时低头埋艏的原因之一。后续船研制时,动力系统的机-桨联控系统通过优化主机燃油调节规律解决了上述问题。

气垫船在操纵运动中,受外界风浪干扰或操控惯性影响,容易发生大侧漂,其航向并不如常规船舶那样即为艏向,因此在运动控制系统中不能只用艏向角作为目标来进行航向控制。漂角为船首向与航迹航向之间的夹角,其大小对气垫船的操纵稳性的影响很大,为了给驾驶员一个确切的航向与漂角的大小,运动操控显示屏上必须要有一个航向角指针。驾驶员可根据艏向与漂角的反馈信息进行更为合适的操控。气垫船在水气表面上高速航行,在风浪影响下或操控不当时很容易发生侧滑甩艉或高速埋艏现象和低速翻船的安全事故。因此必须在操纵性与航行稳性的设计研究中建立相应的航行安全包络线,一旦船的运动参数接近或达到安全包络线时,运动控制系统必须予以报警或实施操纵面回零的控制。此外当动力系统或围裙系统发生故障时,运动控制系统也应根据危险等级进行报警与操纵面的回零控制。"航行安全包络线"的设计计算须建立在四自由度与六自由度操纵性运动方程基础上,应用"相空间稳性分析方法"才能获得。但由于理论模型的复杂性且试验方法又不同于常规船,目前该项技术仍处于发展与完善过程中。

气垫船的操纵面较多,有螺旋桨螺距和/差、舭空气舵、艏矢量喷管以及侧风门等,操纵系统的设计必须要根据各操纵面的操控力特性以及人因工程要求,借用航空器操控的经验,设计多操纵面的优化组合操控方式,采用联动手轮或联动摇杆的方式,人工随动控制时实现各操纵面的合理分配与组合操控,自动驾控时实现航速、航向角、回转率等自动驾控参数的设定(见图3.71)。

自动驾控系统的设计,对于仅有空气舵与螺旋桨螺距差而没有艏矢量喷管的气垫船,横向速度或漂角是不可控的,只能靠摇艉转向来控制航向,这对航向角的直接控制带来较大的问题。通过将航向角期望值引入实时漂角转变成艏向角期望值进行闭环控制,由于航向角属于前馈开环控制,在风浪干扰大时不

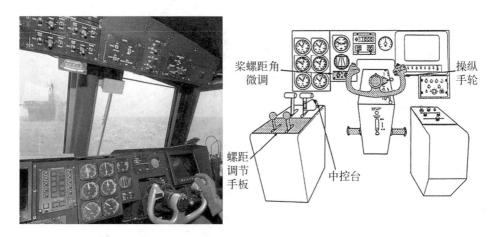

桨螺距角微调

操纵手轮

螺距调节手板

中控台

图 3.71 气垫船驾控台

能达到满意的控制效果。在应用现代控制理论的基础上,发展并丰富 PID 控制的精髓(基于误差消除误差),采用非线性控制概念的"自抗扰控制技术"或应用误差反向传递并通过学习适应不确定系统的神经网络智能 PID 控制系统等现代化控制技术,才能解决因外界干扰与自由度耦合影响对航向角控制带来的不确定性。对于装有艉矢量喷管的气垫船,结合桨距和/差与艉空气舵可实现航速、航向与漂角等三个自由度的控制,并可实现气垫船小漂角或零漂角的高效回转控制。目前气垫船自动驾控系统的设计技术尚在不断完善与研发之中。

气垫船存在三大航行安全风险,必须在安全限界范围之内运行,在航行过程中驾驶员必须密切监控纵倾角(防止艏部围裙缩进产生低头埋艏)、侧滑角(防止大幅侧滑失控及失稳,见图 3.72)、回转率(防止失控甩艉)等关键参数变化情况,及时作出应对措施,使其处于安全限界范围之内(见图 3.73)。

气垫船运行过程中,运行模式处于不断变化之中,从排水状态,到静垫升,再到低速航行、越阻力峰值、高速航行等,船受力特点不同,姿态多变,且受外界风浪影响大,操纵复杂,因此来自第一线用户的操纵驾控及使用维护经验,尤其显得珍贵。如船在没有越过阻力峰值时,航速低、阻力大、螺旋桨负荷急剧增加,航向不易控制;在侧风中偏航时阻力峰值增加,驾驶员要避开不利因素,运

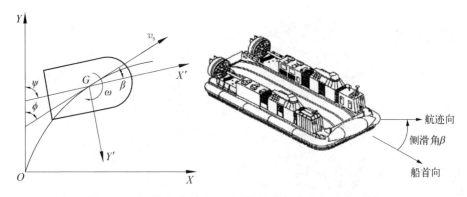

图 3.72　气垫船航迹向与船首向之间夹角即为侧滑角

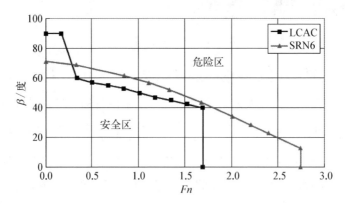

图 3.73　典型气垫船不同航速下的侧滑安全限界

用恰当的操纵手段完成越峰。一般方法有避开浅水、从陆地到浅水、先垫后推，先推后垫，合理利用风、浪、流压力等。出航时需要密切注意船在垫态航行时的初始纵、横倾角，将其控制在合理的范围内，若未设置纵、横倾仪，进行实时测量时，可通过察看船尾水面基本是平坦的，船稍有抬艏等现象来加以初步判断。操纵空气舵时应尽量采用大点舵方式，注意船艏向的变化，避免产生偏航及侧漂现象。由于气垫船垫态稳性远小于排水状态的气垫船在侧风作用下的特点是"迎风面高，背风面低"，同时要考虑到船的前、后部分迎风面积不一样，所受的风阻力也不一样，要保持船的艏向与航线方向的一致是很困难的，因此，在保持航线正确的前提下，不需要考虑船纵向轴线与航线是否一致，运用一切操纵手段使船保持正确的航线为操纵目的。在风浪大时，不要靠近岸边行驶，拍岸浪要比航道中的还要大,容易造成翻船事故,在垫升不足情况下船易受水流影响,难以操纵,要提高垫升风机转速减小水流对船的影响。从水中登陆上岸时,需先尽量消除船的侧滑,再将船首对准岸上停泊场地自行上岸。根据坡度、坡长及船自身的重量等因素,选择适当的推进、垫升转速,当船登上停泊场地后,临近停止不前时,先将垫升风机转速降低,使船平稳着陆,然后再降低推进主机的转速。

第三节　气垫船研发的部分论文

气垫船设计制造是介于船舶工业与航空工业两个行业之间的小众行业,由于需要高速运行于水气界面上,其重量控制非常严格,船体采用轻型铝质结构,主机和许多主要系统都要采用从航空转型到船用的非标设备,大多数还是新研制的设备,这给气垫船的可靠性与使用寿命带来不少问题,特别是相关总体性能与系统的设计技术,都是在长期设计理论研究的基础上,结合实船的建造、试验与应用,才能逐步趋于成熟,这也是从20世纪60年代开始研发气垫船,直到20世纪90年代的很多气垫船产品都存在这样或那样问题的原因。进入21世纪以来,近60年的长期科研投入,气垫船设计基础理论与设计技术已取得长足的进步,在一些关键理论与设计技术上已达到甚至超过国际先进水平,使我国气垫船设计建造水平跻身国际先进行列。

我国研发气垫船的过程中,历经气垫飞行理论突破,性能、强度、动力、操控等工程专业问题的研究,工程设计及配建,应用维护保障等全过程。在有关部委的大力支持下,以科研课题为抓手,解决了从无到有的气垫船研发。除了课题研究成果以外,研发团队的几代科技人员撰写了气垫船学术专著及研究论文。从20世纪80年代开始,中国船舶及海洋工程设计研究院科研人员在国内、外发表的有关气垫船理论研究的论文有百余篇,其中还包括与国际合作研究的有关论文、自培硕士研究生的学位论文以及与高校合作培养博士研究生的学位论文(见表3.3)。

表 3.3　我国气垫船研发部分学术、技术论文

序号	论　文　名　称	作　者	刊登期刊或学术会议
1	Theoretical and Experimental Investigations of Non-Equlibrium Jet of Air Cushion Verhicls	Ma Tao	Thirteenth Symposium on Naval Hydrodynamics, 1980
2	Effect of a Responsive Skirt on Air Cushion Vehicle Seakeeping	Zhou Weiling, Ma Tao	1985 Joint International Conference on Air Cushion Technology
3	Dynamic Stability Research for ACV with Bag-Finger Skirt	MaTao, P. A. Sullivan	Selected Ppapers of the Chinese Society of Naval Architecture and Marine Egineering, 1985
4	Linear Analysis of the Heave Dynamics of a Bag and Finger Air Cushion Vehicle Skirt	MaTao, P. A. Sullivan	AIAA 86 - 2361
5	The Experimental Investigation of Bounce Characteristics of ACV Responsive Skirt	ZhouWeilin, Ma Tao	1986 CACTS International Conference on Air Cushion Technology
6	Responsive Skirt-Its Effect on Stability and Ride Quality of Hovercraft	Ma Tao, ZhouWeilin, P. A. Sullivan	1988 International High-Performance Vehicle Conference
7	"Chapter 13 Dynamics of Responsive Skirt" in "Hovercraft Technology, Economics and Applications"	Ma Tao P. A. Sullivan	Published by ELSEVIER, 1989
8	Design Research of SES Ride Control System	Ma Tao, ZhouWeilin	First International Conference of Fast Sea Transportation, FAST'91
9	The Research of Resistance and Motion Characteristics of An ACV With Responsive Skirt	ZhouWeilin, Ma Tao.	Intersociety High-Performance Marine Vehicle Conference and Exhibit, HPMV'92
10	Aeroelastic and Hydroelastic Dynamic Design Principle of Hovercraft Responsive Skirt	Ma Tao, P. A. Sullivan	1992, International High Performance Vehicle Conference
11	Heave Stfiiness of An Air Cushion Vehice Bag and Finger Skirt	P. A. Sullivan, P. A. Cherest, Ma Tao	Journal of Ship Research, 1993

序号	论　文　名　称	作　者	刊登期刊或学术会议
12	Ride Control System With Responsive Skirt Active Control	Ma Tao	1994 CACTS Conference on Air Cushion Technology
13	The Development of ACV Technology in China	Ma Tao	Ninth International Conference on Fast Sea Transportation，2007
14	Intellectualized data collection and fault diagnosis for ship information system	Gao Song, Yan Chuanxu, Huo Yiqun	ICTIS 2019
15	The Study of Configuration Optimization for Air Cushion Vehicle Skirt Based on CATIA-Abaqus Parametric Finite Element Method	Xu Shengjie, Zhang Zongke	ISOPE 2019
16	Realization of Ship Damage Stability Calculation in CATIA by Appication Development	Zhang Zongke, Xu Shengjie	ISOPE 2019
17	Effect of Cushion Wave-making on Resistance and Attitude of Air Cushion Vehicle in Sideslip	Zhang Zongke，Xu Shengjie	ICTIS 2019
18	Numerical investigation on pressure responsiveness properties of the skirt-cushion system of an air cushion vehicle	Shengjie Xu, Yujia Tang, Kejie Chen, Zongke Zhang, Tao Ma, Wenyong Tang	International Journal of Naval Architecture and Ocean Engineering，12 (2020) 928 – 942
19	Theoretical Analysis and Model Test for Tail-Flick of Hovercraft	Gao Song	ISOPE 2020
20	Duct Shape Optimization of Air Ducted Propeller on Hovercraft	Chu Hubing	ISOPE 2020
21	Unfold of Skirt Bag at Bow and Stern Corner with Sophisticated Configuration of Air Cushion Vehicle	Zhang Zongke, Xu Shengjie, Wang Donghui	ISOPE 2020
22	Research on the transverse stability of an air cushion vehicle hovering over the rigid ground	Shengjie Xu, Kejie Chen, Yujia Tang, Yifan Xiong, Tao Ma & Wenyong Tang	Ships and Offshore Structures，10 (2021) 1 – 17

序号	论　文　名　称	作　者	刊登期刊或学术会议
23	Investigation on aerodynamic characteristics of an Ice Breaking Hovercraft	Chu Hubing	ISOPE 2021
24	Investigation on Parameters Influence Rules of Aerodynamic Characteristics of a Hovercraft Propeller	Chu Hubing	ICTIS 2021
25	Shape-form Estimation of ACV Skirt under Abnormal Cushion State	Zhang Zongke, Xu Shengjie, Xiong Yifan, Tang Yujia	ISOPE 2021
26	Updating of Complex FEM Model of Air-cushion-vehicle Flexible Skirt in Abaqus	Zhang Zongke, Xu Shengjie, Tang Yujia, Xiong Yifan	ICTIS 2021
27	Analysis on motion stability and safety of hovercraft in ice region	Wang Yunchao, Liu Hui, Gao Song	ICTIS 2021
28	响应围裙的气弹和水弹动力设计原理	马涛	第五届全国高性能船舶学术研讨会,1991
29	带首鳍的侧壁式气垫船模型试验探讨	俞忠德	《中国造船》1981 第 4 期
30	浅谈全垫升气垫船操纵装置的设计	陈小剑	《船舶工程》1983 第 4 期
31	气垫船舱室防噪声探讨	陈小剑,陶平平	《船舶工程》1983 第 6 期
32	应用 JIGFEX 程序计算全浮式气垫船全船静力强度	尤矢勤,赵万绥,李锡夒	《计算力学学报》1984 年第 2 期
33	气垫船最严重砰击纵弯曲计算	郑行远	《船舶工程》1984 第 5 期
34	囊型围裙底部变压区对成形影响的探讨	郑楠,邬廷芳	《船舶工程》1984 第 5 期
35	侧壁式气垫船的横稳性计算	李根林,恽良,林旭光	《船舶工程》1985 第 1 期
36	气垫船航空活塞发动机动力装置评述	朱锦章	《船舶工程》1985 第 5 期
37	气垫船双囊裙底部变压区对成形影响的探讨	郑楠,邬廷芳,华怡	《舰船科学技术》1986 第 6 期

序号	论 文 名 称	作 者	刊登期刊或学术会议
38	回转桨塔的设计研究及其实船应用	朱锦章	《舰船科学技术》1986 第6 期
39	气垫船围裙试验装置的改进	郑楠,华怡	《舰船科学技术》1987 第3 期
40	侧壁式气垫船在横浪中的横摇与升沉耦合运动	邬廷芳,恽 良,程炎南	《中国造船》1987 第 4 期
41	气垫船响应围裙特性参数分析	周伟麟	《船舶工程》1987 第 5 期
42	气垫船囊锥裙吸附特性及其消除方法	郑楠,华怡,马涛	《舰船科学技术》1988 第1 期
43	谐波绞盘在气垫平台上的应用	王惠麟	《船舶工程》1988 第 1 期
44	围裙响应动力学及其对气垫船稳性和适航性的影响	马涛 周伟麟	船舶工程 1988 年第 6 期
45	气垫船三元囊指型围裙的成形原理	谢佑农,郑楠	《舰船科学技术》1989 第2 期
46	我国首制沿海两栖气垫艇及其动力技术评述	朱锦章,沈扬显	《舰船科学技术》1989 第6 期
47	气垫船围裙连接件的试验和分析	郑楠	《舰船科学技术》1990 第1 期
48	考虑弹性变形的大负荷螺纹的强度计算	王朝宗	《舰船科学技术》1990 第3 期
49	65 吨级全垫升气垫船技术评述	顾雄,朱锦章,恽良	《船舶工程》1990 第4 期
50	我国第一艘气势登陆艇的试航试验	郑楠,孙盛南	《舰船科学技术》1990 第5 期
51	船用高速柴油机风冷装置设计与探讨	张志馨	《船舶工程》1990 第 5 期
52	中型侧壁式气垫船的发展	恽 良,朱锦章,胡礼泰	《中国造船》1991 第 1 期
53	减阻、减摇的响应围裙研究	马涛	《中国造船》1991 第 1 期
54	民船的研究设计概述	许学彦	《船舶工程》1991 第 4 期
55	气垫船燃气机动力装置研究	朱锦章,孙君	《舰船科学技术》1991 第5 期
56	"鸿翔"号气垫船舱室噪声的控制措施	王惠麟,陈小剑	《船舶工程》1991 第 5 期

序号	论 文 名 称	作 者	刊登期刊或学术会议
57	气垫船围裙的动态受力分析	郑楠,王锋	《舰船科学技术》1992 第1 期
58	我国气垫船在实用化技术方面的进展	恽良,彭桂华	《舰船科学技术》1992 第3 期
59	侧壁式气垫船首鳍模型耐波性试验研究	俞忠德	《舰船科学技术》1993 第1 期
60	旋转喷管的设计研究	郑楠,马涛,邬廷芳	《舰船科学技术》1993 第2 期
61	在台湾海峡使用高速双体车客渡船的技术可行性简析	恽良	《船舶工程》1993 第 3 期
62	全垫升气垫船性能的优化分析	郑楠,马涛,丘鹰	《舰船科学技术》1993 第6 期
63	全垫升气垫船性能的优化设计	郑楠,马涛	舰船科学技术,1993.6
64	气垫船串囊型防溅裙的研制	郑楠,何国中	《舰船科学技术》1994 第5 期
65	全垫升气垫船耐波性理论	周伟麟	舰船科学技术 1994 年第9 期
66	气垫船动力装置系统振动特性研究	俞国新,吴明康,陆鑫森,尤矢勤	《中国造船》1995 第 1 期
67	气垫船升沉自动控制专家系统	吴翰声,马涛	《舰船科学技术》1995 第3 期
68	开发长江长途客运新型高速船	周新民,裘胜洪,孙永权,恽良	《船舶工程》1996 年第3 期
69	"天鹅"号两栖地效翼船的研究与设计	恽良,谢佑农,孙君,邬成杰,彭桂华	《船舶工程》2000 年第2 期
70	气垫船的回顾与展望	彭桂华	《船舶工程》2001 第 1 期
71	气垫船三维耐波性分析	周佳,唐文勇,张圣坤	《船舶力学》2009 第 4 期
72	全垫升气垫船在波浪中运动的非线性理论研究	刘宁,王晓强,任慧龙,诸葛凌波	《华中科技大学学报》2014 年第4 期
73	中型气垫船导管内蒙皮脉动载荷预报方法研究	张平,陈海涛,鲍文倩,赵丽刚	《船舶工程》2015 第 4 期

序号	论 文 名 称	作 者	刊登期刊或学术会议
74	气垫船波浪载荷预报方法研究	张平,陈海涛,鲍文倩,赵丽刚,诸葛凌波	《船舶工程》2016 第 16 期
75	悬挂式铝合金整体壁板压杆的稳性校核方法	吴剑国,章艺超,张平,陈海涛	《中国舰船研究》2020 年第 2 期
76	气垫船运动特性及其非线性因素研究进展	徐圣杰,张宗科,张海鹏,马涛,唐文勇	《船舶力学》2020 第 5 期
77	气垫船垫升风机的振动分析及减振试验	赵丽刚,鲍文倩,丁仕风,周利,周亚军	《船舶工程》2020 第 7 期
78	气垫船垫升风机下蜗壳结构优化设计方法	赵丽刚,鲍文倩,丁仕风,周利,周亚军	《舰船学术技术》2021 年第 1 期
79	基于傅立叶伪谱方法的气垫船移动兴波时域模拟	石凯元,朱仁传,顾孟潇,高嵩	《中国造船》2021 第 3 期
80	气垫围裙连接结构数值仿真及改进设计	王露寒,唐文勇,徐圣杰,袁昱超	《中国舰船研究》2021 第 3 期
81	气垫船典型结构振动特性分析	诸葛凌波,刘宁,唐首祺	《舰船科学技术》2021 年第 7 期
82	气垫船侧滑时横稳性的试验与理论研究	张宗科,陶平平,马涛	2007 年船舶力学学术会议暨船舶力学创刊十周年纪念学术会议,2007
83	中国气垫船技术的进展	马涛,吕世海,刘春光,邬成杰	2007 年船舶力学学术会议暨船舶力学创刊十周年纪念学术会议,2007
84	侧壁气垫客船"津翔"号研制总结	孙永权	《江苏船舶》1988 第 3 期
85	两栖气垫登陆艇发展概况	孙永权	《江苏船舶》1989 第 2 期
86	一种具有广阔前景的气垫船气垫平台	唐国明	《江苏船舶》1989 第 2 期
87	面向 21 世纪的高性能船舶	恽良,邬成杰	《武汉造船》1997 第 3 期
88	气垫船用燃气轮机进气系统数值模拟和模型试验研究	钱卫忠,陈德娟,孙君	《航空发动机》2007 第 4 期
89	保障气垫船供油系统正常运行措施	庞景昊,赵曼莉,严海华,刘小龙	《船舶》2012 第 2 期
90	美国气垫登陆艇主动力装置的发展及其对总布置的影响	张宗科	《船舶》2012 第 6 期

序号	论 文 名 称	作 者	刊登期刊或学术会议
91	艉喷管在全垫升气垫船上的设计与应用	张宗科,滕森	《船舶》2013 第 5 期
92	高密度中低速全垫升气垫船越峰问题的探讨与实践	仰泳,张宗科	《船舶》2014 第 2 期
93	全垫升气垫船的气垫压缩性研究	诸葛凌波,马涛	《船舶》2014 第 4 期
94	气垫船导管组合结构设计初探	陈海涛,张平	《船舶》2015 第 1 期
95	航空操控面板组件在气垫船上的应用研究	庞景昊	《船舶》2015 第 6 期
96	美国气垫登陆艇装甲防护技术发展及其对总体性能的影响	张宗科	《船舶》2016 第 1 期
97	气垫船刮水器的选择与优化设计	庞景昊,赵曼莉,潘俊宇	《船舶》2017 第 1 期
98	芬兰气垫巡逻艇 T-2000 设计特点与总体性能分析	张宗科	《船舶》2017 第 4 期
99	全垫升气垫船登滩运动特性分析	沈剑毅,高嵩,汤宇嘉	《船舶》2018 第 1 期
100	某气垫船动力系统仿真研究	彭磊	《船舶》2018 第 1 期
101	小型气垫船推进轴系设计特点浅析	陈德娟,胡云波,徐一驰	《船舶》2018 第 3 期
102	全垫升气垫船高速侧滑后行为的理论与试验研究	张宗科	《船舶》2018 第 3 期
103	滚动轴承在全垫升气垫船轴系中的应用	叶楠	《船舶》2018 第 4 期
104	基于遗传算法的气垫船主尺度优化设计研究	褚胡冰,张海鹏,刘一	《船舶》2018 第 6 期
105	极地气垫破冰/运输平台破冰机理和关键技术	高嵩,张俊,张进	《船舶》2018 第 6 期
106	英国全垫升气垫船的技术发展与性能分析	张宗科	《船舶》2018 第 6 期
107	气垫船推进轴系纵向振动计算及试验研究	陈德娟,叶楠,彭磊,黄璐琼	《噪声与振动控制》2018 年 A1 期
108	CATIA 二次开发实现全垫升气垫船性能计算结果的可视化	张宗科,徐圣杰	《船舶》2019 第 3 期

序号	论 文 名 称	作 者	刊登期刊或学术会议
109	全垫升气垫船高速埋艏与低速侧翻的机理分析及应对措施	张宗科	《船舶》2019 第 4 期
110	悬挂式铝合金整体壁板的轴压极限承载力研究	朱熠凡,张平,陈海涛,吴剑国	《船舶》2020 第 5 期
111	基于 CATIA 的气垫船艏部三元柔性围裙抗缩进性能数值分析	张宗科,徐圣杰,刘一	《船舶》2020 第 5 期
112	一种气垫船自航模远程控制方法	唐建华,徐尧,韦晓富	《船舶》2021 年第 2 期
113	气垫船运动在水气界面的操纵性能预报	刘春光,马涛	中国舰船研究院硕士学位论文,2005
114	大型气垫船总体性能优化设计研究	吕世海,马涛	哈尔滨工程大学硕士论文,2005
115	柔性围裙结构变形响应对气垫船耐波性影响的研究	张宗科,马涛	上海交通大学,2006
116	带有整流支架的高载荷导管螺旋桨的优化设计	袁知星,马涛	中国舰船研究院硕士学位论文,2008
117	斜浪航行气垫船的运动响应特性	张海鹏,邹成杰	哈尔滨工程大学硕士论文,2011
118	气垫船垫升性能 CFD 计算方法研究	陈科杰,马涛	大连理工大学硕士学位论文,2013
119	全垫升气垫船四自由度操纵性	卢军,黄国梁	上海交通大学博士论文,2008
120	全垫升气垫船运动特性研究	冀楠,张洪雨	哈尔滨工程大学博士论文,2014

第四章
气垫船的试验与试验场建设

科学技术进步离不开科学试验,通过试验不但可获取大量的第一手资料,而且可以验证原来的设计方案是否正确,找出存在的问题,并在试验过程中使研究设计逐步完善。因此,科学试验是一项创造性的工作。为了掌握气垫船原理,早在 20 世纪 50 年代,哈尔滨军事工程学院成功地研制了我国第一艘气垫船。数十年来,我国科研人员在艰苦的环境里,白手起家,建起试验场,攻坚克难,不断试验,不断总结,甚至冒着生命危险坚持在试验场上工作和研究。逐步掌握了气垫船垫升、稳性、快速性、耐波性、操纵性等原理和关键技术,为我国气垫船研制奠定了基础。

第一节 气垫船的初始试验

20 世纪 50 年代末,我国科研人员对气垫船基础理论了解甚少,为摸清气垫船的奥秘,哈尔滨军事工程学院(以下简称"哈军工院")将研制气垫船列为"特级"项目,组织教员研制气垫试验艇。在当时驻院的苏联专家帮助下,研制了我国第一艘气垫试验艇,命名为"33"艇(见图 4.1)。该艇的艇体是个长方体,可乘坐 2~3 人,其中 1 名驾驶员,1 名试验员。艇上安装了 2 台航空活塞发动机,1台用于推进,1台用于垫升。该船是在模型试验基础上进行设计建造的。当时全国尚无高速拖曳水池,试验只能土法上马。模型在水中用水翼艇滑行起飞通过拉杆拉动气垫船模型,同时利用拉杆上的弹簧秤测得高速时(约10米/秒,相当于实船70～80千米/时)的阻力,航速则由航行标杆来测得;至于气垫船模型垫升动力则由水翼艇上的蓄电池提供。由于土法测试只能初步测得气垫船的阻力(高速时),但对阻力峰值却无法测得。大家还以为船气态浮于水面之上,可能没有兴波阻力和阻力峰,更不知道由于前、后气封装置造成的次阻力峰,而次阻力峰有可能会成倍地超过高速时的阻力。1958年8月1日时任国防部长彭德怀元帅到哈尔滨视察,哈军工院领导陪同彭帅观看在松花江举行的汇报演试。受技术条件限制,当时艇采用的是航空发动机和直升机上使用的空心传动长轴,启动后,随着转速加大,气垫船垫升起来,冒出水花,但未越出阻力峰,飞得很慢。彭德怀元帅及军委总部的一些领导在江边观看,尽管表演不尽人意,但彭帅还是十分高兴,鼓励大家好好干。

图4.1　静置于陆上的"33"艇

通过这次试验,大家认识到"33"艇虽然垫升起来了,但气垫压力向水面施压而形成了水面下陷凹槽,艇要越过此凹槽就会产生阻力峰。但如果船的前、后气封装置设计不当,则会加大此阻力峰的峰值,船越不过阻力峰时航速就会很慢,且水花很大。

为探索阻力峰的机理,科技人员在呼兰河的小岛上再次进行船模水面自由拖曳试验。仍用双水翼艇拖曳 1.7 米长的气垫船船模,由于试验要求水面非常平静,在当时的气象条件下,只能在清晨 3~4 点钟进行试验,那时呼兰湖十分平静,而所需的船模动力为汽车蓄电池,白天用汽油发动机充电,供晚上使用,如此进行了三个月的船模试验,初步认识到:气垫船高速航行时确实阻力很小,水花很小;船刚起飞时有很大的阻力峰和水花;此阻力峰和船的艏、艉气封装置、重心、航行姿态、水面情况等密切相关。

试验团队在呼兰河小岛上工作了 3 个多月,每天白天为船模上的蓄电池充电、研究解决、分析试验中碰到的问题,清晨进行试验。在这期间,彭帅和谭政大将又登岛观看气垫船试验,谭政大将得知岛上试验团队仅有几个人,岛上又有狼的足迹后,便吩咐派半个班的战士加强保卫。由于冬季来临,呼兰河封冻,科研试验队转到旅顺基地。到了旅顺基地,由于在海面上无法进行船模试验。遂先到大连第二海校(即现在的海军工程大学前身)进行重力式拖曳水池拖曳速度试验。拖速由 4 米/秒增至 6 米/秒。由于项目为"特密"级,试验组三人只好每天晚上 10 点到早上 6 点进行水池试验。通过试验初步摸清气垫船的流体力学性能,即气垫船不仅有阻力峰,而且还有由于前、后气垫装置造成的次阻力峰,两者叠加进一步加剧越峰的困难,同时也觉察到"33"气垫艇的垫升风机和推进主机的功率不足,必须改装。"33"艇在旅顺海军基地更换了垫升风机,加大了功率,并改换了前、后气封装置,大大降低了阻力峰。改装后的"33"艇在海上进行了试验,一举越出阻力峰,航速上升至 69.5 千米/时。并于 1959 年 7 月12 日在旅顺口外海面进行了 16 海里的长航试验,获得成功(见图 4.2)。

第一艘气垫试验艇通过船模试验和实艇试验,以及相关理论的研讨,使研发团队初步了解了气垫船的机理、阻力峰、兴波、稳性、垫升性、耐波性等重要性能,为我国研制气垫船迈开了重要的一步。

图 4.2 在海面上高速航行的"33"艇

第二节 气垫船项目试验

一、711 - I 型气垫船建造

1962 年国家科学技术规划运输船部分中列入气垫船预研项目,责任单位为中国船舶及海洋工程设计研究院。

1964 年 3 月时任中国船舶及海洋工程设计研究院院长的李志侠,大力支持气垫船研究,不但在人力、物力给气垫船研究开绿灯,而且亲自落实试验场地,积极向上级申请项目经费,并从哈尔滨军事工程学院、沈阳飞机制造厂、中国船舶科学研究中心、上海船舶运输科学研究所、沪东造船厂、株洲 331 厂、北京市少年宫等单位借调气垫船专业研发人员。

1964 年,国家科委把气垫船的研制列为"1963—1972 年科学技术发展规划"重点项目,要求中国船舶及海洋工程设计研究院自 1964 年 7 月开始,进行模型设计、制作、试验和实船设计、制造和试验。同年4月开始在上海鼓风机厂进行了无蜗壳离心式垫升风机性能试验。8月第一个铝质全垫升周边射流带稳定喷口的模型由中国船舶及海洋工程设计研究院八〇工厂制作完成,进行了卧式风机、气道、静垫升、稳性等7个系列试验并获得成功,为研制试验实船奠定了基础。

1964年9月研发团队将第一个环流型气垫船模型改装成自航模型,1965年4月完成后即投入自航模型陆上操纵性试验。5月先在上海江湾体育场进行有线操纵自航模型陆上试验。试验包括静飞升、直线航行、回转以及抗侧风四大项目。随后又到上海海军虬江码头进行自航模型水上试验,为进行稳性模型试验,于1965年10月对模型进行改装,在模型底部增加三种稳定喷口(十字型、平行型及H型),喷口宽度可变。改装后进行多次平稳性模型试验。试验结果表明该船体的气垫分隔形式有效,并获得较佳的气垫分隔形式。711-Ⅰ型气垫船首次采取了双条平行稳定喷口。

原定1964年底完成模型试验,1966年完成试验艇研制,1967年一季度开始研制实艇。李志侠院长将此计划向中国舰船研究院刘华清院长汇报,刘院长立即增加科研经费,并要求最迟要在1966年底前完成实艇研制任务。李志侠院长回上海后立即传达刘院长的指示。研发团队一致表示:"为国为民,敢当重任,竭智尽力,坚决完成!"

1965年中国船舶及海洋工程设计研究院在初步完成部分模型试验后同步进行试验船的设计,即配合沪东造船厂进行试验船建造。当时正值炎热的夏天,试验船在保密车间施工建造,当进入最后的安装阶段,该院气垫船研发团队跟班劳动。大家克服天气热、施工空间小等种种困难,加班加点,在现场解决施工出现的技术问题。在建艇最紧张期间,船厂实行大两班制(早6点~晚6点,俗称六进六出),大家都很累。可是,无人叫苦,更没有人抱怨,感冒发烧也照常上班。为了早日建成试验船,大家默默地工作着,无私地奉献出青春。通过大家的共同努力,一艘环形射流型试验船终于在

1965 年 6 月底完成，比原计划提前 2 年。该船总长 10.63 米，总宽 4.80 米，气垫长 8.92 米，气垫宽 4.20 米，设计总重 3.7 吨，气垫压力 123 千克/平方米，垫升兼推进主机一台为 604－1 型(1×199 千瓦)活塞式航空汽油发动机，后又增加二台小瓦尔特型(2×70 千瓦)活塞式航空汽油推进发动机。命名 711－Ⅰ型气垫船(见图 4.3)，有了试验船，寻找合适的气垫船试验场地就提上议事日程。

图 4.3　装有围裙的 711－Ⅰ型气垫船

二、建立气垫船试验场

　　为了找到合适的试验场地，李志侠院长率领有关部门负责人和科技人员组成考察组，带着地图沿着长江江边，从宝山到江苏浏河口岸一路察看，原定计划在长江沿岸某处建立试验场。调研后发现该处距离公路有近 3 千米沼泽地，且离村庄也比较远，交通和生活都不方便而最终放弃。

　　接着又进行第二次勘察，选择沿黄浦江上游，从龙华→闵行一路经松江泖港→米市渡，松江米市渡是一个人员、车辆渡江的摆渡口，江面较宽，来往船舶也较少,但沿江两岸也有相对较大的湿地面积,距公路较近,但村庄不大,农户较分散,生活购物不便,但可作为备选之地。接着沿松青公路到青浦区又沿沪青平公路经朱家角镇来到了淀山湖畔的淀峰村。当时上海至江苏的公路因淀峰拦路港大桥(黄浦江上游)还未修建,故车辆只能到达淀峰村。该村地处淀山湖畔,淀山湖面东西宽 9 千米,南北长 18 千米,环湖周长约 35 千米,面积 62 平方千米,相当于 12 个杭州西湖。大家下车沿着田埂走到湖边察看,只见湖边有一条长一千米,宽 60～70 米的防风林带,湖边还长有两米多高的芦苇丛,对气垫船试验的保密条件比较理想而且淀山湖面积较大,适合气垫船进行试验。而且路边一栋废弃多年的苗圃房可供试验人员居住,李志侠院长当即决定:就选这个地方了!

试验场建设从一张白纸开始,一切都依靠自己动手。路边苗圃房,既缺电,又无自来水,杂草丛生,破烂不堪。为了解决试验场用房,李志侠院长电话联系了老战友上海园林局党委书记,得到园林局大力支持,借给气垫船试验队免费使用。试验场用房有了着落,接着又与青浦建设局办理了淀山湖边 0.6 亩[①]建设用地作为临时码头的手续,当得知气垫船研制的战略意义,立即批准。园林局的小平房是 4 间连体的,大间约 40 平方米、其余 3 间约 14 平方米,多年未用,木质窗的玻璃坏了不少,小院周围杂草丛生。晚上没有电灯,蚊子又多,上厕所要用手电。女同志上厕所还要有人在外边站岗。小院虽小,最艰苦要数器械搬运,小院距湖边约 300 米。气垫船到青浦淀山湖试验,都是依靠拖船和两艘驳船运送,当时气垫船试验用的油料,每桶 200 千克航空油料桶和启动发动机用的高压气瓶,都是依靠大家用手推滚,高压气瓶用肩扛,一桶一桶运到码头边,再搬到小木船上,横渡 30 米的小河才能运到码头。各级领导关心试验场建设,为了尽快改变这种状态,院后勤部门努力做好后勤保障,积极支持试验场建设。如刚开始晚上开会用煤油灯照明;打上海长途电话要跑到 3 千米外的西岑镇电话局。为此专门为试验场树起了 3 根电线杆,装上变压器接通了电话。从

---

① 1 亩=666.667 平方米。

公路旁的小平房到几百米远的湖边码头装上电灯，解决了照明和电话通信及试验用电问题。后勤部门还专门派来了炊事员，当时淀山湖周边还流行大量的血吸虫病，淀山湖湖水虽然看起来很清澈，但不能直接饮用，大家谁有空就往水缸挑水，再用明矾进行沉淀烧开。为解决吃水问题在当地社员的帮助下，在屋旁边修建了6～7米深的水井，才真正解决了用水的问题。为试验场配置一部摩托车和一辆自行车，解决联络问题。后又购置一艘小快艇，既可作为气垫船试验保障艇，又可用作应急生活购物等。从公路边的小平房到湖边的田埂原来只有0.5米宽，在当地生产队的帮助下，加宽到1米。码头建设，除盖房子外，大部分的工程都是试航队员自己动手完成的，一个40平方米的车间、一间12平方米的值班室、30平方米的油料库以及吊船架等，经过几年不断的努力，终于使气垫船有了陆上码头自己的"家"。

1965年盛夏，711-Ⅰ型气垫船经车间台架试车结束后，在上海沪东造船厂码头吊上一艘驳船，用拖船拖带，经一天的航行到达淀山湖停泊试验区域。停泊区域因距岸边水深较浅，拖船无法靠近，还有约200米的水面距离，只好租用生产队的小木船，由社员摇船将岸上物资和人员来回接驳。试验初期参试人员无住宿，就暂住青浦区招待所，所里特派一辆大客车负责来回接送。当时尽管生活和工作条件非常艰苦，但大家心里只有一个念头，尽快进行试验，早日实现我国自行设计建造气垫船的目标。

青浦淀山湖试验场建成后，先后有不同型号气垫船和有关专业产品在此进行课题研究和项目试验，气垫船获奖的许多成果和课题研究成果与气垫船试验场密不可分。例如：711-Ⅰ型、711-Ⅱ型、711-ⅡA型、716型、716A型、侧壁711-Ⅲ型、侧壁717型、750型地效翼船、751型（天鹅号）地效翼船、螺杆艇和水泵等项目、中国船舶研究中心的水翼试验艇等均在此进行大量试验。

交船试验验收如下：大港油田7202型气垫船、郑州7206型气垫船、佳木斯7210型气垫船、郑州7212型气垫船、7224Ⅱ型气垫船、4009型气垫船、7232型气垫船、4010型气垫船等均在此试验场调试、试航，达到设计任务书要求后交付给用户使用的。此外,试验场培训近百名气垫船驾驶员,还接待过上百次上级领导视察和各方人员参观。

第三节　711-Ⅰ型气垫船的试验

一、一下淀山湖

初期的全垫升式气垫船均选用航空发动机作为主机,1964年7月末,中国船舶及海洋工程设计研究院研发团队头顶炎热骄阳,前往"火炉"南昌320厂和株洲331厂,选定604型活塞式航空发动机作为711-Ⅰ型气垫船的主机。此后,技术人员又多次到331厂取经。为能尽快熟悉主机及航空仪表,李志侠院长亲自到南京军区空军商借飞行员和(仪表)机械师。1965年2月5日飞行员和机械师到上海,在虹桥机场让大家参观红专502型飞机和604型发动机,并开动主机,讲解操作要领。

711-Ⅰ型气垫船经过工厂码头试验、检查、测量,以及试车、磨合,于1965年7月初气垫船试验队第一次来到淀山湖畔试航。因为动力系统是航空发动机,所以711-Ⅰ型气垫船的驾驶室、仪表盘和操作系统均以飞机双人操纵为范本进行布置。主驾驶掌握方向舵,用脚蹬来操控舵,用手操作推进主机油门控制船的航速。副驾驶左手操控垫升用主机油门,右手操控604型发动机螺旋桨变矩手柄(只能变大矩和小矩)。并且还配备一名当过空军机械师的科技人员担任船上总指挥。

1965年7月,711-Ⅰ型气垫船在青浦淀山湖首次试航。7月火辣辣的太阳当空照,湖边没有一丝风,空气好像凝固了似的。湖畔杂草丛生,蚊子大而多,大白天也会盯上坐在驾驶室里的驾驶员,驾驶室内更是闷热难忍。负责驾驶的俩人均不会游泳,还得穿上救生衣,不一会衣服就湿透了。604型航空发动机是我国红专502型初级教练机的主机,发动机通过直径2.4米空气螺旋桨桨毂端的输出轴、弹性螺钉法兰盘、长传动轴串联直接驱动两台减速齿轮箱,叶轮直径为 1 米的卧式离心式垫升风机作为垫升气源来垫升气垫船,主传动轴的两侧又分别用皮带带动直径约 0.8 米的两副木质定螺距螺旋桨作为推进器,推进气垫航行。气垫船吊下水飞升后,飞高很低,水花飞溅又高又粗,随后又出现艉倾,不进反退,岸上看过去似一团水雾在湖里打转,经检查为浮箱进水所致。排除后再试前进了,但速度很慢,空气螺旋桨噪声响彻半个淀山湖。航行约 25 分钟,"咔嚓"一声停机了。检查发现,风扇传动齿轮断齿,传动轴花键扭转变形,造成停航。

　　试验队立即召开现场会议总结经验教训查找问题原因,初步分析认为 711－Ⅰ型气垫船超重,又因缺经验,围裙周长计算失误致使其喷口宽度增大,使气垫船起飞高度降低,水花飞溅高且粗。此外船体艉部浮箱进水,艉倾严重,而推进功率又过小,使船不仅不前进反而倒退。针对这些问题对该船进行了第一次改装:

　　(1) 由于螺旋桨、推进器推力太小,从空军调拨了两台德国产的功率分别为 70 千瓦的 4 缸风冷"小瓦尔特"型航空汽油发动机,增加推进功率。直接带动直径为 1.2 米的 2 叶定螺距金属螺旋桨。

　　(2) 取消 604 型航空发动机上自行设计的冷却风扇,采用空气螺旋桨冷却发动机,减小空气螺旋桨的初始安装角,提高发动机转速,总功率由 162 千瓦增至 206 千瓦。此外对气垫船甲板周边喷口外接线加装围布(不是现在使用的围裙形式)以增加飞高。试验船完成改装后进行第二次试验。

二、二下淀山湖

　　711－Ⅰ型气垫船二下淀山湖前,李志侠院长告诫试航队:"要做好两手准备。试验可能成功,也可能失败。战略上要藐视困难,战术上要重视困难。"他还勉励大家,"要加强团结,齐心协力,注意保密,注意安全"。领导的鼓励使大家充满信心,做好两手准备,迎难而上。

　　在拖船配合下,两艘驳船将气垫船运到青浦淀山湖,开机试车垫升时发现围布太长，水花飞溅严重，船歪歪扭扭，漂浮不定。后再将试验船吊起把围布缩短再行试验，飞溅现象有所改善，但两舷水幕大量溅向两侧的发动机，影响点火系统，致使发动机转速上不去，无法正常工作。经研究在甲板两侧加装防溅板，再试后，转速有所改善，船速略有提高，但仍无法越过阻力峰。后调整喷口宽度将其缩小，但飞高变化不大，航速仍然上不去。把假艏与假艉升高，航速还是没能改善，当时所有能想到措施都用尽了，航速仍然依旧。在试验最困难的时候，院长李志侠鼓励大家："困难很多，并不奇怪，我们决不能丧失信心。现在看来关键是飞高。"他还指出，"国家三五期间已确定要搞气垫船了，明年已有任务，可能有12艘。"领导的亲切话语增强了大家的信心，深感任务艰巨。尽管冲越阻力峰之路困难重重，似乎"山穷水尽"，但是，参试人员依然斗志昂扬，继续努力奋进。针对试验反映出来的问题，经过认真分析决定水上试验暂停，转做陆上试验，看看航速到底能达到多少，回头再寻找水上航速上不去的原因。院总工程师钟思也向李院长建议，是不是先在陆上试一试。一再反复进行水上试验，航速仍然上不去的情况下，陆上试验势在必行。李志侠院长请求上海空军帮助，拟在江湾机场跑道上进行陆上试验获准。1965年11月9日，711-Ⅰ型气垫船试验队一行40余人来到江湾机场进行陆上试验。根据陆上垫升的特点，便在船底沿纵向安装了两块雪橇形滑板，供陆上起飞试验。在安全、谨慎的前提下航速从25千米/时→40千米/时→65千米/时……逐步提高，另外用轿车跟在气垫船后进行测速，同步测到最高速度达87千米/时，而主机功率尚有富裕。陆上试验的成功，极大地增强了研发团队的信心。但陆上没有水阻力，气垫船可达到高速。而水阻力是空气阻力的几百倍，因水阻力太大，大家分析，主机功率偏小可能是达不到高速的原因。为此决定增加主机功率，再次返回沪东造船厂对711-Ⅰ型气垫船进行改装。

这次711-Ⅰ型气垫船回厂改装的目的是动力装置挖潜，提高飞高，增大推力，克服阻力峰。经动力装置挖潜试验，3台发动机皆提高转速，短时运转，总功率由266千瓦增至368千瓦，达到预期目标。同时，研发团队发现，淀山湖水深约 1.8 米,约为 711－Ⅰ型气垫船气垫长的 1/4,属浅水,而浅水阻力约为深水阻力的 1.8 倍,可能是 711－Ⅰ型气垫船克服"峰阻"的主要障碍,于是决定到闵行深水区再进行一次试验,经李志侠院长批准。1966 年 1 月 10 日试航队到闵行,在上海汽轮机厂厂前的黄浦江江面上进行深水试验。开始飞不起来,几经调试、摸索,1 月 15 日 711－Ⅰ型气垫船发动机启动后,船开始垫升,起飞仍很困难。当总功率因转速提高而增至近 368 千瓦时,第 1 次克服"峰阻",跃出"峰点",最高航速达到 70 千米/时。闵行水上试验成功越峰,促使大家信心倍增,重返淀山湖,再度冲越阻力峰!

三、三下淀山湖

科学的前进道路总是崎岖不平、迂回曲折的,冲越阻力峰的困难接二连三。1966 年 1 月,试航队重返淀山湖。为寻找深水航道,他们顶着凛冽寒风和低温,乘着小木船用竹篙在水面上来回探测,寻找合适航道。终于找到水深 1.8～1.9 米的航区。但多次起飞试验均未能突破阻力峰。

后转到淀山湖关王庙-商塌水域,这里水深 5～6 米,气垫船主机发动后,船垫升起飞越过阻力峰,时速达 60～70 千米。但在浅水里时而能越出,时而越不出阻力峰。带着成功的喜悦,也带着些许遗憾,三下青浦淀山湖试验于 1966 年 2 月 9 日告一段落。

四、四下淀山湖

在江湾飞机场陆上试验时,研发团队就根据资料报道"英国气垫船装上柔性喷口围裙后,性能大为提高"的消息,为使气垫船从实验室中走出来,成为有实用意义的具有快速性兼具两栖性的实用船,研发团队决定将为此船加装围裙,加装围裙后,不但方便越过阻力峰,而且还可在陆地上行驶,并能越过一定高度的障碍物,使船真正具备两栖性与可登陆性。于是成立"围裙"试验小组,在遥控模型上进行了 7 个系列试验。试验结果表明,射流型喷口围裙的静飞高度为原型围裙的 1.8～8 倍,因此为 711-Ⅰ 型气垫船设计了火腿线型气囊,改装使用。模型试验还为喷口围裙垫升风机设计提供了参考依据。在试验的基础上,对 711-Ⅰ 型气垫船进行了第 4 次改装,改装项目包括:安装"射流型"柔性喷口围裙,围裙深度为 0.5 米;对艏部驾驶室的外形进行流线型设计;更换主机和螺旋桨,增设了收、发报机,加装水平舵等。试验船改装结束后,进行第四次试验。

1966 年 4 月 20 日至 28 日,711-Ⅰ 型气垫船船在沪东造船厂安装围裙后第四次用拖船拖到淀山湖进行试验。在各种准备工作就绪后,4 月 30 日气垫船下水预试验。一次突破阻力峰,时速达 60 千米预试验表明,断面如火腿形的"射流型"柔性喷口使 711-Ⅰ 型气垫船的性能出现了质的变化,其飞升性、快速性(越阻力峰)大大超出预期,模型上试验的理论数据在改装后的 711-Ⅰ 型气垫船上得以验证。

711-Ⅰ 型气垫船经过"四下淀山湖"试航取得成功后,决定再进行一次水上试验,邀请上海市科委①领导和院领导共赴青浦观看指导。1966 年 5 月 1 日国际劳动节,一大清早上海市科委领导和院领导来到淀山湖边观看气垫船水上试验。谁料想好事多磨。大家兴高采烈地在岸上看到吊车把气垫船吊下水,航空发动机和听到空气螺旋桨发出的隆隆声,气垫船垫升起飞,当 711-Ⅰ 型气垫船迎着东南风越过阻力峰后,以 70 千米/时高速飞行时,为避让前方帆船,驾驶员急蹬左舵,船左转后又发现这艘帆船后还有小船,不得不再急蹬右舵,艇体发生向左高速横漂,这时,一个大浪从气垫船左前方冲来,"嘭"的一声,711-Ⅰ型气垫船翻船了。幸亏船上 3 人冷静、机智,在水中用脚蹬开驾驶室门浮出水面。

试航队并没有被困难吓倒,现场的院领导亲自组织抢救,副院长、院总工程师和在岸上的部分试验人员立即坐上手摇小木船摆渡到拖船上,拖船开足马力加速奔向翻船地点,将穿着救生衣、坐躺在倒扣浮箱顶上冻得瑟瑟发抖的 3 名试航人员扶到拖船舱内,并快速送回岸上。接着院领导、试验队和沪东造船厂

_____

① 上海市科学技术委员会。

的参试人员一起召开现场会,讨论打捞和修复方案。试航队参试人员一次次下水,连续战斗了 6 个多小时,终于将 711 - I 型气垫船从水中吊起翻转,使其正浮于水面,在淀山湖畔挑灯夜战到半夜 11 点。发动机与电气设备全部浸水达 5 小时需要全面修理,在院领导指示和各方面的大力协助下,全体参试人员兵分几路,有的出差外地求购设备;有的到市区购买零件,连夜在青浦淀山湖边对船进行抢修。整个淀山湖试验场高挂起 100 瓦大灯泡驱散了黑夜,参试人员不顾周围满天飞蛾、蚊虫叮咬,加紧修理,只用半个月时间就在驳船上对 711 - I 气垫型船进行了全面修复。虽然气垫船翻船这是我国第一次发生,但在国际上为第四次,前三次均为英国 SRN 系列气垫船。后来对围裙进行改进设计,并制订出在高速航行时操舵和偏航操作规程,后来再也没出现这类事故。

此次事故使参试人员认识到,气垫船在水上高速直线飞行时突然低头,以至触水、入水,谓之"埋艏",急转时也可能发生。气垫船偏航或侧漂飞行,可能出现翻船。

为此,研发团队将"埋艏""侧漂""翻船"等问题纳入操纵性试验研究中,并利用遥控自航模进行试验研究。

711 - I 型气垫船研制过程中还进行了下列试验:

(1)惯性试验。风速 3～4 级时,船的航速从 65 千米/时降至峰速以下,顺风滑行距离长达 900～1 000 米,逆风滑行距离也达 270～360 米。航速 70 千米/时以下的迫降试验表明,能有效制动。迫降类似于汽车急刹车。例如,航速 60 千米/时的迫降滑行距离仅 20～30 米。

(2)纵倾调节试验。纵倾调节油箱及柔性喷口提升试验,柔性喷口提升对横倾作用明显,且反应较快。

(3)回转试验。仅使用舵作回转,回转半径非常大,可能有几千米,并有严重侧漂。局部柔性喷口的提升、充气式封闭与机械式封闭柔性喷口等试验后。711 - I 型气垫船凭借柔性喷口提升以及堵上喷口等措施,航速低于 70 千米/时能回转成圆。但风的影响很大。航速 60 千米/时的回转直径为 665 米,最小为 200 米。低速(峰速以下)时,回转直径为 30～50 米。

(4) 长航试验。1966 年 10 月 21 日,711-Ⅰ型气垫船以航速 50 千米/时,数次来回顺利穿过淀山湖公路大桥桥洞,为长途航行创造了条件。

1966 年 11 月 11 日,711-Ⅰ型气垫船从青浦淀山湖试验基地出发,穿过淀山湖公路大桥和 3 号铁路桥,途经米市渡,胜利飞到闵行,全程 55 千米,飞行时间 50 分钟,平均航速 66 千米/时。这是 711-Ⅰ型气垫船第一次自航飞出淀山湖。第一次长途自航,不仅是对船的综合性能的考验,同时也标志了 711-Ⅰ型气垫船操纵性能达到可实用化的要求,是我国的气垫船走向新阶段的新起点。

第四节　长江口圆圆沙岛试验

1966 年 12 月,711-Ⅰ型气垫船前往长江口圆圆沙岛进行登陆、越障、跨沟、跳堑等两栖性、越野性能试验研究。

经专项试验检验,711-Ⅰ型气垫船不仅能轻而易举地登上小坡度的沙滩,并在陆上能顺利飞行,也能登上高 0.3～0.4 米的陡岸,且十分平稳,还能以低于 40 千米/时的航速跨过宽 2.7 米、深 0.5 米的沟渠。此外,该船还能以 40 千米/时从陆上轻松跳下 0.5 米的坎到水上,曾以低速从陆上跳下高达 1.2 米(围裙高与飞高之和 170%)的两级坎到水上,仍很平稳。

711-Ⅰ型气垫船"四下淀山湖"、上江湾、下闵行,经历了艰难的研发过程。711-Ⅰ型气垫船船冲越阻力峰经历了陆上试验→深水试验-浅水试验,其间四次大改装,小改装无数,困难层出不穷,但研发团队瞄准目标,排除万难。试验试航表明 711-Ⅰ型气垫船不仅能在深航道区跃出峰速,也能在浅水区跃过峰速,最高航速约 75 千米/时,超过闵行试验结果,冲越阻力峰问题基本解决。

711-Ⅰ型气垫船是我国第一次安装上柔性围裙后其飞升性、快速性、平稳性都有了质的飞跃。

一是飞升性。改装后的 711-Ⅰ 型气垫船总重增加 1/4 以上,飞高则增加约 1/2;压载量为船重的 1/6 时还能飞离水面。711-Ⅰ 型气垫船在未安装围裙前,垫升起飞时水花飞溅现象曾令人头痛,水花高达船高 2~2.5 倍,呈大颗粒水珠状。安装围裙后,飞溅略高于船,越过阻力峰后,基本是水雾状。飞溅现象明显减小,速度越高,飞溅越小。当航速超过 60 千米/时,飞溅已经很小。某次试验中,711-Ⅰ 型气垫船一侧约 10 多米距离飞过后,从保障船上感到蒙蒙细雨溅在脸上,很快消失,衣服上没有潮湿的感觉。

研发团队对 711-Ⅰ 型气垫船围裙设计经过 1 个多月的调查研究、分析与比较,选用锦纶布涂氯丁橡胶、"熟胶"工艺,制作成第 1 套射流型围裙。它与现用的围裙相比较,显得又薄又轻,成型也很好,唯一缺点是线缝多,牢固性差。当 711-Ⅰ 型气垫船在淀山湖上朝东、西方向来回高速飞行时,有人在湖岸码头的水泥平地上伏地观看,则可穿过船底看到一线光亮,说明气垫船飞升性能是比较好的。

二是快速性。未安装围裙时,冲越阻力峰曾是 711-Ⅰ 型气垫船的一大难题。装上围裙后,711-Ⅰ 型气垫船冲越阻力峰相当轻松。第一次下水试飞就顺利跃出峰速。越峰时间明显缩短,一般只需 1 分钟,最快仅 18 秒。随后,改进了艉部围裙,越峰更为轻松,一般仅用 15~20 秒,最快 7~8 秒。同时对飞高的要求也低得多。711-Ⅰ 型气垫船压载 480 千克后,依然能冲越阻力峰。

浅水阻力曾是影响 711-Ⅰ 型气垫船越峰的因素之一,装上射流型柔性喷口围裙后,越阻力峰受水的深浅影响有明显的改善,越阻力峰已不像未装围裙之前那样困难。浅水影响、浅水阻力究竟如何? 仍有待进一步研究。

在"四下淀山湖"期间,711-Ⅰ 型气垫船的最大静水航速为 105 千米/时(空速表值),估计实际不低于 98 千米/时,其后的 711-Ⅱ 型气垫船也达到 105 千米/时(空速表值)。

三是平稳性。无围裙时,711-Ⅰ 型气垫船在峰速以下时对重量分布十分敏感,甚至连驾驶室内人员也不能乱坐,否则过不了峰速;装上柔性围裙后,特别是艉部围裙改装后,座舱内由 3 人增至 5 人仍无大碍;飞行时,人可走出驾驶室,而船没有摆动,船的稳性大大改善。

气垫船的大倾角稳性与排水型船舶有所不同。无围裙时,因有宽阔的浮舱(箱),船一般翻不了。有围裙后,船重心高度升高了 0.55 米。高速时,当有外力(如水、波浪)作用于围裙下端阻力增大时,极易使船丧失稳性而翻覆,应加以重视。

711-Ⅰ型气垫船成功研制,其成果与经验教训为 711-Ⅱ型气垫船设计提供了很有价值的参考依据,为后续开发的气垫船铺平了道路,奠定了基础。711-Ⅰ型气垫船于 1969 年试验后功成身退。

第五节 气垫船动态特性与操纵

飞机可在空中飞,轮船在水里行,汽车陆上跑,气垫船与上述三者之间,有人总结 10 个字"是车毋需道、是船能腾空"。鉴于其可能在水面、冰雪、沙漠、湿地以及其他障碍物上方航行,对于这一特种的交通运载工具,其驾驶与操纵有其特殊要求。

气垫试验船建成后,先从空军借来一名飞行员,后返回部队,淀山湖试验意外翻船,使研发团队认识到必须培养自己的为专职驾驶员。领导决定从院汽车队抽调一名身体素质好、驾驶技术熟练的司机自行培养专职气垫船驾驶员。

面对驾驶舱的仪表只有初中水平的汽车驾驶员,心怀为海军提供新装备的目标,克服困难,学文化,学理论,学技术,边学边干,在很短时间里就了解了711-Ⅰ型气垫船船体结构、动力装置、操纵系统和电器仪表等专业知识,为驾驶气垫船打下了基础。经过数次上船摸索驾驶,初步掌握了越峰、回转、直线高速航行的驾驶技术。随着各型气垫船的研制,逐步摸索出下述气垫船驾驶人员培训与操作规程和注意事项。

一是开航前注意事项：在启动发动机前，必须确认甲板上、机舱内无人、无异物。启动发动机后，观察仪表，检查液压系统、电力系统，机舱报警，通信系统是否处于正常状态。发动机预热时间达到要求后（夏季 10 分钟，冬季 15 分钟以上）再次确认甲板上、机舱内无人、无异物，鸣笛一长三短声方可开航。航行中，要随时观察仪表、发动机，严禁全工况运行超过 10 分钟。返航时，发动机降到标准温度后，再停机，并认真记录航行日志。

二是船驶离码头注意事项：一般气垫船以逆风离开码头为宜。根据码头坡度，船的自重等因素，将艄侧推装置调至适当角度，然后先推进（控制船的下滑速度）再垫升。这时，要注意推进功率的大小及用空气舵配合来控制调头。空气螺旋桨带负矩的可根据风向、坡度用调距来帮助调头。

三是滩地、流冰调头时注意事项：气垫船是依靠垫升风机的压缩空气将船体与水面或地面隔开，因而大大降低了摩擦阻力，所以气垫船具有快速性等特点。同时也给操纵带来了极大的不便。侧漂、侧风、小坡度对船都有很大的影响，要充分了解和掌握这一特性，更好地操纵。

由于气垫船完全与水面或地面脱离接触，主要依靠空气舵来保持或改变航向，但空气舵有一个致命的弱点，就是在气垫船低速航行时舵效不高，从而导致气垫船在低速航行时调头困难，抗侧漂能力差，这时需要操纵艄侧推装置。艄侧推装置具有独立的动力系统，不影响推进主机正常工作，不受航速影响，使用灵活，改变艄侧推装置角度可以达到以下目的：抗侧漂、前进倒退、原地掉头、控制航向、横向移动。

气垫船在航行时，尤其是侧风航行时，会导致航向角过大偏航。操纵艄侧推装置，尽量使空气舵保持在零位上。一般情况下用手操方向盘或脚蹬空气舵时要采用，操多少，回多少，适当掌握操舵的提前量，注意航向变化，避免出现偏航及侧漂。

四是侧风越障。气垫船航行特点是遇风时"迎风面高，背风面低"，要充分利用这一特点，同时考虑到船的前后迎风面积不一样，所受的风阻力也不一样，要保持船的纵向轴线与航线的一致是相当困难的,因此,在气垫船操纵过程中保持航线正确的前提下,不必考虑航向轴线与航线是否一致,运用一切操纵面使船舶保持正确的航线,达到操纵目的即可。

五是越障操作。一般气垫船越障高度为围裙高度的60%,越垂直单体障碍时需要提前降速,待接近时,提高垫升风机转数,越障后,再将转数降回原来位置。跨越群体障碍时要控制好航速,垫升风机转数要更高一些,以避免损坏船体,船的上、下运动与地面或冰面起伏不一致时,会导致撞击,这时应降速。越沟时,船必须具备一定的速度,接近沟渠时,增加垫升风机转数,以防止越沟时大量气体泄出,导致无法垫升越过,而使船舶搁置在沟上。

六是控制速度:气垫船在滩地和流冰上比水上更难操纵,船尚有速度时也不能很快地平稳停下,所以在滩地和流冰上控制速度是操纵的重要一环,驾驶员应掌握气垫船的性能,在什么情况下,采用什么航速才能安全航行,要不断地摸索,总结经验教训,谨慎的驾驶员不会使用冒险的航速,要熟练地操纵艏侧推装置,保持一定惯性,待船将要回到航向时,提前将首侧推装置复位,依靠惯性使船回到航向上,在尚有一定速度的情况下,尽量不要采用螺旋桨推力差操纵来控制航向,否则会产生右偏右推,左偏左推,越推船速越快,对船体也有一定影响。

通过反复试验及操船实践总结出气垫船操纵时应注意掌握以下要素:

1. 船的姿态对航行的影响

气垫船对于航行纵倾角是很敏感的。在无风浪的情况下纵倾角稍有变化,对航速就有大的影响,在风浪情况下,气垫船对纵倾角就不那么敏感,而纵倾角与船的重心、围裙阻力有着密切关系,围裙稍稍触水,就将引起很大的水阻力,气垫船对于纵向和横向的平衡也是较敏感的,一旦平衡发生微小的变化,就会导致失速。船的姿态会影响船的航行,尤其是在冰面上,有些船会出现"喘气"现象,使船不停地上下运动,这时,只要稍稍降低垫升风机转数,就可排除这种现象。气垫船在航行姿态方面,一般用肉眼很难发现,但操作人员会有感觉习惯上,看一下船首部水面天地线判断,首倾还是尾倾。一般船稍有抬艏 1.5 度较为合适。

2. 气垫船越峰方法与降落

越峰是所有高速船必须具备的能力,对气垫船而言,就是从排水航行到气垫高速航行的加速过程。气垫船在水上垫升起飞时,由于气垫压力的作用,使气垫船船底下的水面形成凹陷,其阻力很大,阻止船高速前进,所以操纵上都是大功率推进,越过这个凹陷即"越过阻力峰"要保持油门不减,才能使船达到高速。气垫船越过后阻峰后,应适当降低推力,保持发动机在额定状态下运转。

3. 飞溅现象及影响飞溅的因素

气垫船在起飞垫升过程中,会产生大量飞溅,水花喷溅可高达数米。在艏部形成较大的水花屏障,影响驾驶视线,只要进车产生推力,使船具有一定的前进速度,艏部水花就会变小、驾驶视线立即得到改善,水花在艏部以及两侧产生飞溅。当继续增加主机转速,随着船速的不断增加,这两股水花也不断向后移动,飞溅程度逐渐减弱。当飞溅后移到船的中心前后点某一部位时,只要保持推力,艏部突然会抬起就可越出阻力峰。当船一旦越出峰点时水花迅速后移,航速明显上升,舵效也灵敏,操纵灵活,从气室里不断泄出的气体变成雾状的气幕、从围裙或气封装置下溢出,这就是气垫船越峰的全过程和特点。影响越峰和飞溅的因素:气垫压力越高,水花越大,飞溅越厉害;推进主机功率储备越大,越峰时间就短,水花越小;船在越峰前的初速度越低,水花越大;初速度越高,水花越小;越峰时间越长,飞溅越厉害;载重量越多,越峰越困难,水花也越大;风浪越大,越峰越困难,水花也越大。载重量和风浪超过一定限度或者围裙损坏到一定的程度,有越不出阻力峰的可能。

衡量气垫船越峰性能的优劣,就看从加速开始到越出阻力峰为止所需时间的长短。一般情况下主机储备功率越大,越峰性能越好。衡量气垫船越峰性能的优劣除了上述标准外,还要看水花飞溅情况,飞溅情况又与围裙防水设计有很大关系。对船体和用户而言,飞溅现象越小越好。

驾驶气垫船越过阻力峰时需注意:一是越峰时,由于航速低、阻力大、飞溅大,舵效差,视距差,所以应在无碰撞危险的水域起飞越峰,同时加强瞭望,注意避让来往船舶。二是越峰时将船对准航线,调整船位,应尽量少操舵或操小舵角,过多操舵会增加越峰阻力,影响越峰性能。每次越峰时间不宜拖得太长。越峰时间过长,螺旋桨重负荷时间长,飞溅更严重,危害给船体设备和货物,也影响乘员的舒适性。因此一次越不出,果断降落,然后再重新起飞。假如使用不同方法多次越不出峰点,要冷静地分析原因,并采取适当措施,如针对风向、流向再行起飞。例如,因旅客乘坐或货物装载的不当,或超载,引起较大的纵倾、横倾或吃水过大,可以采用调整旅客位置或移动货物或减少载重量等措施来克服,若怀疑垫升风机功率不足,可进行静飞升观察垫升高度是否有变化;若怀疑推进主机功率不足或船体阻力加大,可以测量航速或推力与原始数据进行比较。如确定是这些原因,应停航检修。三是一般逆风、逆浪时越峰容易,时间短,顺风、顺浪时越峰较困难。

4. 越峰的方法及排水航行

对驾驶员来说,在整个越峰过程中,主要的操作是控制推进主机与垫升风机的转速,两者之间要相互配合,越峰方法按操纵推进主机与垫升风机转速的先后顺序可分为:

(1)先垫后推。先垫升,使船垫升到围裙设计高度,再推进,直至越出阻力峰。

(2)边垫边推。边垫升边推进,直至越出峰点。

(3)先推后垫。先推进后垫升,直至越出阻力峰。

由气垫垫态航行转变为气垫消失排水航行的过程称为降落。一般情况下都是先降低推进主机转速,待船滑行一段距离后船速降低至峰点以下再降低垫升风机转速,使船平稳降落变为排水状态。

要特别注意,空气螺旋桨、无变负矩功能的气垫船,不允许在高速时就很快地降低垫升风机转速,否则气垫消失会造成低头,严重时甚至出现埋艏现象。

5. 高速航行和低头埋艏

全垫升气垫船在狭小复杂水域无法保持垫态航行操纵时,就改为排水航行。排水航行水阻力大、航速低,但稳性好,舵效好,特别在狭窄航道,船较容易控制,保证安全。但不宜长距离航行。排水航行只是特殊情况下采取的临时措施。

克服船头埋艏现象,首先要改善围裙抗埋艏,提供气垫船纵倾角调整的操纵手段是关键。其次,操纵上使船首保持纵倾角度,才能防止围裙囊指缩进,此外,对驾驶员而言要熟练掌握驾驶技术,对埋艏现象在思想上有所准备和警惕并及时采取应对措施(如降低推进主机转速,加大垫升风机转速,采用纵倾调节装置等,避免发生埋艏。同时在操作手册上制订埋艏操作规程)。

(1)陆上起飞下水要领。船首对着水面,先提高垫升风机转速,使船垫升起来,再逐渐提高推进主机转速,控制好方向,让船中心线垂直于坡面下水。待船首即将贴近水面时提高推进主机转速,此方法的优点是船下水时不存在越阻力峰的过程。

(2)船尾对着水面。应预先看好后退区域的坡面和水面情况决定后退航线。先提高垫升风机转速使船垫升起来,再逐渐提高推进主机(或变负矩)转速,这时船就迅速后退。由于船后退时处于下坡,再加上在重力加速度作用下,使船的下滑速度加快,不利于安全操纵。因此船在下滑倒退过程中适当将推进主机转速加大(或变正矩),降低下滑速度,并使船中心线与坡面保持垂直,做到平稳安全下水。

侧风时全垫升气垫船在垫升状态时受风的影响会产生逆风面高、背风面低的倾斜,其主要原因是船"全垫升"后,围裙与接触表面附着力很小,船的稳心高度相对较高。艉部受风面积大大超过艏部,风压中心位于船后部浮心之上,不同的风向、风力不但使船产生不同程度的倾斜,而且还会产生不同程度的漂移和偏转。这时可根据风向移位方法下水。

（3）埋艏。气垫船在顺风情况下航行会出现低头埋艏现象，因此导致艏部飞高降低围裙阻力增大，埋艏危险性很大，继续下去艏部气室气垫后移，艏部插入水中方向掌握不好，就会造成翻船。当高速航行出现低头现象时应提高垫升风机转速，立即降低推进主机转速。埋艏现象是瞬间发生的，驾驶员应谨慎驾驶，正确操纵，万万不可误操作。

（4）回转。在一般情况下，尽可能采用先降速后回转，回转后再提速，高速行驶时转向过急容易造成翻船。逆风转向比较容易，回转半径小，顺风转向较为困难，会形成一边侧滑一边转向，形成蛇形航迹，当操纵空气舵难以回转时，设有摇头艏推进器的可利用艏侧推装置协助。没有艏侧推装置的，再降速度或增大回转半径。

（5）风浪条件下操作。波浪对气垫船的驾驶有很大的影响，船在风浪中失速，泵气效应等都加大操纵的难度，还要根据不同船型的操纵装置和手段来进行，总的要求气垫船在航行中会遇到各种浪向，而每种浪向都有不同的操纵方法。控制好推进主机和垫升风机的转速，侧浪接近船首，采用操舵方法来纠正船的偏航。要领是及时操舵，及时修正。在风浪大时，尽量不要靠近岸边行驶，拍岸浪要比航线中的大，在有流的情况下，逆流易操纵，顺流难操纵，驾驶员要时刻保持航速稳定。

6. 气垫船起飞

一般应根据风向、风力，水流的方向和波浪的大小，选择起飞航向。当风力达到蒲氏4级以上时，能选择逆风或顺风为起飞航向，使外界各种因素对纵、横倾姿态的影响降至最低。侧风时越峰船会产生"逆风面高，背风面低"的横倾，造成不平衡的力矩。航向不易保持，防止大转向，起飞动作要快。防止转向，可在边垫升、边推进中起飞越峰。

波浪中越峰航行，当波浪浪高等于围裙垫升高度时气垫船迎浪越峰困难，反而顺浪时越峰容易，越过阻力峰后，根据风向、浪向决定航速，再保持稳定航行。

航行操作要领。全垫升气垫船在直线高速航行中因受外界各种因素干扰,影响船的航态和航向,驾驶员在操舵时预感到船首有偏转趋势时,应立即恢复正航。操舵和回舵都要有适当的提前量。操舵角度要小、慢操、及时操,及时修正,动作要平稳,不能操之过急。在静水、风小、高速航行切忌操大舵角来修正航向,要特别谨慎小心,防止由于操作不当产生低头埋艏、侧漂翻船危险。

垫态回转。垫态回转时操舵动作要平稳,最好以点舵为主。舵不能长期停留在一个角度上不变,否则会引起侧漂。回舵时要掌握适当的提前量。为了克服侧漂,除操反舵外尚可操纵其他操纵面,使船在回转中产生内倾力矩。

根据每艘船操纵手段和运动性能不同,回转时应在航速处于比较稳定的情况下进行,航速一般控制为 30～40 千米/时较为合适。船处于加速过程中或超过 60 千米/时应禁止进行小半径回转。

回转时可能出现的问题及处理方法如下:

风向和风力大小对全垫升气垫船的回转性能影响较大,在相同功率等转速情况下,逆风时船宛如风向标左右回转容易。逆侧风次之,顺侧风较难,顺风最难。回转运动轨迹往往呈椭圆形及逆风时回转半径小,顺风时回转半径大,逆风航迹也小,向顺风过渡时,航迹逐步变宽,待正横顺风内转弯时,若舵角保持不变,船的航迹最宽几乎是在边侧滑边回转的。特别要注意防止高速大角度偏航侧滑、侧漂。

气垫船登陆,驾驶员应尽量选择较为宽敞的水面和登陆场地。根据风向、风力、水流、离登陆点的距离和船舶的冲程,适当控制航速,以便有足够的时间判断情况和校正航向和航线,并决定采用什么方式登陆。

登陆方式按风向可分为如下几种:

(1) 逆风登陆。逆风时登陆,舵效灵敏,航向易保持,制动距离较短,一般登陆之前船速控制为 20～25 千米/时为宜,但也可根据登陆场地坡度和大小以及船上操纵手段而定。

（2）顺风登陆。顺风时登陆，舵效较差，加上风从艉部的推动，航速较快，垫升高度比逆风时低，围裙的水阻力较大。螺旋桨推力比逆风时大，冲程大，制动距离长，因此要利用围裙触水阻力降低，降低垫升高度，设有变矩装置的也可拉负矩减速，速度一般控制在 20 千米/时以下时登陆较妥。

（3）侧风登陆。侧风登陆时不论船原来的航线如何，气垫船都要顶风接近登陆场地，待接近时，迅速调整航向，使船的中心线垂直于登陆坡面一瞬间，然后迅速加大推进主机油门登陆。动作过慢受风影响船就会偏转。若螺旋桨不带负矩很难纠正，登陆场地小、地形复杂会造成事故。

逆风时向左、右转入逆侧区登陆较容易，顺风时向左、右转入顺侧风区登陆较为困难，其困难程度与风力大小成正比，所以，驾驶员在登陆前一定要作好登陆预案，确保万无一失。

7. 登码头注意事项

在气垫船驾驶技术中，登码头操纵难度是比较大的，要求驾驶员在比较小的范围内准确无误地操纵气垫船，停在预定的位置上。因此在登码头的过程中应注意：① 在阻力峰以上航速情况下，先在码头前适当停一下，克服船的惯性，垂直登码头；② 横风情况下，要使船与横风形成一个适当的角度，以减少横风对船的影响；③ 在流冰期要注意码头附近流冰的密度和高度，尽量选择流冰稀少时登码头；④ 在登码头过程中，船的中心线要始终垂直于码头；⑤ 根据码头的坡度、坡长及船的重量等因素，选择适当的推进主机、垫升风机转速，当船登上码头后，保持静止时，最好先将垫升风机停机，使船平稳着陆，然后再停止推进主机。目前，大多数气垫船都选用机扇联动方案，自动离心离合器，在登陆大坡度时不利于停留。因为当油门拉下时，垫升风机和螺旋桨同时降速，气垫船会从坡度上滑下，对操纵也是个缺陷。

上述操纵经验，是驾驶员在实践中摸索、总结积累的，并以此作为教材先后培养了数百名气垫船驾驶员。

第六节 711-Ⅱ型气垫船

一、711-Ⅱ气垫船技术突破

711-Ⅱ气垫船研发时首先遇到的一个问题,就是该船的有效布置空间受到限制,不能容纳太多的机械设备,如果一台发动机带动一个螺旋桨,同时带动一台立式风扇,这样布置,对小型船而言,所占有效空间太大;而且当时对立式风扇的性能亦心存疑虑;再者,这样的布置,对空气螺旋桨的来流亦有较大影响,所以就放弃了该方案。对全垫升气垫船而言,要配置两个推进螺旋桨和一个卧式垫升风扇,至少要配两台发动机。

由两台功率为 270 马力、转速为 2 100 转/分的航空 604 发动机作为主动力方案确定后。研发团队经过反复思考,提出采用液力耦合器并车的传动方案。但谈何容易,当时液力耦合器见都没见过,市场根本无处供应,在行业中亦无应用的先例。为了搜集资料和案例,研发团队到浙江萧山某单位了解情况,结果无功而返。在方案中,耦合器并车的方案确定后,要实现它,必须先绘制出耦合器的总图,然后才能试制生产。研发团队搜集国内、外相关资料,进行分析比较,考虑到耦合器体积要小,效率要高,选用了斜置式结构,即叶片与盘面成一定倾角的布置方式。仅用 3 个月时间,精心设计出了斜置式液力耦合器总图。随后,赴株洲 331 厂试制,开始对斜置式耦合器翻砂工艺不甚清楚,屡试屡败,光翻砂用木模就更换了七、八次,翻砂工序失败了 9 次之多。如何解决 32 个叶片的精确布局和斜置叶片造成砂模的塌脱问题,成了解决这一关键的技术。经过多次反复试制,翻砂成功了! 整整 100 天的下厂工作,又经过数十道工序的精密加工,两台崭新的国产斜置式液力耦合器终于试制装配成功。后安装于711-Ⅱ气垫船上,双机并车,桨-扇联动装置终获成功。

淀山湖畔,风和日丽,试车开始了,当两台发动机启动以后,只见两台耦合器开始平稳地启动,转速由低及高,几十秒钟内便达到了额定转速,随后稳定运转,尽管双机转速有所差异,但液力耦合器依然并车如意,桨、扇实现联动,并车成功了! 试车终于如预料的那样,气垫船腾空而起,威武非凡,经过一系列的水上试验,最后船在满载情况下以时速 100 千米自由翱翔在水面上,登陆灵活自如,这是气垫船技术的一大突破,1978 年荣获全国科学大会奖。

二、711-Ⅱ型气垫船研发及试验

711-Ⅰ型气垫船试验成功后,为开发和建设大西南,中国船舶及海洋工程设计研究院研究研发设计 711-Ⅱ型气垫船。该船于 1967 年 2 月底由上海沪东造船厂建造完工。该船总长 11.74 米,总宽 5.10 米,气垫长 8.3 米,气垫宽 4.28 米,设计总重 4.8 吨,围裙高 0.65 米,主机采用两台 604-1 型航空(2×186 千瓦)汽油机,船体为铝合金铆接结构。发动机各驱动一个两叶空气螺旋桨,前输出轴经万向联轴节、液力耦合器、双机并车与直角齿轮箱相连,齿轮箱带动一台直径为 1.8 米的卧式铝合金离心式垫升风机。传动系统复杂、新颖,便于两台发动机在不同转速下使用,有利于在急流中的操纵性。该船建成后进行了空气螺旋桨变负矩试验,711-Ⅱ型气垫船因采用飞机航空发动机和配套的空气螺旋桨全套系统,发动机为风冷式,为解决发动机静态冷却问题,螺旋桨的初始安装角度为 12 度,全功率时桨叶角度可变为 28 度。在空中飞行时,随着大气压力的变化,调速器会自动调节螺旋桨的变矩角和主机的功率。调速器高压油通过油缸活塞的直线运动,使桨叶旋转即实现变矩。在长期的实践中,根据该船动力装置的特点和对螺旋桨桨毂结构的分析,对油缸行程进行了革新,将桨叶的初始安装角度由正 12 度调整为负 14 度。正矩仍为 18 度,因为垫升风机消耗了 1/3 功率,因此圆满地解决了 711-Ⅱ型气垫船螺旋桨变负矩的问题,船的高速刹车制动、倒退、原地回转操纵性有了较大改善。该项目荣获国务院技术改新奖四等奖。垫升系统流量控制装置试验堵囊孔装置——流量控制面研发、试验荣获国家发明奖二等奖。为使气垫船成为具有高速性兼具两栖性的实用船,在 711-Ⅱ型气垫船上改用囊指形围裙,采用可变螺距空

气螺旋桨。在多次反复试验中解决了气垫船在航行中遇到的飞升、推进、埋艏、倾覆、稳性和侧漂等问题。通过不断改进,如机电系统、操纵和驾驶集中控制,围裙提升与舵联动,使船的回转半径明显减小,操纵性能大为改善。711-Ⅱ型气垫船具有飞越稻田、上岸退滩、逾越沟渠的能力,越障能力大为提高(见图4.4)。

图 4.4　711-Ⅱ型气垫船

　　1985年秋末,在青浦淀山湖畔的淀峰气垫船试验场,中国船舶及海洋工程设计研究院设计的711-Ⅱ型气垫船围裙被水面的障碍物划破,船漂浮在水面上,不停地打转转。而岸上却叫"成功了! 成功了! 成功了!"一片欢腾声。某部三所几台摄像机在现场不停地转动,这是怎么回事呢? 原来是用711-Ⅱ型气垫船正在进行"围裙跨越障碍物性能试验"。

　　深秋初冬是南方气候的最佳季节。天空刚刚泛出鱼肚白,美丽的淀山湖湖面水平如镜,参试人员和群众就开始携手共建布置试验障碍来考验711-Ⅱ型气垫船。他们把一根根小碗粗的钢管焊接成四方架子,再用角钢制成有些像刀,有些像矛,有些带钩的各种的形状棍棒,牢牢焊在钢管上,尖锋上还涂上了红丹油漆,形成一组组,一排排高出水面的钢结构物,不要说船从上面驶过,就是在岸上一望,已让人感到毛骨悚然。若船底铝板被戳穿,就会戳中驾驶员或穿入高速旋转的风扇里;当被击碎的叶片击穿油箱则会起火燃烧,岂不船毁人亡,造成重大事故? 为了防止意外发生,试验人员移除了驾驶舱两扇门,挡风玻璃贴上了胶布条,驾驶员的座椅下用 8 毫米的钢板焊补加固,船首和两舷也已准备好了拖带的绳索。障碍物轨条砦的两侧 60 米开外停着两艘救助拖船,1 艘高速挂机艇在旁待命,岸上大小汽车也随时整装待发。驾驶员戴上柳条安全帽,穿上救生衣。一切准备就绪,气垫船起飞了,一个快速倒车动作离开了码头,又一个漂亮的 90 度转向。航速加到每小时 50 千米,气垫船对着目标冲过去。只感到船轻轻一晃第一次试验就顺利过去了,艉部围裙只挂了几条小裂口。说明试验障碍物还未到临界的程度。障碍物又上升了一个台阶,航速又加到了 50 千米,眨眼功夫那些要命的障碍物已到了驾驶员的眼前,说时迟,那时快,驾驶员灵机一动把航向向右轻轻一拨,使船左舷的围裙正对着障碍冲了上去,船先是突然抖动了一下,紧接着只听"唰唰,唰唰"几声,左侧围裙从头到尾全被撕成碎片。船在水上漂浮着,打着转转,像只不甘心负伤的雄鹰,又想起飞但又无能为力,这时岸上传来了欢腾声。虽然气垫船不能动了,但对围裙织物的参数和围裙线型设计研究试验达到了预期的目标。

第七节　气垫船在金沙江、澜沧江上的试验

根据上级关于开发大西南的指示,711-Ⅱ型全垫升气垫船和 711-Ⅲ型侧壁式气垫船于 1967 年运往金沙江进行试验。试航团队于 4 月 6 日启程,9 日清晨抵达重庆,又日夜兼程抵达西南试航的起点,位于岷江、金沙江、长江三江汇合处的重镇宜宾,通过有关部门了解金沙江沿线水文气象情况和当地航运业现状。

金沙江为长江上游的河段,源于青海省、四川省交界处的玉树州直门达,止于四川省宜宾市东北翠屏区合江门的长江干流河段。金沙江山高谷深,峡谷险峻,除在支流河口处因分布着洪水冲积锥,河谷稍宽外,大部分谷坡陡峻,坡度一般为 35~45 度,不少河段为悬崖峭壁,坡度达 60~70 度,邓柯至奔子栏之间近 600 千米长的深谷河段,其岭谷高差可达 1 500~2 000 米。因两岸分水岭之间范围狭窄,流域平均宽度约 120 千米,邓柯附近最窄,仅 50~ 60 千米,白玉县附近最宽,也不过 150 千米。

初次出航的耳闻目睹,使研发团队深感这次任务的艰巨。于是前往当地军分区寻求支持和帮助。落实了试验场地和安全保卫工作,协助解决了试验用燃料并抽调一辆汽车专供试验期间使用。在向当地航运部门和熟悉金沙江水性的船老大了解航道情况时,他们善意地提醒研发团队应当慎重考虑此次试航的计划,几乎众口一词说:“好多大的铁壳船,曾被金沙江的泡漩水打翻过,你们这么单薄的小船,怕是不行。”一位老船长告诫我们,要想在金沙江开船,一定要把握住三性:水性、船性和悟性。具体地说,就是要了解咆哮的金沙江坡降大、多险滩和泡漩水的特点,掌握自己所驾驶的船舶的技术特点,以及身临险滩时,善于与恶水迂回周旋的悟性。

在洪水期到来之前,抵达西南山区河流试航的试验船,除 711 - Ⅱ 型全垫升气垫船外,还有一艘 711 - Ⅲ 型侧壁式气垫船,此次空前规模的气垫船金沙江试航,得到上级单位的关怀和支持,也引起国内造船界及航运界有关部门的关注(见图 4.5)。

试验船运抵宜宾后,立即在郊区柏树溪镇附近的一处沙坝上安营扎寨。4 月底在宜宾附近江面测试了试验船的越峰性能等数据。711 - Ⅱ 型气垫船于 5 月 30 日第一次离开基地驶往上游距宜宾 27 千米的小镇安边。次日将试验船吊起,查看水下部分的船体结构,未发现异常情况后,便决定继续进行长航试验,目标为溯江而上,一举完成从宜宾移师相距 60 千米的屏山的航渡任务,然后向新市镇进发开启金沙江试航的主要篇章。

图 4.5　抵达西南山区的 711-Ⅲ型侧壁式气垫船

　　6月1日清早,由"红卫17"号拖船载着器材、物资和部分人员先行出发,中午时分船泊岸边,但一直未见本应随后自航驶离宜宾的711-Ⅱ型气垫船的踪影。一个意想不到的情况发生了:711-Ⅱ型气垫船动车不久突然发生右机停车事故。首次移师受挫,只得折返柏树溪宿营。连夜开会商量修复计划,并兵分几路各自行动,有的去株洲331厂找师傅维修;有的去成都向有关单位求援。留在现场的人员将损坏待修的机件——油封。拆开右机离合器后,发现离合器全部销子及螺钉均已脱落,赶紧将右机的离合器修复装好之后,等待331厂师傅前来修理主机,恢复试航。

　　然而老天不帮忙,偏偏在这时下起了连绵阴雨,加之上游山洪暴发,江水猛涨,一夜功夫宜宾水位突涨数米,使得711-Ⅱ型气垫船原来登陆停放的沙坝变成一片汪洋,真是祸不单行。6月8日天刚亮,研发团队一觉醒来,听到奔腾的金沙江发出的咆哮声,顾不上洗刷,直奔试验场地,都想尽快看到凝聚着大家多年心血的试验船是否安全妥当。大家一到江边,被眼前呈现的一片险象吓懵了。粗大的铁质吊艇架早已被湍急的江水冲倒,漂浮在江面上的试验船险些被肆虐的洪水冲走,船的柔性围裙被撕坏了不少。

　　面对险情大家毫不犹豫,研发团队只有一个声音:"人在船在!要想尽一切办法把船稳住,尽快把围裙抢修好!"几位水性较好的男士跃入水中,合力扶正吊艇架。情急之中,有的根本不识水性的参试人员也从驳船上跳入深度过肩的江水,打捞飘散在回流区域的零星物资。队里的领导、女参试人员,以及随队医生一起钻进艇底下,浸泡在齐腰深的水中一针一线地缝补被洪水撕裂的气垫围裙。

　　雨过天晴,经过检修并被洗刷一新的711-Ⅱ型气垫船,向金沙江上游的屏山和新市镇出发了。面对汹涌澎湃一泻千里的金沙江,无论对船的性能还是对人的意志,都是一场严峻的考验(见图4.6)。

图 4.6　行驶在金沙江上的711-Ⅱ型全垫升式气垫船

　　研发团队分析了全垫升气垫船的特点后认为,该船具有的操纵灵活、航速高和良好的通过性是可以通过险滩的有利条件。于是研发团队冒雨抢修设备后,便开始上溯金沙江,远征那些令无数航船视为畏途,曾吞噬过不少船工生命的急流险滩。沿途经过浅滩急流河段无数,其中包括牛渣坪、湾湾滩、锁滩等几处著名的险滩。至今人们都还记得当711-Ⅱ型气垫船第一次向着这类险滩驶去的时候,所有乘在船上的人都几乎屏住呼吸,凝神注视着前方。湍急的江水夹着巨大的旋涡,下面隐匿着可怕的江底暗流;旋涡上方却是一个陡坎,汹涌的江水简直如同越过陡坎往下游翻倒出来一般。狭窄的江面,两岸层峦叠嶂,陡峭的山岩从水面向上拔地而起,宛如鬼使神差,刀砍斧劈而就。江水冲撞这奇陡无比的岸壁,激起拍岸浪高达数十米。雷鸣般的吼声在弯曲的河道上空回响。一叶小舟,航行在这种险恶航道,倘遇不测,顷刻之间便是船毁人亡的可怕结局。然而驾驶员凭借过硬的驾驶技术,一丝不苟地操纵着这艘小船,高速驶过一道道拦在航道上的险滩,终于成功到达目的地,大家都发出会心的微笑。

6月16日金沙江试航任务即告结束,等待的是另一场硬仗。上级调集试航队前往澜沧江试航,以验证气垫船在边境河流的航行性能,探索开发边境河流水上运输的新船型。

6月26日研发团队辗转到达昆明,并在昆明滇池向领导进行汇报表演。于7月17日启程将试验船用平板拖车长途公路运输,经普洱、思茅等地,历时10天,运抵西双版纳傣族自治州首府景洪,开始在澜沧江上的试航。

澜沧江源出青海省唐古拉山,源头海拔5 200米,主干流总长度2 139千米,澜沧江流经青海、西藏和云南三省,在云南省西双版纳傣族自治州勐腊县出境成为老挝和缅甸的界河,即湄公河。澜沧江是湄公河上游在我国境内河段,是我国西南地区的大河之一,也是一条具有战略意义的河流。两岸是我国少数民族聚居地。

由于受多天长途公路运输颠簸,711-Ⅱ型气垫船浮箱底部出现许多细小的裂缝。甲板与浮箱之间的连接撑杆也被振断了不少。为了早日投入试验,尽管天气异常闷热,大家顾不得旅途劳累,立即动手修复。修补完毕从低矮的气道中钻出来时,浑身衣裳湿透,经过太阳晒烤,很快结成一片片白色的盐花。尽管条件非常艰辛,但大家的战斗热情不减。

此次试航所选航线的两岸都是茂密的原始森林,泊岸过夜,露宿在试验船上,天当被子甲板作床,入夜后即可听到远近传来的野生动物的啼叫声。旁边半山腰处昔日丛林作战演习部队用后遗弃的草棚已成了密林中豹子经常出没的处所。

离开大本营,研发团队在澜沧江上游有甲等滩的急流河段进行长航试验时,当地人考虑到那里是荒无人烟的原始森林,林间深处有各种飞禽走兽出没,万一试航出现任何意外,后勤救援工作较为困难,曾提议在宿营处停止前进,就地结束试航。

为此研发团队展开热烈讨论,认为远道前来边境河流试航极不容易,哪有遇到险滩便贸然回头的道理。经请示指挥试航的领导,决定继续上溯澜沧江,直向 62 号国界界碑方向长航,征服橄榄坝上游的 3 个险滩。当时正值洪水期,险滩河段流速高、坡降大,当地船队自航驳顶滩航行十分艰难,平均航速不到 4 千米/时,因此决定自航驳提前一天出发。

第二天上午,711-Ⅱ型气垫船顶着烈日从宿营地启航。一路顺风,第一次出航就接连安全驶过预定目标中的前两个险滩。从整艘船的安全着想,已积累不少气垫船试航经验的驾驶员没有一口气连续硬闯 3 个险滩,在到达第三个滩之前即调头返航了。因为摆在面前的第三个堡垒乃是一处坡降最大、流速最高的常年甲等滩。看着岸边的嶙峋怪石和江面上不断翻腾着的泡漩水,一时间未能找准适宜于快速通过险滩的航向。返回宿营地后,通过总结分析 711-Ⅱ型气垫船以往历次出航在各种航道上的过滩性能,认为只要保持冷静的头脑,进一步发挥潜力,完全有可能闯过甲等滩,高奏凯歌还。从事该艇总体性能的设计师,从水流与气垫船的相互作用等问题进行讲解分析,协助驾驶员寻找冲击险滩时的最佳航向和比较理想的航行姿态;两名驾驶员也相互交流看法,切磋技艺,当天傍晚又制订了具体周密的作战方案。次日上午,两位驾驶员一个驾驶试验船,另一个负责瞭望观察,711-Ⅱ型气垫船按着预定目标飞速向前驶去,时而在水中急驶如飞,时而登陆越沟行走自如,转眼工夫就把 3 个险滩全部抛在船后。我们胜利了,这是大无畏精神的胜利,集体智慧的胜利。

711-Ⅱ型气垫船完成试验任务回到淀山湖试验基地后,711-Ⅱ型气垫船进行了长达 10 多年艰苦的改装试验工作,主要试验项目包括:① 围裙改进。火腿式围裙波浪中阻力大,易损坏,参考国外资料改为囊指型围裙,共试验改装了 5~6 套不同参数的围裙。由于每次返航后几乎都要在码头场地上修理围裙,试航人员工作服上除油渍外,还有黑黑厚厚的一层污泥。② 螺旋桨可变螺距在 604 型活塞航空发动机前螺旋桨的桨毂内成功实现了内变螺距。螺旋桨能变螺距后使气垫船实现了能前进、后退、悬停、原地回转功能和操纵性能的飞跃。③ 埋艏试验,711-Ⅱ型气垫船静水航速最高达到 105 千米/时(空速表读数),但经常在顺风静水时,会突然低头埋艏船艏围裙大幅触水造成航速突降人员受伤,有时风浪大了也会埋艏。他们用压力传感器测出了埋艏后艏部气垫压力的突降,经过多次理论计算、试验,找到一些防止埋艏的方法,驾驶员在感到船首有向下低头趋势时立刻采取降低推力和航速等措施,有效地减少了埋艏现象出现的频率。④ 发明了流量控制面(堵囊孔装置)。为了进一步改善操纵性,设想气垫船转向时也像飞机一样产生内倾,1981 年驾驶员和几位 711-Ⅱ型气垫船的船员发明了用一块围裙布对船一侧围裙大囊上的囊孔进行快速封堵试验,效果明显,后在技术人员的帮助下进行液压改装,使 711-Ⅱ 型气垫船在高速、风浪中的运动操纵性有了明显的提高。操作员用围裙布把囊孔堵住,全船围裙大囊内的压力、流量重新分配,艏部囊压流量增高,同时放下布的一边围裙短时间压力升高流量减少,使船倾斜,在转弯时产生向心力减少回转半径。⑤ 将船底"+"字稳定裙改为"T"字稳定裙,改善了船在顺风高速时埋艏的问题。⑥ 将活塞式航空发动机所需的燃油从航空汽油成功改为普通车用汽油,提高了经济性。⑦ 711-Ⅱ型气垫船上进行了原来飞机木质空气螺旋桨、窄叶、宽叶玻璃钢桨及铝质桨的比较试验,验证了设计计算方法,为以后实用船空气螺旋桨设计提供依据(见图 4.7)。

图 4.7　711-Ⅱ型气垫船

第八节　冲破海上迷雾验性能

1968 年 711 - Ⅱ型气垫船转向海上试验,地点为东海普陀山 16 号海区进行穿越拍岸浪和海上耐波性试验。一天已近傍晚,突然一群人杂乱喧嚷地从山上下来,来到气垫船试验基地,希望气垫船能送孕妇去医院。大家定睛一看担架上躺着一位难产、大出血、生命垂危的孕妇,她的亲属和左邻右舍都流着眼泪,苦苦哀求我们救救她。救死扶伤,义不容辞,只用了几分钟我们的气垫船载着孕妇驰向那茫茫雾海。由于迷雾太大,海军领航员不断翻着海图对着罗经校正航向,同时根据航速、时间计算着航程,近半个小时过去了,推算应该到沈家门了,但是什么也看不清,连方位也搞不清。天色越来越暗,大家心情十分沉重,驾驶员郭满洲更是心急如焚,不但替病人着想更替全船人员的安全担忧。副驾驶员站在舱外的甲板上,口里不停地叫着"看不清,看不清,什么也看不清"。驾驶员把船停下,让副驾驶开船,自己在甲板上瞭望指挥,当他从灰暗的天空中突然发现一个巨大的阴影横在前面,阴影上空的微弱亮光使他马上警觉到前面是一座山。"快停下,快停下,前面是山,快! 快!"当船调过头时,船尾离山只差十几米了,好险啊! 过了几分钟,沈家门上空的红光终于出现在我们的眼前,大伙的心一下子放了下来,灯光越来越近,随船的村民告诉我们医院的地点。此时此刻正是退潮时期,有近百艘渔船在泥地里停泊,缆绳横穿,桅杆如林,我们沿着一条空带向前缓行,快要接近医院时,突然一根很粗的缆绳横在我们的前方,"快停机、快停机!"副驾驶员迅速关闭了发动机总开关,已经迫降的气垫船在惯性作用下往前滑行。只听到空气螺旋桨"拍"的一声将绳子打断,桨叶也坏了,船停了下来。救人要紧,我们几个人抬着产妇,借着岸上的灯光,深一脚、浅一脚地走出了 200 多米泥泞沼泽地直奔医院。当晚产妇生了个男婴,母子平安。大家都十分高兴,虽然桨叶打坏了,但我们气垫船第一次营救了两条生命,感到十分自豪和光荣。后来普陀山人民公社专门向中国船舶与海洋工程设计研究院赠送了锦旗,李志侠院长亲自在全院大会上展现了这面锦旗和表彰了气垫船研发团队。

在整个海上试验阶段,野外作业及生活条件非常艰苦,白天出海,夜间修船。然而,雾海救人一幕就如额外增加的一项试验项目,战胜了黑夜,战胜了雾海,检验了气垫船的海上航行性能,增添了大家完成试验的信心。

经过在金沙江、澜沧江及舟山等地的不同江河海面上环境下试验,气垫船成功经受激流和泡漩水雾海航行的严峻考验。

第九节　711－Ⅲ型侧壁式气垫船试验

因大三线的江河均为急流浅水,采用气垫技术进行水上运输十分有利,为加快三线建设,考虑采用侧壁式气垫船来开发川江水上客运航线。

在研制 711－Ⅰ型、711－Ⅱ型全垫升气垫船的基础上,研制了 711－Ⅲ型侧壁式气垫船,该船船重 2 吨,气垫长 6.5 米,气垫宽 2.15 米,侧壁高 0.25 米,气垫压力 1 548 帕,设计航速 58 千米/时,载客 8 名。一台长江 750 型汽油机 22 匹马力经直角齿轮驱动一台轴流式垫升风机、艉部一台海马型挂机(100 匹马力)作为推进主机(见图 4.8)。

船体为木质外包玻璃钢,艏部配置纯指围裙,艉部加装刚性滑板。

该船完工后即到上海汽轮机厂码头附近的黄浦江边调试。顺利越出阻力峰,航速很快就达到 60 千米/时,操纵性、稳性等性能与常规船舶无异。历经 58 天 27 个航次,结束了静水航行试验。

1967 年 5 月,711－Ⅲ型气垫船到金沙江进行航行试验,以宜宾为基地向新市镇航行。金沙江水流急、浅滩多、泡漩多,但 711－Ⅲ型气垫船大部分离开水面,受水流影响较小,加装了两块长长的侧壁船板插入水中,大大改善了航向稳定性。

为检验该船的技术性能和实用性,1967 年 7 月又到云南澜沧江试航,同样也

图 4.8　711-Ⅲ型侧壁式气垫船

取得较好效果。其间穿插进行的横稳性以及艏、艉气封"围裙"改进、艏部加装水翼等多项试验均取得初步成功，充分展现出气垫船优良的性能及发展前景。

第十节　汇报表演的腾空航行

一、淀山湖试验场气垫船现场会与登陆表演

1966 年 5 月 30 日至 6 月 2 日中国船舶与海洋工程设计研究院李志侠院长主持召开了全国气垫船技术与协作现场会，并在会上作了 711-Ⅰ型气垫船研制报告。现场会是在上海市政府支持，海军、交通部、海洋局与总后勤部关心下召开的，会上研制人员表示：在党中央、毛主席领导下，我们有决心、有勇气在气垫船上赶超世界先进水平。我们要以独创为主，走中国人发展气垫船之路。

1966 年 6 月 1 日下午 711-Ⅰ型气垫船进行两栖表演，与会代表观看后普遍感到满意。登陆表演相当成功，低速采用双桨操纵效果不错。试验证明气垫

船具有两栖性,不需要码头。现场会后,进一步研究了气垫船发展规划,为711-Ⅱ型气垫船设计建造创造了良好的条件。

1966年7月,中国船舶与海洋工程设计研究院院长李志侠陪同国防部副部长粟裕大将、南京军区司令员许世友上将和海军东海舰队司令员陶勇中将到淀山湖淀峰试验场观看气垫船表演。那天凌晨4点多气垫船驾驶员就在淀峰到三湾的沪青平公路上观察风力。船型开发初期的气垫船弱不禁风,一有风吹草动,操纵起来就很困难。所以"风"成了表演成功与失败的关键因素。当李志侠院长一行走过农田的小路,穿过一片树林来到了湖边一块沼泽地,711-Ⅰ型气垫船早就从驳船上吊入水中,在1千米远的水面上等待飞行表演。指挥部通知驾船起飞。驾驶员采用直线航行,当船加高速到80千米/时,越出了阻力峰,转弯调头时速度降到20千米/时,几乎停下来再回转。飞过几次后,马上进行登陆表演,登陆场地就在湖边一小块沼泽地,为了从远处看到目标,在登陆地方两边用竹竿插上了红旗。驾驶员让主机保持阻力峰以上30千米/时速接近岸边,登陆时岸边有个斜坎,以20千米/时速登陆,气垫船船首离水跨上陆地的一瞬间,速度更快,艏部轻轻一抬飞快跃过了沼泽地,立即快速拉回了发动机油门,船很平稳地停落在首长们的面前。顿时岸上响起一阵阵掌声,首长们祝贺表演取得成功并勉励大家继续努力,加快气垫船实用化。

二、北京怀柔水库表演

711-Ⅱ型全垫升气垫船经金沙江和澜沧江的急流险滩的航行试验;宁波附近海面耐波性试验;横沙岛越野性能试验。表明全垫升气垫船具有较高的快速性和良好的两栖性。

为了扩大影响,使领导机关更加关心支持气垫船的发展。1976年5月,711-Ⅱ型全垫升气垫船运抵北京怀柔水库为上级机关和有关领导现场表演汇报,为确保汇报表演顺利进行,研发团队对该船作了详细的全面检查和维养,并进行了水上高速航行试验,越障越沟等试验(见图4.9、图4.10)。

图 4.9　在北京怀柔水库表演的 711-Ⅱ型全垫升气垫艇

图 4.10　711-Ⅱ型全垫升气垫艇越障

汇报表演自 6 月 26 日起,至 7 月 9 日结束,共表演了 7 场。国务院有关部委、总参、总政、总后、国防科工委①以及北京军区,各军兵种领导近万人观看了汇报表演。北京的夏天烈日当空,照着水库绿色的水面,显得格外平静,高速行驶的气垫艇在水面荡起了碧波,当气垫艇高速穿梭在观礼台前方接受中央领导和部队首长检阅时,全场响起热烈的掌声。部队首长还乘坐气垫船在水上和滩头上航行,亲自体验了全垫升气垫船的高速性和两栖性。此后首长们认为这种新船型在军事上和民用上有着广阔的前途,要大力支持气垫船的研发。对中国船舶与海洋工程设计研究院研发团队在困难的条件下,自力更生,艰苦奋斗,攻坚克难在发展气垫船技术上作出可喜可贺的成绩给予赞扬,希望中国船舶与海洋工程设计研究院的研发团队再接再厉,为发展我国的气垫船技术作出更大的贡献。

三、南京气垫船汇报表演

1970 年 7 月,711 - Ⅱ型气垫船在南京下关码头向领导机关进行了全垫升气垫船汇报表演。中国船舶与海洋工程设计研究院接到任务后,研发团队随即赴青浦淀山湖气垫船试验场,对 711 - Ⅱ型气垫船进行维护保修。用手拉葫芦将船吊起,从 604 型航空发动机、空气螺旋桨、传动轴万向节、液力耦合器、齿轮箱到垫升风机、全船操纵系统、管路系统,船体浮箱以及围裙一一进行全面检查和维护,特别对易损的围裙大囊和裙指均用"蟹壳螺钉"加强固定。天气炎热,大家顶着烈日有的戴着草帽、有的光着膀子在船上爬上爬下,有的钻在船底下,又闷又热,光线不好,还要用灯照明,不放过任何一个可疑的地方,尽可能做到万无一失。在完成各项维护后,又对试验船重新刷漆。只用半月时间,一艘全新 711 - Ⅱ型气垫船呈现在人们的面前。

7 月 10 日 711 - Ⅱ型气垫船加满燃油带上必备的备品、配件,早上 8 点半从淀山湖沿黄浦江向吴淞口的上海虬江码头出发,采取高速远距离避让一切船

---

① 国防科学技术工业委员会。

舶的措施,一路穿越桥洞,来到黄浦江上航行,两岸的作业人员都停止了手上工作,眼睛盯着快速飞驰的 711-Ⅱ 型气垫船。经一个半小时顺利航渡达到吴淞码头,吊上运输船后于 7 月 11 日到达南京下关码头。12 日与南京军区组织者共同制订了表演科目;汇报气垫船研发简况;介绍气垫船性能和航行表演路线等,7 月 13 日 711-Ⅱ 型气垫船首次在下关长江大桥附近下水,来回数次以 80 千米/时的航速穿越了长江大桥桥洞。7 月 14 日上午 9 点气垫船表演正式开始,南京军区组织了各方面、各部门约上千人观看表演。虽然赤日炎炎,但大家精神饱满。电台里传来了指挥部的开始表演的命令,驾驶员迅速启动主机,谨慎地操纵着每一个手柄,大胆地把船推上了高速,驾驶着气垫船腾空而起,轻轻一个鱼跃飞入水面。为了让观众看得更清楚,试验船贴着岸边 100 米距离来回高速穿梭数次,充分显示出了气垫船的快速性。接着又表演了气垫船降落和低速回转、垫升起飞、越峰加速等项目。这时仪表指针正达 85 千米/时的航速,为了安全起见,油门不再加大。按照预定的表演路线船穿过了雄伟的南京长江大桥桥洞,又一个 180 度垫态回转,转向上游。虽然是逆水行舟,但对气垫船几乎没什么影响,依然可以听到高速气流"唰唰唰"和甲板的摩擦声,船在江面上轻快地高速奔驰,其雄健的姿态,观看表演的领导和人员对我国气垫船的发展和取得的成绩备感振奋。

表演结束后,领导上船乘坐体验,船贴着岸边 100 米高速航行两次,然后在长江里以 60 千米/时的航速转了一个大圈,航行到江心预先察看过的一片约 1.5 平方千米大小的沼泽江岛,驾驶员一边聚精会神地操纵着方向,一刹那船轻轻一跃,一大片沼泽草地从眼底下一掠而过,一个昂首爬过了凸起较高的草土坡,接着船往下沉了一下,越过了深浅不等的坑凹地。进入高草区,气垫艇犹如一条腾飞的蛟龙,毫不费力地一跃而过,穿过了小岛,船又平稳地回到了水面,舱室里的首长们顿时欢腾起来了。

此后,713 型气垫船又在南京汇报表演。713 型气垫船是国家经委[①]批

---

①　国家经济贸易委员会。

准的重点产品,用于金沙江开发,由中国船舶与海洋工程设计研究院与哈尔滨工程大学、中国舰船研究院、交通部船研所共同协作的产品。该船于1967年开始研究设计,1968年在上海沪东造船厂开始建造,1969年建成下水,应邀到南京表演(见图4.11)。

图 4.11 713 型侧壁式气垫船

该船返回上海时因驾驶员对潮水情况不熟悉,想沿岸抄近路,而此时正值退潮,船在浏河附近搁浅了,情况相当严重,因该船是采用长轴系传动方式,螺旋桨埋于泥中有可能造成长轴的变形,因此需要立刻设法脱身。辽阔的长江,船离岸有1千米之遥,需立即到岸请求帮助,当时船上没有通信设施,无法与岸上联系,只得派人游泳到岸上求援。当时队伍里传出一声声"我去",回头一看是两位身体瘦弱的参试人员。两人跳下水,还好水并不太深,游不多久就可站起来了,走到岸边。驻地防空部队的值班战士,看到两个"瘦削的不速之客",一个下身只穿条短裤,上身穿一件旧军衣;另一个则上身赤裸,下身穿一条旧军裤,两人冻得发抖(当时江水水温很低),便引起怀疑,两人向部队解释他们是国防科技人员,部队打电话到上海得到证实后,热情接待,并送他们回船。此时江水已涨潮了,船已自行浮起垫升起来了,顺利驶回上海。

第五章
气垫船及气垫平台产品

我国气垫船研发从 1957 年哈尔滨军事工程学院研制的第一艘气垫船开始，经历了前期预研、中间试验和实船应用三个阶段，至今已有 60 多年的历史。60 多年来，我国气垫船经过几代科研人员的努力拼搏、精心研制从无到有，从落后到先进，经历了艰苦的发展历程，成功研制了 90 余型、200 余艘全垫升气垫船、侧壁式气垫船和气垫平台，为国家经济建设和国防建设作出了贡献。

第一节　气垫船及产品

一、沈阳飞机制造厂设计四种型号气垫船

1）DX-1 型气垫船

为探索气垫原理，并对气垫船垫升可操纵性及适航性进行研究，沈阳飞机制造厂研发了四型气垫船，其中 DX-1 型气垫船，为木质圆盘式结构，铝合金涵道，左右两侧设有排气管道，内有可控制开启和关闭的阀门产生推力来操纵左右转向。该型船 1965 年 3 月开始研制设计，1966 年 6 月完工（见图 5.1）。

图 5.1　DX-1 型气垫船

动力装置为一台 M-11 航空发动机,160 马力带四叶木质轴流式风扇。垫升高度 0.13 米;定员 6～10 人;陆上机场跑道和周边地航速可达 30 千米/时;水上试飞,航速达 15 千米/时,水上未能越出阻力峰。

2) DX-2 型气垫船

该型船 1965 年 8 月开始设计,12 月完成,1966 年 5 月建成。该船船长 7.45 米,宽 3 米,高 1.73 米,设计重量 1.7 吨,定员 4 人(见图 5.2、图 5.3)。

动力装置为两台捷克制造的小瓦尔特航空发动机,每台 105 马力,一台经弹性联轴节、万向节、齿轮箱驱动离心式风扇形成气垫,另一台带动二叶铝质螺旋桨作为推进系统。该船水上最大航速为 80 千米/时,续航时间 2 小时,续航力 200 千米。

1966 年 9 月—1967 年 3 月在陆上试航,1967 年 4 月—5 月在旅顺某港口水域上试航,1967 年 6 月—9 月在哈尔滨松花江试航,试航结果性能良好。

图 5.2　DX-2 型气垫船之一

图 5.3　DX-2 型气垫船之二

3) DX-3型气垫船

为适应水上通信、巡逻,提高航速及航区环境适应能力,在 DX-1 型、DX-2型气垫船的基础上研制 DX-3 型气垫船。该船 1967 年 6 月开始设计,12月完成,因"文革"延误于 1969 年底建成。为进一步加强研制新产品,后改作科研试验船。

DX-3型气垫船,总长 13 米,总宽 4.65 米,总高 3.9 米,总重 5.5 吨,有效载重 2.0 吨,最大航速(静水)110 千米/时。续航力 4 小时,在 2 级浪 5 级风环境中可以安全航行。

该船采用活塞六甲改型(691)270 马力发动机作为垫升用主机和(604-1)270 马力作为推进用主机,该机因重量功率比小,有足够的剩余功率,在特殊情况下能保证快速到达目的地。为使有效载荷变化不影响船的航行姿态,将装载有效载荷的空间布置在气垫压力中心附近。为降低航行阻力,将船体设计成流线型,采用了囊指型围裙。为提高有效载荷系数,严格控制船体结构重量,各主要受力构件均进行强度计算,采用航空材料,并按照航空工艺加工制造。为便于及时通信联络和对外观察瞭望,安装 1 部电台可供 300 千米范围内通信,并在舱顶设置 1 个观察瞭望台。为提高操纵性和机动性,采用双垂直舵翼和围裙提升机构,船体全部采用铝合金铆接结构。为提高船体强度和防腐蚀能力,铝板和铝型材均经过加热和表面氧化处理,各主要受力构件采用 80GrMnSi 合金钢制成。为便于陆路运输将两侧甲板气道设计成可拆式,浮箱两侧设有 4 个吊环和 4 个空间桁架,可供起吊装卸,或用千斤顶顶升气垫船以便检查维修。为解决高速埋艏,艏部围裙改成具有单向阀门的 D 型囊,基本解决了高速时艏部围裙缩进问题,使埋艏现象得以改善(见图 5.4、图 5.5)。

4) DX-4型气垫船

该船 1987 年开始研制,总重 4.8 吨,总长(垫态)9.97 米,总宽(垫态)4.92米,高(垫态)2.775 米,裙深 0.52 米,载重 800 千克或载客 10 人(见图 5.6)。主机为道依茨 BF6L-913 柴油机,功率 148 马力,转速为 2 500 转/分(两台),

图 5.4　DX-3 型气垫船之一

图 5.5　DX-3 型气垫船之二

图 5.6　DX-4 型气垫船

带动空气导管螺旋桨直径 1.30 米(两台),垫升风机的风扇直径 0.64 米(两台),可旋转喷管式风机风扇直径 0.64 米(两台)。水上最大航速 50 千米/时,陆地上最大航速 70 千米/时,最大航程 250 千米,最大抗风能力 6 级。

操纵系统可调节左右方向,导管后方安装 5 叶垂直舵,为调节纵向姿态,设有压载水箱,抗侧风操纵系统,并装有旋转喷管。该船为国内首次使用齿轮皮带带动空气螺旋桨。首次设置可旋转喷管,由于该船的螺旋桨无变矩功能,故不能悬停、倒退。该船共制造两艘。

沈阳飞机制造厂设计的这四型气垫船,为我国气垫船的发展积累了宝贵的经验。

二、713 型侧壁式气垫客船"金沙江"号

1966 年 6 月在上海召开第二次全国气垫船会议后,为解决金沙江一些地区滩浅水急流的客运难题,国家科委决定拨款 350 万元研制一艘金沙江气垫客船。1967 年由中国船舶及海洋工程设计研究院设计 713 型侧壁式气垫客船,1968 年在沪东造船厂开工建造,1971 年交付重庆轮船公司(见图 5.7)。

图 5.7　713 型侧壁式气垫客船

该船船体为铆接铝结构,艉部设刚性滑板,船重 28 吨,总长 22.5 米,总宽 6.44 米,侧壁高 0.6 米,气垫压力 288 千克重/平方米,设计航速 60 千米/时,客位 80 人。主机为 3 台 12V135Z(3×380 马力、1 500 转/分)柴油机。一台主机带双进风风机增压气垫。艏气封为纯手指围裙。其余两台主机带推进轴直接穿过气垫带动布置在艉气封下的水螺旋桨。

该船下水后螺旋桨因吸入空气,航速只有 38 千米/时,其表现为推进主机转速超高且不稳定,主机烟色浅淡,桨叶出现小麻点。上排后在桨轴支架上加装了阻气板,吸气现象消除,满载航速达 55 千米/时。作为第一艘铝质侧壁式气垫客船,机-桨-船体之间的间隙经多次调试,才得以匹配,加上主机(12V135Z)也是首制品,长期泡水易破损,所以在激流中航行存在一定的风险。通过不断改进,该船于 1977 年经改装后与其他气垫船一起作为编队指挥船进行航行试验,先由重庆逆流航行至宜宾,再沿金沙江上溯到新市镇,待顺流返回至宜宾后,又沿岷江上溯到乐山,最后顺流返回重庆,整个航程共约 1 500 千米,成功地经受了急流、浅滩、大漩涡和急转弯等复杂水文环境的严峻考验。713 型侧壁式气垫船在总布置、主机选型、机桨匹配、阻力计算、船体材料等方面为后续船积累了重要经验和教训。

三、716型气垫交通船

716型气垫交通船是为了解决海岛之间交通而研制的,由中国船舶及海洋工程设计研究院设计,1977年12月由沪东造船厂建成(见图5.8)。

图5.8　716型气垫交通船

该船船体为铝质铆接结构,总长18.4米,总重7.72吨,围裙高1.20米,总重19.4吨,航速39节,续航力180海里,能在3级海况下垫升航行,原设计以国内在无锡生产改装的"792燃气轮机"为动力,后改为三台苏制退役经返修的A.111-21(我国高级教练机上的)航空发动机,两台带动空气螺旋桨作推力,一台驱动卧式风机,船体材料为LY-12。建成后到万山群岛,用作岛际之间交通船。

1984年该船由中国船舶及海洋工程设计研究院继续进行实用性试验,决定将A.111-21航空发动机改为联邦德国生产的道依茨风冷柴油机作为动力装置。经沪东造船厂改装完工后,该船型号改为716-Ⅱ型,多次在淀山湖上进行试验。在上海青浦淀山湖试验场进行陆上系泊试验时,一片玻璃钢空气螺旋桨桨叶从根部断裂,飞出50米远,后在输出轴上安装了高弹性联轴节。加装了高弹性联轴节后,多次在淀山湖码头进行陆上系泊试验后,问题得以解决。此后,国内在气垫船上应用的柴油机都采用了这一方法。

由于玻璃钢螺旋桨工艺手工制作质量不稳定,2000年后被市场淘汰,此后随着研发水平的不断提高,国内气垫船全部使用铝合金螺旋桨。

1988年716-Ⅱ型气垫船在广东湛江南海一带进行海上试航数月后,又因轴系、船体腐蚀等原因最后返回上海求新造船厂进行全面检修。此时浙江省慈溪市计委正好派员来中国船舶及海洋工程设计研究院了解气垫船情况,并准备设计建造一艘气垫船。于是客户到淀山湖试验场,参观并体验乘坐了该气垫船,并决定将716-Ⅱ型气垫船运到慈溪,在慈溪-平湖航线上试营运后。一致认为"气垫船是唯一非常适合在这里应用的船型,希望设计建造一艘同型号的新船",直接投入慈溪至平湖航线营运。

此后716-Ⅱ型气垫船从慈溪返回上海求新造船厂,经再次维修保养,最后运往重庆川江地区进行试验应用。

作为第一艘海上气垫交通船,在发动机选型、燃油、船型、螺旋桨布置、海上环境防腐蚀等方面取得了经验。

四、717系列喷水推进侧壁式气垫船

1) 717型喷水推进侧壁式气垫船

该型船1970年由中国船舶及海洋工程设计研究院设计,求新造船厂制造,首制船用作浅水激流航道的交通船。为改善越峰性能,于1977年至1982年进行了三次改装和各种性能试验。

自20世纪80年代以后又为重庆、黑龙江、闽江等用户陆续设计建造了717-Ⅱ、717-Ⅲ、717-Ⅳ、717-Ⅴ等多型侧壁式气垫船。分别由重庆造船厂、杭州东风造船厂、黑龙江佳木斯船厂和闽江造船厂建造,共建造8艘。

717首制船船重13.7吨,总长16.9米,总宽4.1米,气垫长13.2米,气垫宽3.5米,侧壁高度0.56米,航行吃水0.4米,气垫压力636帕,40客位,设计航速

46千米/时,主机为2台12V150C(2×380马力、1 500转/分)柴油机,带混流泵喷水推进装置。侧壁为玻璃钢结构,其余为铆接铝合金结构。后续船的船长加长至20米左右,重量达20吨以上,载客量增加,主机大部分改为重庆生产的康明斯柴油机。

717系列气垫船经过三次改装后对喷水推进系统作了系列试验,加大喷水系统进口冲压压力,增设垂向阻气板,以防止越峰时气垫空气进入喷水泵内。艏部加装液压驱动风机,艏气封改为囊指围裙,大大改善了越过附近其余船尾浪的功能。客舱内设置了航空软椅、空调,提高了舒适性。

经全面改装过的717-A型气垫船,由中国船舶及海洋工程设计研究院设计、求新造船厂建造。该船总长、宽、满载垫态、最大航速等与首制船相同外,船体总重减至12吨。机舱和风机舱位于船的艏部,机舱内布置有两台不带船用减速齿轮箱的12V150CaZ型增压柴油机。推进主机借液力耦合器输出扭矩,驱动两台喷水推进泵;另一台发动机经齿轮箱减速驱动一个离心式大直径双进风垫升风机。在风机出口处设有滑车式气道活门,通过改变小滑车的纵向位置,能够调节艏部供气量。

1973年该船建成后,在黄浦江上试航时,暴露出若干涉及总体性能及使用性能的技术问题和机械故障,包括越峰困难、遇浪埋艏、主机和液力耦合器故障。后来随船移师南京,边整改,边继续进行各项试验。通过试验,最终得出结论,该船存在短时间难以根除的技术缺陷,比如气垫系统缺陷对船的耐波性产生不利影响;自行设计的液力耦合器不能确保正常离合,使得驾驶员操作时心中无数等。之后,该船划拨给中国船舶及海洋工程设计研究院,希望通过改装设计,不断完善,使之成为一艘内河侧壁气垫船,进行扩大范围的适应性试航,以期推动我国侧壁气垫船技术的发展。

随后开展的改装设计,对原船的总布置和动力装置总组成进行了彻底改造:截断船体后,加长了船长,布置一个大的客舱,内设航空座椅、空调。机舱布置在艉部,采用双机、双喷水推进动力装置。将原船选用的增压柴油机改为非增压柴油机,两台主机对称布置,每台主机飞轮端通过弹性元件直接驱动喷水推进泵,并利用其自由端输出功率,各驱动一台小直径离心式垫升风机为气垫供气,同时在艏部增设一台采用液压马达驱动的风机,需要时可以调节液压马达的工作转速,改变艏部囊指围裙充气量,在喷水泵进口处加装阻气板,防止气垫空气吸入,改装后的717-A型气垫船曾到金沙江试航,并在后续船的设计中,增加了喷口舵的舵力。

最后一次实用化改装,除少量因受设备能力限制需要外协加工外,其余内场加工任务、各种机械设备安装和调试工作,皆由中国船舶及海洋工程设计研究院承担。经过此次改装后的试验船,成为一艘实用船,习惯上将其称为717-C型气垫船。

1981年4月17日,该船完成改装,在黄浦江江畔下水。该船的总重为14.2吨,总长18.75米,总宽4.30米,满载最大航速43千米/时,续航力400千米,客舱内布置42个航空座椅,连同加座在内,总共可载客48名(见图5.9)。

图5.9 717-C型气垫船

该船于同年 6 月 24 日在太湖水域进行试航。其间,在当地国旅部门安排下,曾多次接待游览太湖的国内、外旅游团。1981 年 10 月 6 日《新华日报》头版"今日快讯"栏目,以"无锡太湖气垫船开航"为题发布消息称:"我国第一艘太湖气垫船,国庆期间在鼋头渚公园首次为国内游客开航,引起游客的浓厚兴趣……气垫船急驶时激浪飞溅,客舱内却十分平稳。"

在 1981 年上海国际海事展览会议期间,两位英国同行参观并乘坐了 717 - C 型气垫船后,即以赞许的口吻说,客舱内的噪声较低,水平相当不错,船开起来非常平稳。

717 - C 型气垫船的改装成功,向浅吃水喷水推进内河侧壁气垫船实用化,迈出了关键性的一步。可以这样认为,此时的试验船已经具备作为一艘喷水推进内河侧壁气垫客船的条件。

后来根据用户对总布置的不同要求,又研发设计了 54 客位 717 - Ⅱ 型气垫船"岷江"号,70 客位 717 - Ⅲ 型气垫船"重庆"号,以及第一次在国产气垫船上采用康明斯船用发动机的 717 - ⅢC 型气垫船"渝州"号等侧壁式气垫船,这些气垫船都是在母型船 717 - C 型气垫船的技术基础上,通过优化设计,采用适当提高气垫压长比等技术措施,使得实用船的气垫系统更臻完善,进一步提高了经济性。

717 - Ⅱ、717 - Ⅲ、717 - Ⅳ、717 - Ⅴ 等型喷水推进侧壁式气垫船经交付使用多年,状况良好。

2) 717 - Ⅱ 型内河侧壁气垫船"岷江"号

经过全面改装的 717 型试验船入川试航成功后,引起沿江航运部门关注。与之前建造的"金沙江"号螺旋桨推进侧壁气垫船相比,该船具有航行艉浪小,在狭窄弯曲航道操纵灵活等优点,因此是一种适合在川江水系开发快速客运的新船型。

为了实现交通运输现代化,改变川江内河客运落后的面貌,重庆轮船公司委托中国船舶及海洋工程设计研究院设计建造适用于川江内河的侧壁式气垫船,用于重庆-泸州-宜宾航线和宜宾-乐山航线、宜宾-新市镇航线的旅客运输。

1981年11月2日,四川省重庆轮船公司正式提出研制用于内河快速客运的717-Ⅱ型侧壁气垫船的任务。

为使实用型"岷江"号侧壁气垫船更加符合当地营运环境,1982年1月上旬,中国船舶及海洋工程设计研究院研发团队入川考察,通过与用户、建造厂以及水文航道部门有关人员座谈,不但了解到运输部门更新船舶的迫切愿望,也了解了川江航道弯多流急坡降大,局部航道狭窄,会船不便等特点,以及采用新船型高速船舶在定班航线营运所面临的困难。

初步拟定的航线,是长江的川江河段重庆-泸州-宜宾的高速客运航线。重庆至宜宾相距372千米,当时该航线上的常规船舶不能直达,必须在泸州中转。旅客走水路从宜宾到重庆要花两天时间,上水时间更长,需要3天。如果坐火车,则是上午8:00从重庆出发,晚上23:00抵达宜宾。当年没有高速公路,坐长途客车从宜宾到重庆也要花上两天时间。常规船舶从宜宾至乐山需两天,从宜宾坐长途客车到乐山,在途时间也是两天,需在自贡歇夜。重庆轮船公司认识到开辟高速客运航线是一条出路,沿线许多因公出差的,或者是安排休假的旅客,对开通高速客运航线的呼声很高。如果将能够满足本地航区需要的气垫船投放到岷江乐山至宜宾航线,以及乐山-宜宾-重庆航线,这将给在峨眉山、乐山大佛旅游的旅客,继续到重庆旅游然后出川,提供一条非常便捷的交通路线。

四川境内河流的共同特点是滩多流急,枯水季节的航道水深更是对船舶吃水提出了非常严格的限制条件。岷江水流虽然不如金沙江湍急,却素以滩多水浅著称。比如岷江有一个叫道士滩的地方,流速超过每秒3米。乐山至宜宾航程162千米,有4个这样的险滩。在枯水期岷江航道的水深只能维持在1.2米左右,在枯水时航槽深度不足1.0米。与长江中下游相比,另一个特殊之处,就是四川境内河流的各个航道上都有大量的人力船在航行,这种古老的运输方式,当时占四川水上运力总量的25%左右。私人木船与机动船舶抢航道的情况普遍存在,而且私人木船的干舷特别低,重庆轮船公司现有船舶与之会船,稍有不慎就会发生翻船事故。针对具体航区的这些特点,重庆轮船公司在商谈设计任务书时特别强调对航速、吃水等指标,以及航行艉浪方面的要求。

"岷江"号喷水推进侧壁气垫船,1984年10月中旬开始试航,经历了洪水的考验,11月初交付,直到次年1月才正式投入航线营运。这之前,四川重庆轮船公司利用该船在各地进行表演性招待航行,上溯长江,在宜宾入岷江直达乐山。即使已经按固定班次,开始在快船航线营运之后,依然不时接到上级通知,需要紧急抽调"岷江"号气垫船执行重要任务。

1989年6月下旬,四川省领导乘坐"岷江"号气垫船由重庆出发沿长江、乌江航行,赴彭水、黔江地区视察工作。这期间,泸州地区遭受突发性超强飓风袭击,树倒屋毁无数,当即决定由"岷江"号气垫船急送省长赶赴泸州灾区指挥抢险救灾。"岷江"号气垫船和全体船员不辱使命,连续航行10余小时抵达泸州附近的现场,省长转乘汽车前往风灾现场。当时正值洪水期,江水猛涨,江面上到处漂浮着上游发大水冲下来的草根等杂物。途中,船员曾经下水探摸喷水泵进口,排除堵住进口致使航速下降的大团草根。早上从彭水出发,出乌江,上溯长江,彭水至涪陵215千米,涪陵至重庆124千米,重庆至王场173千米,总计行程512千米,一天之内能够赶赴泸州,也只有这艘"岷江"号气垫船了。"岷江"号气垫船船长说:"该船经受住了风浪和洪水的考验,这样的经历终生难忘。"

研发团队在走访用户时,该公司机务部门和船员介绍,"岷江"号和后来续建的其他同型气垫船,经常会在类似的困难条件下,奉命执行这种的特殊任务。"岷江"号气垫船的轮机长介绍说:1988年9月的一天,当时长江发大水,风急浪高,各条航线已经全面停航,他们突然接到命令,要求"岷江"号气垫船出航,急送重庆市领导赶赴长寿出席重要会议。一路上,听着波涛汹涌的江水咆哮声,再看看整个江面上,只有"岷江"号这一艘气垫船在往前疾驶,刚开始心里还真有点担心,而在完成任务之后,回头一想,大家觉得也很开心,因为全体船员和自己的"岷江"号气垫船一起,都经受住了特殊任务的考验。

1985 年时任国务院副总理李鹏同志,曾先后三次乘坐"岷江"号气垫船在重庆地区视察。1987 年 4 月,国务院副总理李鹏以及时任国家机械工业委员会主任邹家华等一行,在四川省领导、重庆市领导陪同下,连续两天乘坐"岷江"号气垫船在重庆地区视察工作。视察结束,李鹏副总理一行,高兴地与公司经理及"岷江"号气垫船全体船员合影留念。

在 717 - Ⅱ 和 717 - Ⅲ 两型气垫船鉴定会筹备过程中,四川省轮船公司领导根据该公司机务科原始数据,展示了 1985 年"岷江"号气垫船投入航线营运后,第一年实现利润 15 093.72 元。这两型船在重庆地区繁忙安全运行了 10 多年,取得了显著的社会效益和较好的经济效益。

五、719 型系列沿海侧壁式气垫船

719 型侧壁式气垫船是重要的试验船型,此后的侧壁式气垫船都采用了719 型气垫船的试验研究成果。

1) 719 型海上侧壁式气垫船

1966 年中国船舶及海洋工程设计研究院为全面推广气垫船,设计了719 型海上侧壁式气垫船,1979 年末由福建马尾造船厂建造完毕。该船完工后从福建马尾造船厂经沿海自航至上海,中途经受了海上风浪的考验(见图 5.10)。

719 型系列侧壁式气垫船的首制船,总长 28 米,总宽 7.1 米,总重 70 吨,侧壁高 2 米。推进主机为 2×12V180(2×1 140 马力、1 800 转/分)柴油机,"Z"型齿轮箱传动,桨轴与纵剖面夹角 11 度,设计航速 38 节。主船体为船用钢(基本板厚 2.5 毫米),舱壁采用压筋板,上层建筑为玻璃钢。

2) 719 - G 型气垫船

719 - G 改型气垫船总长 35.5 米,总宽 7.1 米,总重 95 吨,100 客位,载重量 5 吨。设计航速 31 节,能在三级海况下垫态航行,垂向加速度小于 0.3g。

图 5.10　719 型侧壁式气垫船

解决的主要技术问题：

一是成功地采用薄钢板结构，适合当时的国情。

二是吸取 713 型侧壁式气垫船的教训，推进轴从侧壁穿出，不经过气垫；主机冷却水进水口与桨轴支架铸成一体，可从船最低处进水，保证了不吸气。

三是采用高侧壁。该船从福建马尾航行到上海，证明了高侧壁气垫船能适应海上航行。

四是"Z"型传动齿轮箱当时加工困难、造价高。719 型侧壁式气垫船的船体板厚薄，变形量大，导致传动齿轮箱损坏，机械故障中约 50% 是由齿轮箱引起的。教训深刻，这使我们决心在后续船改进这种传动方式。

五是初期艏、艉气封均采用囊指围裙，由风机下气道供气。气道内被水面垃圾堵塞，几乎把气道压垮。只得将气道全部割除，囊内上端开口，由风机全部向气垫供气，再由气垫向囊内泄气，高侧壁气垫船的囊上端静浮时都在水面以上可以实现。由于囊压比小于 1,刚度低,航行时艉部内吃水几乎与外吃水持平。719 型气垫船数年的试航经验教训为后续船实用化奠定了技术基础。

为了改善该船的静水越峰性能,在上海将船体加长 6.5 米后改名为 719G型,在上海长江口进行航行试验。经过改进,该船具有如下优点:

运输效率提高,载重量从 9 吨增至 15 吨。

由于平行中体加长 6 米,增加了客舱长度。

阻力峰值显著下降,有较好的中、低速性能。

虽然长宽比加大,但由于气垫压力基本保持不变,气垫压长比降低,横稳性基本不变。

拆除了气道而由气垫直接送气到艏、艉围裙,结构简化,解决了原气道方案造成的艉部围裙淤积杂物影响响应度的难题,同时仍能保持较好的耐波性。

719G 型气垫船的成功改进使用,为下一代侧壁式气垫船的研制奠定了技术基础。

3) 719-Ⅱ型双体气垫船"鸿翔"号

在 719 型和 719-G 型海上侧壁式气垫船长期试验经验总结的基础上,中国船舶及海洋工程设计研究院研制了 719-Ⅱ型双体气垫船,该船为上海吴淞-崇明岛之间的客渡船(见图 5.11、图 5.12)。1982 年开始设计,中华造船厂建造。1988 年 8 月投入上海市区至崇明岛的航渡。1989 年在上海召开的第一届国际高性能船会议期间,与会代表乘坐了该船。

该船总长 40 米,总宽 8.3 米,型深 3.26 米,侧壁高 2 米,总重 123.5 吨,乘客 180 名。航速 28 节,推进主机为 2×MWM TBD234×16(2×280 千瓦、2 300 转/分)柴油机,垫升主机为 1×MWM TBD234×16(803 千瓦、2 300 转/分)柴油机。

全面采用 719-G 型气垫船船体结构、垫升系统、围裙形式等方面的技术成果,主船体仍采用船用钢板建造,推进主机部分置于侧壁上部,采用常规齿轮

图 5.11　719-Ⅱ型双体气垫船

图 5.12　719-Ⅱ型"鸿翔"号双体气垫船

箱全部置于侧壁内,加宽侧壁宽度。侧壁式气垫船侧壁排水量从原来占总排水量 10% 左右增加到 25% 左右,故改称为双体气垫船。

　　该船服务航速 44～50 千米/时,远超常规的普通渡船,大大缩短了上海市区至崇明岛的航渡时间,从普通渡船所需的两小时缩短至气垫船的 45 分钟。实船营运表明,其性能稳定。可满足长时间营运要求,7 级风,1.5 米浪高恶劣天气下仍能正常垫升航行,是实用化的船型之一。

该船全面采用 719G 型气垫船的技术成果,如船体结构、垫升系统、围裙形式等,通过这样改变提高了可靠性、降低成本,增加了波浪中的恢复力,提高适航性,而阻力也没有明显增加,一举多得。

六、7202 型气垫船与 7206 型气垫船

1976 年 711-Ⅱ 型气垫船到天津海河表演,天津大港油田海员参观了表演。大港油田为了能在大港淤泥海滩潮间带利用气垫船进行物理勘探,委托中国船舶及海洋工程设计研究院为其设计 7202 型气垫船,1980 年交付使用(见图 5.13)。

图 5.13　7202 型气垫船

该船总长 9.19 米,总宽 4.76 米,总重 2 769 千克,空船重量 995 千克,有效载重量 1 000 千克,气垫面积 16.82 平方米,围裙深度 0.535 米,1 台直径 1.0 米铝制离心式垫升风机,流量 20 立方米/秒(包括冷却流量),推进 1 台直径 1.40 米玻璃钢四叶导管螺旋桨,实测航速为 42.1 千米/时(22.76 节),载客 8~12 人。

该船船体首次采用 919 防腐铝材料铆接而成;首次采用导管螺旋桨提高推

力,并将舵置于导管内提高舵效;首次采用两台 BJ492F 北京吉普车汽油发动机,每台 3 800 转/分时,设计功率为 70 马力,一台用于垫升,另一台用于导管空气螺旋桨推进。选用低囊压突肩围裙。7202 型气垫船建造完工后,在江南造船厂下水,自航至 85 千米之外的青浦淀山湖试验场进行交船试航。

该船下水垫升越峰试验达到设计要求,且单机操纵性较好,某次试验发现空气螺旋桨的铝制推力轴承座断裂。后改用铸铁轴承座,顺利地完成交船项目试验。随后该船运往天津,在海河里进行了近两个月的试航和表演,之后用于大港油田勘探作业。

该气垫船是首次在大港油田应用,承担了大量淤泥海滩上的物理勘探工程,各项性能均达到了设计任务中的要求。

1980 年郑州黄河水利委员会水文科一行 6 人到淀山湖乘坐了 711-Ⅱ 型气垫船后,随即与中国船舶及海洋工程设计研究院签订设计 7206 型气垫船(见图 5.14)。

图 5.14　7206 型气垫船

7206 型气垫船是在 7202 型气垫船的基础上加大功率进行优化设计的产品,由中国船舶及海洋工程设计研究院为郑州黄河水利委员会设计的一艘水文气垫测量船,用于黄河郑州段的测量工作。该船由该院八〇工厂建造,后续船用户为胜利油田,由杭州东风造船厂建造。

7206 型气垫船刚性船体长 9.0 米,刚性宽 3.4 米,垫升功率 80 马力,推进功率 120 马力,船体及动力装置均与 7202 型气垫船相同,航速为 48 千米/时。交船使用后,船东反映其性能良好,抗风能力较 7202 型气垫船有所提高。

七、7203 型侧壁式气垫船"津翔"号

1980 年底,中国船舶及海洋工程设计研究院根据天津市国防工业办公室要求,研发设计一艘侧壁式气垫船,它可以在沿海各港域,长江水系以及珠江下游供快速客运之用,该船吸收国内外同类艇的先进经验,设计成 80 客位侧壁式气垫客船,天津大沽造船厂建造,船名"津翔"号(见图 5.15)。

图 5.15　7203 型侧壁式气垫船"津翔"号

该船 1981 年初开始设计,其总长 22.2 米,总宽 6.7 米,总高 5.2 米(不计桅杆),静吃水 2.06 米,垫升吃水 1.22 米,80 客位,船员 4 名,航速 30 节,总重量 35 吨,续航力 150 海里。

推进主机为两台 12V150CZ 水冷增压船用高速柴油机,每台功率 450 马力。

垫升风机为 1 台 12V150C 水冷非增压船用高速柴油机。功率 300 马力。全船动力装置功率共为 1 200 马力。推进轴系采用"V"型传动系统,采用万向联轴节加一对圆柱齿轮实现"V"型传动。

垫升系统采用三台直径不同的离心式风扇,其中艉风机由垫升风机直接驱动,艏部设囊指围裙。艏风机由液压泵和液压马达驱动。

为适应高盐的海洋环境条件,船体采用新研制的 919CFS 可热处理强化铝合金铆接而成,该铝合金具有可焊性、耐腐蚀、强度较高等特点,因当时我国铝合金焊接工艺达不到设计要求,该船只能采取铆接结构,这使船体建造增加了不小的难度。为满足抗沉性要求,全船设 4 道水密舱壁、客舱区间设双层底,并被分隔成 16 个水密区间。

客舱内设置 80 个航空座椅,并配置空调装置,盛夏中客舱凉爽宜人,客舱噪声约 82 分贝,与国内外同类型船相仿。

1981 年 6 月,"津翔"号气垫船施工设计图纸陆续到达大沽造船厂,工厂立即开展开工前各项准备工作,进行船体放样并制作船体主副胎架。当时面临的最大难题是船体材料。1981 年 3 月大沽造船厂与有关工厂、研究所签订了919 铝材加工合同,合同规定 1981 年 10 月铝材要求全部到厂,919 铝材是新研制成功的铝合金材料,又是首次用于实船,因订货量不多,且板材、型材、线材的规格型号较多,轧制这些铝材要重新设计和加工模具,西南铝厂在重庆,而模具加工厂在成都,模具造好后要用大量的 919 铝锭进行调试,中间对模具要进行多次修改,直到产品完全合格才能正式生产,那时西南铝厂面对 919 铝合金的生产压力很大,但在工厂的努力下仍按时完成任务,确保 1981 年 12 月 8 日船体如期开工建造。1982年4月,船体建造完工,经过紧张的机电安装,9月28日"津翔"号气垫客船顺利下水。

该船下水后,立即进行了系泊试验、航行试验,经检验测试各项技术性能指标均到达设计任务书的要求。

1983年6月2日"津翔"号气垫船正式移交中国气垫技术开发公司,投入上海至南通的航线,受到旅客欢迎。从而证实开辟申-通气垫船航线无论是实用价值、营运性能、技术要求、营运经济效益都取得了良好的效果。在实用价值方面,申-通航线是南通当时与上海交通联系的唯一通道,每年客流量高达400万人次,因此缩短旅客在途时间,方便旅客、提高办事效率,以及经济价值等方面都有积极意义。尤其是上海经济区建立之后,申-通业务联系增多,人员往来频繁,急需开辟一条快速航线,以满足人们的迫切需要。在社会影响方面,申-通航线的船舶航行速度一直比较慢,从上海十六铺码头到南通港全线128千米,普通客船航行需6~7小时,而"津翔"号气垫客船大幅度突破了这一水平,航行时间缩短为2小时45分钟。航线开通后自1983年到1985年,该船在上海至南通营运76个航次,该船后移至南京、重庆。

"津翔"号气垫客船于1983年荣获国家经委优秀新产品金龙杯奖和中船总公司科技进步奖三等奖。1984年10月28日在上海召开了"津翔"号侧壁式气垫客船技术鉴定会,顺利通过鉴定。"津翔"号气垫客船的成功建造和投入营运,标志着我国气垫船项目已经从科研走向了实用化的阶段,也为我国快速发展更大更先进的民用气垫船产品奠定了基础。

八、7210 型气垫船

为解决黑龙江省全年水上和溜冰期交通问题,中国船舶及海洋工程设计研究院于1983年6月,应邀赴松花江佳木斯河段考察,见到河面广阔但沙洲多,认为全垫升气垫船既有快速性又有两栖性适合在该江江面上航行和承担交通运输任务,因此,该院仍以7202型气垫船为母型船进行设计(见图5.16、图5.17)。

图 5.16　7210 型气垫船

图 5.17　设计试航人员在 7210 型气垫船旁合影

　　1983 年四季度完成方案设计。该船总长 9.85 米，总宽 3.4 米。首次选用两台德国道依茨风冷柴油机，一台 BF6L912 型，功率 70 千瓦带动卧式垫升系统的直径 1.20 米的离心式垫升风机，另一台 BF6L913 型，功率 110 千瓦，带动一个空气导管螺旋桨推进。载客 10 人，设计航速 50 千米/时。由中国船舶及海洋工程设计研究院设计，安徽芜湖造船厂建造。在长江试航时，由于建造后船体超重、围裙堵囊孔提升效果不明显、风扇流量不足等原因，航速未达到设计要求。后经青浦淀山湖试验场进行改装调试，顺风时航速达 45 千米/时。1986 年 10 月该船运往佳木斯巡逻大队进行试航试验（见图 5.18）。

图 5.18　在长江航行的 7210 型气垫船

　　11 月中旬佳木斯已冰天雪地，试验先在河道里航行，河道弯弯曲曲，一会在冰面航行，一会越过沙滩在陆地上航行，测试项目结束后，又到松花江上试验。此后 7210 型系列气垫船先后多次进行改进，增加了垫升风机的功率和加大风机直径。

　　后来还为大港油田、胜利油田等设计了 7210A 型气垫工作艇和 7210B 型气垫船巡逻艇，先后建造 12 艘，性能、操纵性都有了较大的提高。

九、722 型海上气垫运输船

在此之前所进行的气垫船研究和应用产品,都是以内河上的应用研究为主的。自 722 型海上气垫运输船开始,是进行海上试验和研究,并成功开发产品。

722 型海上气垫运输船共研制两型,通过前期试验研究,总结了成功的经验,在后续船上不断改进提高,走向成熟。

该型气垫船的开发研究是从 1975 年开始的,国家有关部门委托中国船舶及海洋工程设计研究院研发设计 722 - Ⅰ 型全垫升气垫运输船。

1) 722 - Ⅰ 型全垫升气垫运输船

为加快大型气垫艇的研制工作,1975 年 8 月中国船舶工业总公司第七研究院在安徽黄山召开气垫船专题会议,对中国船舶及海洋工程设计研究院提交的 722 - Ⅰ 型全垫升气垫运输船设计方案进行审查。

1976 年中国船舶及海洋工程设计研究院完成设计,天津大沽造船厂制造,1979 年 8 月进行交船试验。1980 年 5 月从塘沽出发经龙口、蓬莱、烟台、威海等港口自航到达青岛。1981—1982 年分别在青岛、上海长江口进行了越野性能、耐波性和结构强度试验(见图 5.19)。

该船船长 27.4 米,宽 13.9 米,高 9.6 米,围裙高 1.5～1.8 米,可装载一辆 15 吨卡车或 150 人,静水航速 47.8 节,3 级风时 31 节,4 级风时 24 节。总重 65 吨,艇体为铝质,采用退役的航空活塞式发动机 4 台,总功率为 4×1 100 千瓦。

该船前、后各布置两台 652 型与两台 690 型航空汽油发动机。后两台发动机用来驱动螺旋桨,原配桨叶为飞机上使用的三叶金属螺旋桨,后改为专门为该船设计的四叶低速玻璃钢螺旋桨,静推力提高 20%,最大航速由 47.8 节提高到 51.5 节。空气螺旋桨最低点位于上层建筑之上,波浪中海水难以打到玻璃钢螺旋桨桨叶上。前两台 652 型发动机左、右各驱动 4 台立式离心式垫升风机,同时左、右发动机各经直角齿轮箱带动 4 叶摇头空气变螺距螺旋桨,桨的摇头旋转是通过两对液压油缸操纵的。围裙为具有一定响应度半凸肩囊指围裙,

图 5.19　722-Ⅰ型全垫升气垫运输船

采用前高后低的锥形围裙,为防止高速埋艏,采用了可调节前后囊压/流量的气道阀门,以及水平艉舵装置。

　　为了能够驾驶好我国最大的气垫运输船,根据驾驶员提供的改进建议,对722-Ⅰ型全垫升气垫运输船从总布置图、船体说明书、到各专业系统图都认真进行反复分析和研究,对722-Ⅰ型全垫升气垫运输船进行如下优化改进:

　　一是为解决航空发动机散热问题,将安装在发动机尾部导流罩上的滑油箱上均加焊了散热片,效果良好。

　　二是由于大量油路、气路、电器管路都安装在甲板气道里,且都采用飞机上用的铝管。为解决铝管腐蚀和在水上航行时漏油、漏气等问题,在甲板两侧的前后处各加设两个孔盖以减少海水对铝管的腐蚀并便于维修。

　　三是将垫升风机进气口,从外部进气改为从大舱进气并进行过滤,避免大量海水盐雾进入,从而确保了发动机的正常运转。

四是适应驾驶操作的要求。对驾驶台原先已安装好的操纵系统手柄和部分仪表重新布置,使驾驶和操纵做到忙而不乱,圆满地完成整套试验大纲的试验任务。

722-Ⅰ型全垫升气垫运输船在吸取了全垫升气垫船早期研究的经验、教训基础上,在技术上取得了新进展,首次验证了自行设计玻璃钢螺旋桨的性能,航速超过了设计指标。发动机机架采用超临界设计既轻又安全。采用艄摇螺旋桨,使其具有良好的操纵性及抗侧漂能力,航速 50 千米/时的回转半径可达10 倍船长。

1982 年 6 月,在上海川沙海域、六级风海况中进行高速性能试验,然后经长江口顺利返航至吴淞口基地。

1982 年 8 月每次航行后围裙囊指内连接点都要被拉下很多。于是将囊指围裙与内连接点之间串联弹簧测力器测出船两侧静水时囊指受力为 250～300 千克,三级浪中,偏后靠艉的囊指内接点受力,每只为 800～1 000 千克的拉力,从而换算出相当于静垫升手指拉力的比值,为后续艇的设计提供了依据。

航空汽油发动机安全性较差,LY12 型船体材料防腐蚀性能也差,此玻璃钢螺旋桨会产生开裂、脱层与不平衡现象,使用寿命短。

围裙艉转角设计不合理。特别是 1980 年 8 月在上海东海花鸟山海域进行三级浪高速试验时,艉部大囊围裙内接点全部损坏,气垫船无法垫升,且晚上又有台风来袭,当时抢救人员仅能通过该船两舷设置的两个人孔盖,进入气道艉部用竹篙硬是将拖在水面上的围裙布勾入船底,用蟹壳螺钉把围裙布固定在粗绳上,再用绳子把粗绳牢牢捆绑在气道里的撑杆上,采用自救的方法将船航行35 海里返回吴淞炮台基地。围裙剖面形状仍按经验设计用隔片强制成型,材料又薄,应力集中在所难免。在长江口水域风浪环境下进行孤舟耐波性试验,船发生埋艏、失速而使围裙大面积破裂,后经研发团队在长江口的风浪中连续奋战 20 多个小时后大致修复,自航垫升登陆脱险。这是一次遭遇波浪时的埋艏。凸肩围裙的试验情况引起研发团队对控制凸肩程度的重视。

722-Ⅰ型船建成后,于 1980 年 7 月从天津大沽船厂出发长航抵达青岛。

由中国船舶及海洋工程设计研究院负责组织试验,经过青岛造船厂上排全面检修后,9月初开始试验,整个试航试验过程体现出工人、科技人员的进取和奉献精神。在航行中的722-Ⅰ型全垫升运输船如图5.20所示。

图5.20 在航行中的722-Ⅰ型全垫升气垫运输船

试验项目包括:

一是静推力试验,在青岛造船厂的岸边进行。9月15日722-Ⅰ型全垫升气垫运输船被钢索系在岸桩上,尾潮后,在垫升状态将推进功率逐渐增加,船尾扬起的水花如瓢泼大雨,负责拉磅读数的人员被淋得像落汤鸡似的,但很快圆满地完成任务,测得最大推力为50千牛,比设计值略低。后续分析可知,船在浮态系缆亦能测得静拉力,而垫态由于纵倾角的存在及气垫动量推力会影响到测试的精度。接着该船返回团岛的一个沙滩上,进行噪声和大门及舵轴铰链力矩的测定,水上静稳性、陆上静稳性及静飞升的测试。

二是进行稳性试验。稳性试验需要较重的移动压载,进行纵向移动。采用一辆经过称重并确定重心位置的面包车,而横向移动压载却一度成了难题,参试人员不多,且有各自岗位,在团岛当地领导的支持下,动员了20名经称重的青年人员,身穿雨衣,每人还手持 50 千克的铁块,从左舷排成一排,移到船纵轴,又移到右舷。当水上静稳性测试进行时船在海面低速航行,扬起大量水花,参试人员在甲板上要承受"暴雨"般的浇淋。但是,他们勇敢顽强,即使身穿雨衣仍然淋得浑身湿透,却出色地完成了任务。

722-Ⅰ型全垫升气垫运输船(见图 5.21)的大围裙在海上使用时有损坏,每次出航归来必须用竹竿将围裙一段一段挑起进行全面检查。当发现损坏处后,人们往往躺在地上去打孔、拧紧尼龙螺栓、用裙布修补,在夏季烈日下裙底如同蒸笼,又闷又热,更有甚者每当用竹竿挑起裙布,在沙地上出现许多如蜈蚣状的歇夏爬虫,多的时候每平方米达近百条,使人看到心里发麻。因此,修补围裙是一项艰苦的劳动。就在这种条件下,参试人员都能主动参加维修工作,干得很出色,华怡等女同志也主动参加了围裙修补的行列。

图 5.21　722-Ⅰ型全垫升气垫运输船

经过修整,1981 年春继续试验。将船用墩木垫起,这是一项具有危险性的工作。为了减少人员进入垫升状态船底的时间,研制团队将垫船墩木两块一组用绳索穿好,预先将垫船墩木拖入船底,使之放在船底部固定处附近,然后从船的四角分别进入 4 组人员,每组两人,他们进入船底后只需将一块墩木叠到另一块之上,进出只有 30～40 秒。保证了人员的相对安全,自力更生维修周边围裙及底部稳定裙,并节省了相当部分的科研经费。

三是进行测速试验。该项目在青岛测速场测得在 1 级海况下平均航速为47.8 节。该船两台推进主机原来是返修过的旧机,经 200 多小时的海上运行发生了多次故障,最后在地面动车时连杆断裂,于是不得不更换备用推进主机。在沙滩上更换主机是个难题,必须将船移到公路旁地质较硬的沙地上,以便起重吊车驶近。但是 1 台推进主机已经损坏,移船十分困难,在移动的同时,数十名参试人员和领导一起拼命用绳索拉牵,弄得大家一身沙土,累得满头大汗仍然无济于事,最后只得向团岛某码头求援,调来了牵引车才圆满地完成了任务。为了使汽车吊车能开到船边,又从团岛码头借来了几块大钢板铺在沙地上,最难的是卸下坏主机和装上新主机的那关键时刻:要一点一点对准两边机架的紧配螺栓孔,吊车在某个位置保持不动,有关人员细心地拆卸和对准螺孔,工作要连续进行,参试人员饿着肚子连续战斗到午后两点多才完成任务。

四是进行回转性、操舵航迹、结构振动、越峰试验。722 - Ⅰ型全垫升气垫运输船更换推进主机后,以新的面貌继续投入试航。先进行回转性试验,由中国船舶及海洋工程设计研究院五室负责测试,试验证明该船回转性良好,在30 千米/时航速进入回转状态时,回转直径仅为船长的 6.4 倍,接着又进行操舵航迹测试和中国船舶科学研究中心负责的结构振动测试以及单台推进主机越峰测试。试验结果表明,单台推进主机越峰有困难,但能在操纵装置配合下按定航行规律返航,提高了生存能力。

进入 7 月中旬后,等待气象条件好转再进行耐波性试验,经过准备,终于等到有浪的海况。那天青岛受台风影响,海浪翻滚。等到船就位,风速已达12 米/秒,胶州湾外无一航船出现。722 型气垫船与两艘保障船在上午 10 时出航。由于浪级高,船的运动响应猛烈,顺浪与逆浪航速均低于 20 节,油门不敢加大,船上大部分人员均已晕船,当时有经验的试验人员目测为 4 级浪上限。

由于指挥失误,保障船未接到抛浪高仪的讯号,只好在返航两小时后补抛,浪级已减小,但最大浪高尚超过 2 米。从科学的角度,不在同一航行时间记录的浪高不能作为依据,而且并不是原计划的 3 级浪测试目标,因而该项试验只能留在以后补做。

为进行越野性能试验,在山东头海滩找到了有利地形,并请当地农民进行适当的人工改造,加宽了沟渠,堆集了 18 个梅花堆。722-Ⅰ型全垫升气垫船驶入大海,回旋,在另一预定登陆地点飞速驶上滩头,迅速放下艏、艉大门,突击队如猛虎般地冲出,抢占有利地形,向敌方猛烈攻击。从发现 722-Ⅰ型气垫船到冲上滩头只用了 4～5 分钟时间,充分体现全垫升气垫船优越的登陆性能。接着将两辆 CA10B 型解放牌卡车由艉大门驶入大舱,再由艏门驶出。由于地形的不利,艏吊门往下比较陡,当卡车驶出时车尾的车厢板翘起,触及大舱顶部而轻微卡住。最后进行各种地形上的越障行驶。

722-Ⅰ型气垫船上的宽叶低速空气螺旋桨、垫升风机、长轴多支点传动轴都是我国自行设计制造的,围裙提升等技术试验均获得成功。该船在海河中试航也获得成功,并顺利越峰,航速达到 50 多节。随后进行海上长航试验。为了保险起见,采用"两段一式"试航方式,即第一段从天津塘沽沿渤海航行到秦皇岛,来回共 240 海里,第二段则从塘沽出发横渡渤海湾,经龙口、威海、石岛到达青岛,两次长航,全程共 800 多海里。在这两次长航试验中,经历了若干令人难忘的时刻。

一天,当 722-Ⅰ型全垫升气垫船行驶在茫茫渤海海面上,发现主机排气温度较高,螺旋桨负荷大,航速慢,水花大,于是决定就近登陆检查。船在龙口附近的一个沙滩上登陆,大家则在沙地上挖了个坑抢修围裙,两个小时后,船修复后再到龙口过夜。第二天当船航行到威海附近,机舱值班人员发现机舱排气管损坏,幸好船已驶近目的地威海,于是立即登陆,停机。停机后查看,排气管已烧穿了一个洞,如果此时油管漏油,则船毁人亡,不堪设想。在威海把船修好并改善了排气系统,后驶向石岛与青岛参加登陆表演,当船登陆到一个不平坦的岸上时,突然一半船体悬空,机舱门被卡无法打开,此时船已变形,但长轴安然无恙,盘车轻柔,说明长轴系设计十分成功。

722-Ⅰ型全垫升气垫船进行了多次试验,使研发团队获得宝贵的经验和第一手的资料。该船于1982年荣获国防科技工业科技进步奖二等奖。

2) 722-Ⅱ型全垫升气垫运输船的研制

1982年722-Ⅱ型全垫升气垫运输船立项研制。中国船舶工业总公司第七研究院主持、数十家单位派员参与在上海宝山召开722-Ⅱ型全垫升气垫运输船工作会议,会议上讨论了409型燃气轮机作为722-Ⅱ型全垫升气垫船动力装置的问题。安排加快409型船用燃气轮机研制速度,研制新型围裙材料和防腐蚀铝材料。中国船舶及海洋工程设计研究院设计的新型气垫运输船,如图5.22所示。

图5.22　722-Ⅱ型全垫升气垫运输船

722-Ⅱ型全垫升气垫运输船在1982—1988年期间研制,大沽造船厂制造,1989年试航交船。

在该船上,首次采用两台409型国产船用燃气轮机作为主动力装置。船上装设两根向上的长斜轴,各驱动一台直径2.8米卧式离心垫升风机与直径3.6米低速宽叶导管变螺距空气螺旋桨。船体结构采用180型防腐铝合金材料铆接而成。

围裙剖面形状首次按理论计算方法进行精确设计。采用低频响应围裙,从艏、侧到艉围裙响应度逐步增大,在波浪中航行时有明显随波起伏的让浪能力。

1983年,409型燃气轮机研制成功,每台功率2 205千瓦,燃用轻柴油,满足实用要求。采用了机-桨联合控制、进气过滤、排气引射和低工况航行等关键技术。1986年,陆上各项试验成功。1988年开始海上试航;1989年两栖运输试验获得成功。

该船于1989年11月10日交船,1992年12月5日进行技术鉴定,对该船在超重5吨情况下的流体动力性能给予积极的评价,认为达到20世纪80年代国际先进水平。首次采用4275型围裙材料,提高了围裙的强度并在实践中总结了设计中应重视如下的问题:

一是垫升系统,无蜗壳卧式垫升风机性能低于设计值,实测风扇总流量仅为设计流量的83%。试航开始时722-Ⅱ型全垫升气垫运输船艉部垫升不起来。

原因之一是47-3型风机的压力是按当时带蜗壳风机标准流量压力特性设计的,实际压力要低得多。到1994年风机行业标准才予以更新。另外垫升风机按计及蜗壳在内的标准风机的流量压力特性曲线进行设计,而实际上卧式垫升风扇比有蜗壳的特性流量和压力均明显降低。

原因之二是燃气轮机进气、机舱通风都由气道供气,从气垫内取气,设计时考虑不充分。在设计时未充分考虑气道内构件、装置阻力,造成垫升压力低,风机流量不足,所以进行了现场整改。

由于燃气轮机进气滤清装置采用的气道进气时消耗了大量流量,只得将主机进气先改为舷侧进气后又改为舱顶部迎面进气,这样减少了压力损失,增大了气垫流量,但使进入燃气轮机进气稳压室的盐雾增加,稳压室内甚至积水。

原因之三是气垫泄流产生的飞溅还会影响螺旋桨的使用寿命。解决的办法是在两舷加设备6段防飞溅围裙。经研发团队的努力,串囊型防飞溅围裙于10月初研制完毕,随即送厂装船。10月25日第二次出航进行补充试验,航行约4小时,考核交船前各系统的可靠性,同时验证了串囊型防飞溅围裙的效果良好,特别在低速航行时尤为突出,但问题是磨损快只得拆除。

原因之四是调节气道内前、后气囊压力流量的气道阀门阻力大,风机压力本来偏小,只好作为整改项目予以拆除,在将气道内杂物全部清除后垫升基本正常,但囊压力和流量仍偏低。

二是机-桨-扇匹配控制系统超大,推进螺旋桨螺距加大时引起垫升风机转速下降,容易引起船低头埋艏。该问题是燃气轮机性能的一部分,现场很难调整。

三是围裙问题。在1988年夏季安装围裙时,发现左舷有一段围裙尺寸存在较大的误差。经大沽造船厂及中国船舶及海洋工程设计研究院研发团队的努力,想方设法才得以弥补;该船的初始围裙成形基本良好,尤其是方艉转角裙大囊成形工艺初次的采用,在船模试验的基础上设计已无需调整。然而大囊按设计要求安装后围裙仍然存在一些问题。如实际囊压比仅为1.1左右,未能达到设计值1.2的要求。稳定裙供气不足难以成形,尤其是横向稳定裙,连通两舷大囊与横向稳定裙后情况有所改善;个别囊指参差不齐,在艏部右转角有三个囊指有不同程度的跪折,该处囊指拉条安装在内圆裙布上呈辐射形,经检查为安装不妥,调整后纠正。方艉转角处最后囊指及艉小囊之间存在较大的泄漏间隙,囊指后倾并不能堵漏,因此在最后几个囊指专门制成下宽上狭的形状加以弥补,增加一个小囊堵漏;围裙外接边有一麻绳嵌条,便于安装时由球角铝夹紧而不致脱出。由于围裙硫化时温度较高,相当部分的麻绳嵌条已碳化,后插入直径8毫米铝丝。在第二套围裙制造时改用橡胶圆嵌条。围裙分段长度在施工设计时按硫化罐的尺寸确定,均不超过4米,安装时要求对应于船的站号,对号入座来安装,至1988年11月初完成了围裙调试。

1989年722-Ⅱ型全垫升气垫运输船在渤海湾试航,以45节左右航速高速航行时,船突然低头埋艏、失速。艏部囊压比低,加上艏裙内囊刚度与第二固有频率设计偏低,造成顺风高速航行时发生严重的低头埋艏事故。恽良总设计师正在上甲板观察航行姿态,好在有航行经验,手一直紧紧抓住船上物件,在突发低头埋艏时才未从上甲板上翻下,但在大舱中工作的一位参加人员却从大舱艉部被惯性向前甩出十多米远,直至撞到大舱艏部。检查后发现艏部围裙连接螺栓脱落,围裙大囊大片撕裂。这次高速纵向失稳给人们留下终生难忘的教训。

四是燃气轮机进气改为舱顶部迎面进气,燃机进气滤清装置滤清能力不足,导致燃气轮机进气时叶片断裂。

研发团队对 722-Ⅱ型全垫升气垫运输船在研制过程中存在的问题进行了总结,为后来的海上船用燃气轮机船舶的研制积累了宝贵的经验。

十、WD-902 型侧壁式气垫船"茶花"号

1986 年在 WD-901 型气垫船的基础上,上海船舶运输科学研究所与安徽省交通厅科学研究所联合设计了一艘单机、单泵喷水推进的 WD-902 型侧壁式气垫船"茶花"号(见图 5.23),用于安徽内河客运,由巢湖造船厂建造。上海船舶运输科学研究所后与江西江新造船厂合作,共建造了四艘 WD 系列侧壁式气垫船。

图 5.23　WD-902 型侧壁式气垫船"茶花"号

该船为全玻璃钢结构,总长 22.7 米,总宽 4.0 米,侧壁高 0.55 米,垫态航行吃水 0.1～0.45 米,航速 38.0 千米/时,主机为 12V150C(1×300 马力、

1 500 转/分）。该船带一台双级轴流泵布置在平行中体内，前出轴带两台艉风机。该船艏部一台 482Q 型主机（1×40 马力）带两台艉风机，经济性较好。

在巢湖进行试验实测，装载 42 人＋500 千克仪器、物资，航速 38.3 千米/时，巢湖上 5 级风仍能垫态航行，适用于 C 级航区。后续建造的喷水推进侧壁式气垫船"巢湖"号用于吉林省。

十一、7212 型"郑州"号内河气垫船

为发展旅游事业，1989 年郑州黄河旅游风景区管理局，郑州铁路局委托中国船舶及海洋工程设计研究院设计 7212 型全垫升 33 客位"郑州"号气垫船，由上海飞机制造厂建造（见图 5.24）。

图 5.24 7212 型"郑州"号气垫船

该船总长 13.2 米，总宽 5.5 米，总重 10.5 吨，载客 33 人，航速 54 千米/时。LY－12 普通铝合金铆接结构，动力装置为 BF6L913C 型（3×140 千瓦）柴油机。艉部甲板布置了三台德国全风冷柴油机，两台带导管定螺矩空气螺旋桨，配备一台由车用直角齿轮箱带动的卧式垫升风机，两者之间串联了德国

CENTA 型高弹性联轴节和离心式离合器。不设机舱,仅配有三只机罩,简单可靠、维修方便,深受用户欢迎。该船经多次维修,使用寿命超过 20 年。

该船还可以在紧急时用作河滩救险,如 1996 年 8 月 6 日郑州黄河突发洪水,200 多村民被困,两艘气垫船现场抢救,在 50 千米长的河滩上气垫船一遍一遍地搜寻,经过近 10 小时奋战终于救出全部受困人员,充分显示了气垫船在该地域的优势,受到郑州市政府的通令嘉奖。随后西双版纳旅游公司也订购两艘,主要用于澜沧江至泰国旅游航线。

十二、7211 型双体侧壁式气垫船"迎宾 4"号

20 世纪 80 年代初,长江轮船总公司借改革开放的东风,率先在深圳蛇口建立"窗口",利用从国外购置的两艘 HM.2 型侧壁式气垫船("迎宾 1"号与"迎宾 2"号)和后续添置的一艘高速双体气垫船("迎宾 3"号)开辟了蛇口-香港地区之间的快速客运航线,这对加强深圳蛇口与香港地区两地之间的联系及经济的发展起了重要作用。

为了加强香港地区与内地联系,促进国内气垫船的发展,蛇口招商局发展有限公司订购 162 客位双体侧壁式气垫船,由中国船舶及海洋工程设计研究院设计,黄埔造船厂建造的是全焊接铝质双体气垫船("迎宾 4"号)。1990 年12 月开工建造,1992 年 12 月建成,在深圳蛇口交船,在 1993 年,春节期间正式投入蛇口-香港地区客运航线营运(见图 5.25)。

该船投入营运后,根据调查了解及用户反映,该船航速稳定,平均每个航次用时 50~55 分钟,比该航线上的所有在航的高速客船平均快约 20 分钟;对该船的内装也感到十分满意,普遍认为具有国内先进水平;船员及旅客还认为,乘坐该船比乘坐其他几艘进口船平稳舒适,特别是在风浪中,摇摆角度较小,可以接受,旅客均乐于乘坐该船。深圳地处我国南方改革开放的前沿,蛇口-香港航线当时更具有国际航线的特点,世界上各种高性能船舶在此云集。因此,"迎宾4"号作为这一航区的第一艘国产高速客船,其成功研制,不仅对双体侧壁气垫

图 5.25 7211 型双体侧壁式气垫船("迎宾"4 号)

船的发展具有重大意义,而且产生深刻的社会影响,并大大促进国产海上高速客船的发展。

该船长 29.95 米,总宽 7.84 米,侧壁高 1.60 米,总重 59 吨。推进主机为 2×MWM TBD234V12(2×605 千瓦、2 200 转/分),垫升用主机为 1×MWM TBD234V6(1×250 千瓦、2 100 转/分)。航速 30 节。采用直接推进、宽侧壁船型。艏部采用液压风机,垫升用主机及主风机布置在机舱内;采用优美的流线型船体,使外形美观大方,内装舒适,配置航空软椅、空调等。

该船是国内第一艘采用全焊接铝的气垫客船,刚开始设计时无铝材焊接材料可用,更没有设计规范和焊接工艺经验。研发团队与第七二五研究所、黄埔造船厂等单位通力合作,研制出了国产可焊接防腐铝材料,保证了船体质量一次达标。该型船设计中第一次进行了侧壁式气垫船垫态稳性计算,荣获国家科学技术进步奖三等奖(见图 5.26)。

该船研制的成功,是气垫船研制的一个重要里程碑,是研发团队的创新和辛勤劳动的结晶,是几代人为研制侧壁式气垫船不懈的奋斗、坚持、努力、探索

图 5.26 国家科学技术进步奖奖状
注:中国船舶工业总公司第七〇八研究所为中国船舶及海洋工程设计研究院。

精神的体现,是无数次的失败和挫折换来的成果。正因为如此,我国实用侧壁式气垫船不仅在内河得到应用,而且开始走向大海,同时开始营运深圳-香港地区的航线。展现了国产侧壁式气垫船的风采,而且在采用可焊铝合金焊接船体结构船工艺方面取得重要突破。更为可喜的是,在此型船的基础上,我国几艘可用于蛇口-香港地区航线的侧壁式气垫船相继问世。

十三、HT901 型气垫船"飞梭"号

1989 年国家科委将大型气垫船的研制列入国家"火炬"计划首批项目,落实单位为航天部第七〇一研究所。该所与南通渔轮厂联合组成天通高速船开发有限责任公司。同时该所与广东新会航运公司联合成立气垫船航通高速船开发有限公司,经 8 年研制出 8 型全垫升气垫船,形成批量生产能力,并取得了良好的社会效益和经济效益。

1991 年天通公司研制出第一艘用于油田钻井平台作业的 HT901 型气垫运输船(见图 5.27)。该船采用全焊接铝结构,船长 17.9 米,总宽 7.7 米,总高(非垫升状态)5.6 米,总重 21 吨,载重量 4 吨。最大航速 60 千米/时,静水航速 50 千米/时,续航力 5 小时,垫升风机 BF8L413F(2×193 千瓦)型柴油机两台,推进主机 BF8L413F(2×193 千瓦)型柴油机两台。艉部左、右各一台风机驱动旋转喷管,船首设有可收放跳板,可供一辆卡车上下。后又设计建造了 HT901 型气垫客船"飞梭"号,将载货改为载客 50 人。

HT901 型气垫客船成功地运用了航空航天的大尺度薄壁铝合金焊接工

图 5.27　HT901 型气垫客船"飞梭"号

艺、大功率同步橡胶齿形传动带、高效双进气铝合金焊接离心式垫升风机、铝合金空气导管螺旋桨、低压气囊锥形围裙、可 360 度旋转的独立舷侧推装置等6 项先进技术。首艘 HT901 型气垫客船于 1991 年 5 月 1 日在江苏南通下水直航至杭州湾,在杭州湾营运 3 年,效果良好。

　　该船研制成功,标志着我国气垫船技术在追赶世界先进水平方面取得重大进展。该船在 1991 年荣获全国火炬计划技术产品金奖。

十四、7212G 型 33 客位内河气垫船

　　1992 年 7 月 8 日,天津大沽船厂与辽宁丹东大孤山国家森林公园签订了两艘 33 客位气垫旅游船的建造合同。由中国船舶及海洋工程设计研究院设计,艇体采用 180 型耐腐蚀铝合金铆接结构。两台推进主机、一台垫升风机,均为道依茨 BF6L913C 风冷柴油机,单台功率 141 千瓦(190 马力)。全船动力装置总功率 570 马力。该船总长 13.7 米,总宽 5.5 米,总高 2.6 米,总重 10.5 吨,载客 33 名,航速 50 千米/时,续航力 120 海里。

这两艘气垫船于1992年10月开工建造,1993年10月完工。经平台调试,水上航行试验,各项技术指标均达到设计任务书的要求。1994年两艘气垫船投入丹东鸭绿江旅游航线,后来又开辟了大孤山至大鹿岛旅游航线项目,至2012年已运行19年,后经过维修,两艘船安全运行到2019年底退役,共计营运了26年。

2020年大鹿岛确定继续发展气垫船项目,建造两艘60客位、两艘30客位气垫船,并于2021年7月与天津大沽船舶工程公司签订了60客位、30客位各1艘的建造合同,2021年开始进行设计工作,预计2023年将陆续建成投入使用。

十五、7224型气垫客船

7212型"郑州"号气垫船成功投产后,中国船舶及海洋工程设计研究院又为郑州黄河旅游区设计了7224型全垫升气垫客船(见图5.30),天津大沽造船厂建造,1993年10月交付使用。该船总长12.4米,总宽4.7米,总重7.8吨,载客15~20人,航速45千米/时,动力装置为2×BF6L913C(2×140千瓦)柴油机,用两台德国全风冷柴油机-桨扇联动。此时美国制造的齿形皮带开始在中国销售,每台后出轴经齿轮皮带带动变螺距螺旋桨,前出轴带动立式离心式垫升风机,使该船具备了悬停、倒退功能,首次采用了外延式变螺距机构,但轴承因受力太大而损坏问题尚未彻底解决。玻璃钢螺旋桨采用新翼型,试航时静推力下降,影响航速。1993年又对7224型气垫船进行优化设计,将可变螺距螺旋桨重新改为固定螺距螺旋桨,丧失了艇的倒退功能,但保证了可靠性,产品型号改为7224-Ⅱ型气垫船,东风造船厂随后建造两艘,交付大港油田及黄河旅游区使用(见图5.28和图5.29)。

十六、7215型双体气垫船

随着四川、重庆地区高速客运需求增加。1993年初涪陵轮船公司委托中国船舶及海洋工程设计研究院设计,由杭州东风造船厂建造的7215型双体气垫船,用于重庆至涪陵之间客运航线,1993年10月交船,命名为"圣宴"号,后改名"北斗星"号(见图5.30)。

图 5.28　7224 型全垫升气垫船

图 5.29　7224 - Ⅱ型气垫船

图 5.30　7215 型双体气垫船

该船总长 27.5 米,总宽 6.8 米,排水量 48 吨,航速 54 千米/时,侧壁高 1.6 米。全铆接铝合金船体,动力装置采用重庆康明斯柴油机,推进主机 2×KTA19-M560(2×380 千瓦)柴油机,垫升主机 1×NT855-M240(1×170 千瓦)柴油机,全船动力装置总功率 1 016 千瓦。载客 126 人。

该船采用与 719-Ⅱ型气垫船相同的双体气垫船船型和设计图纸。该船适用于内河 A 级航区,故侧壁高度较高,外形美观有高度感。经过模型试验,比较了艉部两种封闭形式,证明柔性围裙艉封闭模型的兴波高度及阻力明显小于刚性滑板。

十七、HT-931 型气垫船"飞龙 1"号

HT-931 型气垫船是航天部第七〇一研究所于 1993 年设计,哈尔滨造船厂建造,1994 年交付。"龙飞 1"号气垫船投入了黑龙江上黑河至布拉维申斯克的浮冰期航线。

HT-931 型气垫客船采用四台德国道依兹全风冷柴油机,两台经齿形皮

带各带动铝质空气螺旋桨推进,另外两台柴油机各带动左、右舷离心式垫升风机。每舷有 1/4 的风机直接向上供旋转喷管喷气。该喷管可以 360 度旋转以提供推力,并能改变航向,从而改善操纵性,并使船在单机故障后仍能安全返航。

该船的主尺度、动力装置与 HT - 901 型气垫客船相同,但增加了运载能力,可载客 60 人,航速 55 千米/时,被称为冰面上的"飞龙 1"号。但在浮冰期航行同样会出现围裙损害严重甚至船底着陆垫受损的现象。为此,针对浮冰期航行问题,对围裙进行了全面的改进,将全船气囊连成一体,艉部改为圆弧形,以减少漏气。减小 D 型隔片宽度,重新设计气囊孔尺度,以确保垫升高度,减小围裙囊指的宽度及高度。改进内接点连接结构提高连接强度,收到较好的效果。大大减小了维修工作量。

十八、HT - 973 型 6 客位气垫船

HT - 973 型 6 客位气垫船由天通公司设计建造,用于内河、湖泊、沼泽、沙滩的旅游。该船解决小型气垫船无围蔽客舱的问题,驾驶员和乘员避免淋到飞溅的水,达到与大型气垫船同样的效果,因此该船还可用于携带仪器勘测灾情、野外作业。

该船总长 7 米,总宽 2.8 米,总高 2.3 米,总重 1.7 吨,载客 6 人(含 1 名驾驶员),最大静水航速 60 千米/时,抗风能力 4 级,抗浪 0.5 米,越障高度 0.25 米,续航力 6 小时,发动机:垫升、推进共用一台六缸 C698QI 型汽油机(173 马力)。

十九、HT - 903 型全垫升气垫客船"慈平"号

1994 年初航天部第七〇一研究所设计,由南通渔轮厂同时开工建造了"莱福"号和"亚通"号两艘 HT - 903 型 100 客位气垫客船。

该船总长 24.4 米,总宽 8.8 米,总高 9.5 米,总重 40 吨,载客 100 人,最大静水航速 80 千米/时,抗风能力 8 级,抗浪 2.5 米,越障高 0.8 米,续航力 5 小时。垫升用主机为 2×BF12L413FC(2×360 千瓦)柴油机,推进主机 2×BF12L413FC

(2×360千瓦)柴油机,艉部设置可旋转喷管提高操纵性,并可以做到单机故障时仍能低速航行。HT - 903 型气垫船与英国 20 世纪 80 年代生产的 AP - 188/100 型气垫船极为相似,具有 AP - 188/100 型气垫船的基因, AP - 188 型气垫船原设计围裙高 1.4 米,型深超过 1 米,并由齿形皮带将螺旋桨抬高,海浪不容易打到螺旋桨上,适合用于海岛之间的交通。1994 年利用 HT - 903 型全垫升气垫客船开辟了上海-崇明岛两条商业气垫船客渡航线,整个航程半小时左右,每年出航可达 340 天左右,可靠性、适航性好,经济效益可观。该船荣获 1996 年国家级新产品奖。第三艘船由航天部第七〇一研究所与广东新会航运局联合组建的航通高速船开发有限公司建造,1994 年夏季建成,试航成功,用于浙江慈溪至平湖航线,船名"慈平"号(见图 5.31 和图 5.32)。

图 5.31　在码头上的"慈平"号

"慈平"号气垫船建成后如何交船是一个难题,陆上肯定无法运输。如吊装到驳船上运送,或放置于大船甲板上进行海运,均需要支付运输费,由于造船价偏低,造船方无力承担运输费。思考再三,决定自航开赴浙江交船。联营公司经理航天部第七〇一研究所研究员王增和总指挥承受极大压力,准备借此机会

图 5.32　航行中的"慈平"号

创航天系列 HT 系列气垫船的品牌。因此就像发射航天器一样,先进行极其认真的准备,切实检查全船设备、仪器的技术状态,尤其是围裙的准确安装、结实可靠,经反复试验确认合格无误后,选择最佳航线、安全航程、安全停泊沙滩点、确认无特殊天气、制订出尽可能应对多种季节性风浪的计划、尽量做好物质生活用品保障和易损备品、备件的储备,计划安排途经厦门时休整 2 天,以便补给与检修。更重要的是组成一支特别有战斗力的技术团队,由多名专业技术人员随船保驾,10 月初,阳光灿烂的一天,"慈平"号气垫船离开广东新会造船厂,顺西江而下,出启刀门,向东经澳门海域,横渡伶仃洋,驶入香港地区海域;首晚宿汕尾海滩。次日晨早起,直奔潮汕深海,第三天出广东入闽南海域,顺利登陆厦门鼓浪屿海滩,围观群众首次观看国产气垫船,感到十分惊奇和高兴,众多游客争相拍照留念。

历时 7 天 6 夜航行,远航逾 2 000 千米,安全抵达浙江慈溪,长航考验证明了 HT‐903 型气垫船性能优良。

"慈平"号气垫客船载客在杭州湾从慈溪到平湖九龙山码头,将原来慈溪至上海的时间从 10 小时缩短到 4 小时。"慈平"号气垫船的两栖性和适航性俱佳，该航线营运了 10 年，每年出航约 300 天，经常满载，取得了良好的经济效益和社会效益。后由于该航线附近建造了大桥，该船被征用为建桥工程船。

二十、7221 型双体气垫船"迎宾 6"号及"铁城"号

20 世纪 90 年代初蛇口招商局长航公司，再次委托中国船舶及海洋工程设计研究院设计全玻璃钢 7221 型双体气垫客船，由广东江辉造船厂建造，1995 年 11 月完工后投入蛇口至香港地区航线客运，命名为"迎宾 6"号（见图 5.33）。

图 5.33　"迎宾 6"号双体侧壁式气垫客船

该船总长 32.15 米，总宽 7.90 米，侧壁高 1.70 米，排水量 85 吨，航速 30 节，载客 200 人。推进主机为 2×MWM TBD234V16（2×755 千瓦、2 200 转/分）柴油机，垫升用主机为 1×MWM TBD234V8（1×380 千瓦、2 100 转/分）柴油机。

该船技术特点：

一是采用与719-Ⅱ型双体气垫船相同的双体气垫船型；二是外形流畅,内装豪华；三是当时国内最大的全玻璃钢客船,国内首创；四是建造厂位于广东改革开放前沿,国外的信息及原材料进口方便。建造厂在中国船舶及海洋工程设计研究院设计的基础上大量采用芳纶材料作为船体的材料,保证了船体的刚度。

继成功设计建造7221型双体全玻璃钢气垫船后,广东省中山航运公司委托上海船舶运输科学研究所设计了"铁城"号全玻璃钢双体气垫客船,由江辉造船厂建造,于1995年12月完工后投入蛇口至香港地区客运。

该船总长27.1米,总宽7.50米,型深2.70米,航速25节,载客160人。推进主机为2×DDC12v92TADDEC（2×608千瓦）柴油机,垫升主机为1×DDC6v92TADDEC（1×317千瓦）柴油机。采用喷水推进方式。

二十一、7227型系列双体气垫船"竹海"号

1995年四川宜宾地区江安轮船公司委托中国船舶及海洋工程设计研究院设计适用于该地区浅水、急流航道、经济型良好的7227型系列双体气垫船。由该公司所属造船厂建造。该船型共建造4艘。1997年通过四川省交通厅鉴定,荣获四川省科技进步奖二等奖（见图5.34）。

该船总长22米,总宽5.4米,总高0.6米,总重33吨,航速37千米/时。CJ级航区,客位60人,船体为钢质,基本板厚2.5毫米。推进主机为2×6135AZC（2×220马力、1500转/分）柴油机,垫升主机为1×N6102（1×120马力、3000转/分）柴油机。

设计特点如下：

一是传承了国内双体气垫船的基本船型,艉部设刚性滑板。

二是应用户要求,Ⅰ、Ⅱ、Ⅲ型船均采用6135Z柴油机作为动力装置。螺旋桨后配置了桨毂鳍节能装置,实际功率储备近10%。加上计算的阻力、螺旋桨设计计算准确性提高,航运中很少反映因主机故障而停航的情况。

图 5.34　7227 型双体气垫船"竹海"号在航行中

三是阻力计算,研发团队将双体船剩余阻力图谱作为侧壁剩余阻力系数列入计算程序。计算结果与现有的 10 多型侧壁式气垫船实船试航数据比较,确定了该程序的计算精度,极大提高了计算速度,使主尺度论证科学有据。

四是螺旋桨设计,7227 型气垫船改用大盘面比 MAU 型螺旋桨后,航速(区间航行时间)、主机工况稳定。

五是双层艏部围裙设计。遇浪埋艏是一直困扰着侧壁式气垫船的难题之一。参考苏联侧壁气垫船技术,1993 年进行了双层艏部围裙的模型试验,获得成功。两年后,将这一技术储备用于 7227 型双体气垫船上,做到了在长江宜宾地区,遇到船尾浪不再出现埋艏现象。

六是消除并解决垫升轴系振动问题,由于先前采用的垫升轴系联轴节及轴承支架设计过弱而引起振动。中国船舶及海洋工程设计研究院研发团队赶到现场指导,通宵整改,重新安装,并加强了轴支架等。最后试车获得成功,彻底消除了横振,随即开赴航站。

当时首制船正逢四川高速公路大修,普通公路运输不畅的机遇,7227 型双体气垫船"竹海"号投入使用后取得了良好的经济效益和社会效益。1997 年又造了两艘,开通了宜宾-新市镇,宜宾-乐山,宜宾-泸州三条航线,缓解了当时交通困难的问题。

二十二、"康平"系列侧壁式气垫船

1993 年初,中国气垫技术开发公司为重庆轮船公司设计了"康平 1"号侧壁式气垫客船,四川省泸州造船厂共建造了四艘,分别称为"康平 1"号、"康平 2"号、"康平 3"号和"康平 4"号,用于长江宜宾至宜昌之间客运航线。1993 年 11 月首制船交付使用(见图 5.35)。

图 5.35 "康平 1"号侧壁式气垫船

该船总长 27.5 米,型宽 6.8 米,型深 2.0 米,航速 54 千米/时,载客 128 人。推进主机为 2×KTA19-M560(2×418 千瓦)柴油机,垫升主机为 1×NTA855-M240(1×180 千瓦)柴油机,均为康明斯柴油机,采用钢质离心式垫升风机。

"康平 1"号、"康平 2"号、"康平 3"号和"康平 4"号均采用与 7215 型双体气垫船相同的双体气垫船船型。全铆接铝合金船体,型深比 7215 型气垫船略小,但增大了主机功率,提高了航速。采用钢质垫升风机和艉滑板形式,且与舵舱

底板兼为一体，设计载客量增加。

二十三、"长江"号双体气垫船

"康平"号侧壁式气垫船投入营运后，交通部向中国气垫船技术开发公司下达了"八五"课题"大型长江侧壁式气垫船研制"，该船命名为"长江"号双体气垫船，又称"大康平"号，由中国气垫船技术开发公司研究设计，泸州造船厂建造，1995 年 12 月完工。

该船船长 52.8 米，总宽 12.3 米，排水量 230 吨，航速 50 千米/时。钢质主船体，铆接铝上层建筑；推进主机为 2×12V149DDED 型柴油机，垫升主机为 2×KTA‐M590 型柴油机；全船动力装置总功率 2 800 千瓦。300 客位（带卧铺）为国内最大的双体气垫船。

该船采用与 719‐Ⅱ型气垫船相同的双体侧壁气垫船船型，"长江"号是交通部部下达的科研项目，研发团队进行了大量的计算、试验工作，水池模型试验也利用浪高仪测试预报了船航行兴波高度，并不很大。但在试航中却发现兴波很大。当地人说，"这个船浪子太大要不得，船开过去把小船颠到岸上，开回来时又把小船又从岸上颠回水里"。问题出在双体气垫高速兴波的波长长，所以能量大，而且浅水波高与深水兴波波高也不相似，而水池里预报的只是深水波高。后又进行了兴波高度试验得以改进。

二十四、"三北海"号双体气垫船

中国气垫船技术开发公司为江苏青龙港高速船公司设计建造了"三北海"号双体气垫客船，船型与"康平"号气垫船相同。1995 年 10 月交付用于上海至海门航线客运。

该船总长 29.5 米，型宽 6.8 米，型深 2.8 米，航速 50 千米/小时，载客128 人。推进主机为 2×KTA19‐M600（2×448 千瓦）柴油机，垫升风机为一台重庆康明斯柴油机，交付使用后用户反映良好。

二十五、"三北门"号双体气垫船

中国气垫船技术开发公司还为江苏青龙港高速船公司设计建造了"三北门"号双体气垫船,船型与"康平"号气垫船相同。1996 年 4 月交付用于上海至海门航线客运。该船总长 36.0 米,型宽 8.4 米,型深 2.8 米,航速 65 千米/时,载客 250 人。推进主机为 2×MWMTBD616V12(2×860 千瓦)柴油机,垫升风机为 2×6CT8.3 - M(2×150 千瓦)柴油机。

二十六、721 型海上双体气垫交通船

中国船舶及海洋工程设计研究院在研制 719 - II 型双体气垫船基础上,又设计了 721 型海上双体气垫交通船。该船由梧州造船厂建造,1995 年建成,共造两艘,用于香港地区、舟山地区沿海交通,该船安全航行了约 20 年。

该船总长 41.75 米,总宽 8.78 米,总重 132 吨,垫态吃水 1.82 米,气垫压力 2 856 帕,双体占总排水量比例 25.2%,航速 31 节。推进主机为 2×MTU12V396 TE74(2×1 200 千瓦、1 950 转/分)柴油机,垫升风机为 1×MTU8V396 TE74L (1×800 千瓦、1 800 转/分)柴油机。客位 70 人＋2 吨货物

该船的技术特点:一是全面继承了 719 - II 型气垫船的基因;二是艏部围裙设计具有低频响应特性,即波浪中上抬变形量大,附加阻力低且不易缩进,从而降低了波浪失速及埋艏现象的概率,在试航中遇到 1 米多高的波浪,艏甲板上浪时仍能维持垫态航行;三是除甲板上浪外,海水沿垫升风机蜗壳出口上行,使得风机叶轮打水严重,后在垫升风机蜗壳出口及艏部侧壁处均加装压浪条;四是研制过程中用同一模型变化垫升风机转速,拖曳静水阻力得出各种傅汝德数下变化侧壁式气垫船侧壁所占总排水量比例对相当总阻力(静水阻力＋垫升功率/航速)的影响。结果表明在傅汝德数(Fn)<0.95 范围内大幅度提高片体排水量比例,相应的总阻力反而降低。后来用优化的双体船模型试验结果与 721 型气垫船模型试验结果比较,显示傅汝德数(Fn)<0.78 以下双体船(即片体 100%排水量比例)相应的总阻力反而优于侧壁式气垫船,揭示了双体侧壁式气垫船航速合理应用的大致范围。

二十七、HT‑904 型 3 客位气垫船

HT‑904 型 3 客位气垫船由天通公司设计建造,船长 3.78 米,宽 1.82 米,高 1.23 米,总重 0.6 吨,载客 3 人(其中 1 人为驾驶员),抗风能力蒲氏 3~4 级,抗浪 0.5 米,越障高 0.2 米,发动机一台 Rotax 型双缸二冲程汽油机(64 马力)。用于旅游、娱乐、体育比赛及内河湖泊的交通、水库巡逻等。

二十八、HT‑905 型双客位气垫船

该气垫船由天通公司设计建造,船长 2.95 米,宽 1.85 米,高 1.23 米,总重 0.53 吨,载客 2 人(其中 1 人为驾驶员),抗风能力蒲氏 3~4 级,抗浪 0.5 米,越障高 0.2 米,发动机一台 Rotax 双缸二冲程汽油机(52 马力)。

二十九、7217 型双体气垫船

7217 型气垫船由中国船舶及海洋工程设计研究院设计,青岛北海造船厂建造,1995 年交付,用于青岛至黄岛开发区之间遮蔽海域客运航线。

根据该船的使用特点,其主要技术性能和参数有新的变化,该船总重 150 吨,总长 44 米,宽 8.0 米,客位 256 人,航速 25 节。推进主机为 3×MWM TBD234 V16(3×755 千瓦、2 200 转)柴油机,气垫压力 5 323 牛/平方米,与 719‑Ⅱ型气垫船技术特点完全相同。

三十、7218 型气垫交通船"海飞"号

1995 年 4 月由中国船舶及海洋工程设计研究院设计,杭州东风造船厂建造的 7218 型气垫交通船在杭州湾进行试航后正式交付青岛市黄岛经济开发区使用,命名为"海飞"号,用于青岛市区至黄岛之间的客运交通。该船适用于急流、浅滩、沼泽滩涂地带等复杂航道及旅游或客运航线,担负快速运送旅客的任务(见图 5.36)。

该船为 180 型防腐铝合金材料铆接船体,以柴油机为动力,空气导管螺旋

图 5.36　7218 型气垫交通船"海飞"号

桨推进的 3 机型全垫升气垫船。

　　该船总长(甲板)22.10 米;总宽(甲板)7.60 米;围裙深 0.80 米,总重 29 吨;70 客位;静水最大航速 70 千米/时;续航力 4 小时。两台 BF12L513C 型全风冷柴油机,经齿形皮带传动驱动导管玻璃钢空气螺旋桨,一台 BF12L513C 型柴油机横向布置,前后出轴各驱动一台垫升风机。三台柴油机总功率 1 109 千瓦。该船建造后从杭州东风船厂经钱塘江口出东海,经黄海自航青岛。

　　两年后由于青岛至黄岛大桥建成,7218 型气垫交通船被转到海南使用。

三十一、7226 型气垫客船"平顺"号

　　1996 年由中国船舶及海洋工程设计研究院设计的 7226 型 40 客位气垫船,由杭州东风造船厂建造。首制船为"平顺"号,适用于秦皇岛海滨、丹东鸭绿江口地区旅游航线及新唐港的建港工程勘测,在秦皇岛地区使用多年。该船的经济性和操纵性良好的实用化程度高,因而荣获中国船舶工业总公司科技进步奖二等奖(见图 5.37 和图 5.38)。

图 5.37　7226 型 40 客位气垫船航行状态

图 5.38　7226 型客运全垫升气垫船登滩状态

　　该船总长 18.6 米,总宽 7.6 米,客位 40 人,总重 17 吨,航速 32 节,动力装置为 2×BF12L413 型(2×280 千瓦)双风冷柴油机,每台主机的后出轴经高弹性联轴节、离心式离合器、齿形皮带带动可变螺距空气螺旋桨,前出轴经高弹联轴节、齿型皮带带动离心式垫升风机。因此机舱布置紧凑,机舱棚和客舱外形成为一体,外形整齐。更重要的是螺旋桨和垫升风机参数可选择的范围较大,效率提高,该船具有悬停、前进、后退等功能。

该船在设计中攻克了多项技术难关。过去空气螺旋桨的变矩机构均安装在桨毂内,机构复杂、造价高,不适应气垫船多变的工况,限制了变矩机构的使用。该船将变矩机构的液压油路及油缸置于桨毂之外,方便了制造和维修。为确保变矩机构的可靠运行,针对采用的外伸油缸、外油路的变矩机构进行了技术攻关。采用桨毂外挂平衡块的方法大大降低变矩杆转接轴承的动载荷,减小了轴承受力,其减载效果明显。从该机构测试结果可见,转接轴承在正向大距时减载 10.5 倍,在倒车负大距时减载 4.4 倍。从根本上解决了变矩机构可靠性存在的问题,从此气垫船螺旋桨的变矩功能得到充分的发挥。

该船首部围裙、侧部围裙设计成囊指型,艉部为双束指围裙。该船具有良好的快速性,两栖性,客舱噪声低。适用于滩涂地带,遮蔽海区的短途快速客运和旅游航线,也可用于内河急流、浅滩及常规船舶(含侧壁式气垫船)无法全年通航的浅水航道,还可作为工程勘测作业船以及岛屿之间短途交通船。

三十二、7229A 型双体气垫船"蓝天"号

1997 年重庆轮渡公司获知经济型气垫船信息后,即到江安考察,随后与中国船舶及海洋工程设计研究院签订了 7229 - A 型双体气垫船设计合同。该船由该公司所属船厂建造,共建造两艘,命名为"蓝天"号和"白云"号,1998 年春节投入营运(见图 5.39)。

该船船长 21.8 米,总宽 5.8 米,高 1.0 米,总重 37.5 吨,设计航速 50 千米/时。60 客位,B、J 级航区。推进主机为 2×NTA855 - M350(2×283 千瓦)柴油机,垫升主机为 1×6 114 ZL(1×124 千瓦)柴油机。

该船沿用了 7227 型双体气垫客船船型及钢质船体材料、围裙形式、螺旋桨参数等,解决了多项技术问题。

因航速要求较高($Fn>0.9$),经计算,采用比 7227 型双体气垫船小的长宽

图 5.39　在长江中航行的 7229A 型双体气垫船

比系数($L/B=4.0$)。采用"V"型传动齿轮箱,该齿轮箱由德国 ZF 公司制造,耐冲击,使用、维修都很方便、可靠。解决了因船长较短,为保证客舱长度,缩短机舱长度的问题。

　　艉部安装了刚性滑板。重庆轮渡公司评价:该船与主机功率相近的船相比,稳性好,静水航速稍好,但大浪时偶尔出现埋艏现象。当航道水位超过 18 米(洪水季节)时,绝大多数船舶都停航了,而"蓝天"号和"白云"号气垫船仍在营运,因为其稳性好。

　　20 世纪 90 年代,重庆朝天门码头是全国最大的高速客运码头之一,聚集了 50 多艘各种型号的高速客船,7229A 型双体气垫船占有一席之地。

　　该气垫船自 1998 年投入营运后,从金沙江新市镇至长江重庆以下到长寿、岷江 700 多千米的江面上,都有双体气垫船在穿梭航行,几代人的心愿变为现实。

三十三、7238 型高速气垫交通船

　　7238 型高速气垫交通船 1996 年由中国船舶及海洋设计研究院设计,哈尔

滨造船厂建造,为内河气垫船,用于黑龙江省乌苏里江上的交通。

该船采用国产液压离合器,总重 12 吨,客位 28 人,静水最大航速 60 千米/时。采用两台美国 Cat3208 型柴油机为动力装置,总功率 2×190 千瓦,采用国产液压离合器驱动导管空气螺旋桨(见图 5.40)。

图 5.40　停泊于陆地上的 7238 型高速气垫交通船

三十四、HT‑951 型全垫升气垫船"大风"号

HT‑951 型全垫升气垫船是天通公司为新加坡 SCAT 公司研制的 20 客位全垫升气垫船,船名为"大风"号(见图 5.41),建成后于 1996 年 12 月 26 日顺利到达新加坡港,开始投入新加坡至印度尼西亚的客运航线。"大风"号的出口,为我国的全垫升气垫船走出国门实现了零的突破。20 客位气垫船入级美国船级社。

该船主船体采用铝合金焊接结构,上层建筑采用玻璃钢结构。造型美观,装饰豪华,船长 12 米,宽 4.5 米,高 2.7 米,总重 9.3 吨,20 客位(含 2 名机组人员),满载静水航速 60 千米/时,抗风能力 7 级,抗浪 1.25 米,越障高度 0.4 米,续航力 6 小时,垫升主机、推进主机共用两台 BF6L913C(2×140 千瓦)柴油机,配备两个可变螺距导管螺旋桨。运行时,左、右侧部分甲板可以上翻,该船采用自行设计的双向进气高效铝合金风机,体积小、重量轻、效率高。该船后被转至葡萄牙使用。

图 5.41　HT‐951 型全垫升气垫船"大风"号

三十五、HT‐952 型 30 客位气垫船

1997 年天通公司设计建造了两艘 HT‐952 型 30 客位气垫船,一艘用于无锡地区太湖旅游,后被转至青铜峡旅游用。另一艘 HT‐952G 型气垫船用于山东济南黄河防汛,后交付天津大港油田供海滩工程作业使用,最后又转至黑龙江黑河局冰上航行交通用。

该船船体采用铝合金焊接结构,上层建筑为玻璃钢船体,总长 15.5 米,宽 5.5 米,高 3.5 米,总重 12.5 吨,30 客位(含 2 名机组人员),最大静水航速 58 千米/时,抗风能力 5 级,抗浪 1.5 米,越障高度 0.4 米,续航力 4 小时,垫升风机、推进主机共用两台 BF8L513C(2×324 HP)柴油机,配备两个可变螺距导管螺旋桨。

三十六、7232 型气垫船

7232 型气垫船是中国船舶及海洋工程设计研究院 2000 年 9 月为黄河旅

游而设计建造的又一型气垫船,上海飞机制造厂建造。

该船总长 16 米,总宽 5.2 米,总重 13 吨,客位 30 人,航速 55 千米/时,动力装置采用 2×BF6M1013PC 型(2×190 千瓦)柴油机。双机、双桨、双风扇的黄河旅游用全垫升气垫船,每台柴油机前、后出轴各自驱动 1 组垫升风机和 1 台可变螺距导管空气螺旋桨;船体为铝合金铆接结构,船体下部设柔性围裙。

该船具有气垫船两栖性及浮态吃水浅的特点,可有效地解决江河枯水期船易搁浅、触礁以及停靠受限等难题,且不受航道水深的限制,实现快速交通;30 客位全垫升气垫船的长宽比值大,阻力峰值低,外形美观,在较小的主机功率下最大静水航速不低于 40 千米/时;舱室噪声小,乘坐舒适(见图 5.43 和图 5.44)。

图 5.42 7232 型气垫船航行状态

根据用户要求按此船型采用同样的动力装置,改型设计了 7232-Ⅱ型气垫船,提高了客舱豪华程度,客位 20 人,用于郑州黄河接待和交通。2005 年杭州海舟船舶有限公司建成交付使用(见图 5.45)。

图 5.43   7232 型气垫船水中停泊状态

图 5.44   7232-Ⅱ型气垫船效果图

图 5.45　7232 - Ⅱ型 20 客位全垫升气垫船垫升试验

三十七、7246 型气垫船

2000 年 8 月,该型船由中国船舶及海洋工程设计研究院设计,四川江安轮船公司建造,船型与 7226 型全垫升气垫船相同。该船客位为 60 人,静水最大航速 65 千米/时;续航力 250 千米,航区为 CJ 级。动力装置采用两台山西柴油机厂生产的 12V150zc - 3 型柴油机,功率 2×500 千瓦。

该船为经济型全垫升气垫船,当地高速公路通车后转用于江苏海门长江滩涂交通运输。

三十八、HT - 981 型 10 客位气垫船

天通公司设计建造的 HT - 981 型(10 客位)工程气垫船用于沿海海滩物理勘探,为钻井运送少量物资,于 2001 年投入山东胜利油田作业使用。

该船船长 11.8 米,船宽 4 米,高 3.42 米,总重 5.4 吨,载重量 0.5 吨,载客量 4 人,最大静水航速 50 千米/时,抗风能力 4 级,抗浪 1 米,越障高度 0.4 米,续航力 200 千米,垫升主机、推进主机共用一台 BF8L413C(273 HP)型柴油机,配

置一个可变螺距导管螺旋桨,为便于作业,采用敞开式船舱,必要时可用帆布篷遮盖(见图5.46)。

图 5.46 HT-981 型气垫船

三十九、4009 型 18 客位气垫船

4009 型 18 客位气垫船由中国船舶及海洋工程设计研究院于 2002 年为郑州黄河旅游区设计,上海飞机制造厂建造,船型与 7226 型气垫船相同(见图5.47)。

该船客位 18 人,续航力 4 节。为了降低造价,动力装置采用两台上海柴油机厂制造的 6114 型带水箱风冷柴油机。采用 7226 型气垫船比较成熟的技术,但因为风机转速过高,流量偏大,囊压过高。航行时出现喘振现象,后来在艉囊上开了两个洞,解决了喘振问题。

四十、4010 型 80 客位气垫船

2002 年由中国船舶及海洋工程设计研究院设计,上海飞机制造厂建造的 4010 型 80 客位气垫船,是由江西鄱阳县民间集资的,用于江西鄱阳县至南昌

图 5.47　4009 型 18 客位气垫船

的客船。该县公路大桥修通后将其转售到黄河北岸用于黄河北岸旅游,该船船型与 7226 型气垫船相同,总重 29 吨;载客量 70 人;静水最大航速 70 千米/时;续航力 4 小时。动力装置采用两台德国 MAN D2842LE201 型柴油机,功率 2×682 千瓦(1 800 转/分)(见图 5.48)。

图 5.48　4010 型 80 客位气垫船

四十一、"中国渔政 45965"号执法气垫船

该船船名为"中国渔政 45965"号,用户为广西北海海洋渔业综合执法大队,为我国首艘按 2020 年中国海事局关于《公务船技术规则》与《公务船检验规则》设计、建造的全垫升气垫船,也是首次为渔业执法部门在海上执法应用的全垫升气垫船,该船的应用将大大提高执法效率,充分发挥现代执法的示范引领作用。由天津德赛集团的精艺特新船舶工程有限公司设计建造,并于 2021 年 9 月交付使用(见图 5.49)。

图 5.49 "中国渔政 45965"号执法气垫船

在北海银滩延绵长 3 000 米的海滩上,非法捕捞行为屡禁不止,北海银滩平均坡度仅为 0.05,以往渔政执法大队没有适用的船舶,只有依靠双脚踏着泥泞的海滩执法办案,而利用气垫船执法将充分发挥其两栖性和快速性,也将成为近岸海洋与渔业职能部门执法巡逻和应急救援的超级利器(见图 5.50)。

该船刚性长 8.75 米,刚性宽 4.20 米,型深 0.72 米,总重 4.30 吨,最大航速 50 千米/时,定员 10 人,动力装置采用斯特尔柴油机,1×205 千瓦(3 500 转/分)。

图 5.50　在执行任务的"中国渔政 45965"号执法气垫船

四十二、山东黄河航运局设计建造的气垫船

山东省黄河航运局有限责任公司自 2012 年自行研制设计气垫船以来，设计建造了下列气垫船。

1. 双机 30 客位全垫升气垫船

该船船体采用铝合金铆接结构，浮箱分割成多个独立的隔舱，以康明斯柴油机为动力装置，导管空气螺旋桨推进的全垫升气垫客船。

该船满足 2012 年《内河高速船入级与建造规范》和 2011 年《内河船舶法定检验技术规则》的要求，建造 1 艘，主要用于黄河流域旅游、河岸客渡等，也可适用于江河、湖泊等内河水域航行（见图 5.51）。

该船总长 14.85 米，船宽 3.3 米、总宽 5.6 米，总高 4.084 米，满载水线长 13.35 米，浮箱长 12.55 米，浮箱宽 3.30 米，浮箱高 0.30 米，满载吃水 0.30 米，满载排水量 12.63 吨，静水航速 50 千米/时，载客 28 人，船员两人，B 级航区。该船动力装置为两台康明斯 6LTAA 8.9L - C360 型柴油机，功率为 2×264 千瓦。

图 5.51　双机 30 客位全垫升气垫船

由于采用车用压盘式离合器,制动时没有缓冲,主机启动和停机瞬间皮带传动停止,易损伤皮带和主机。该船采用定螺距螺旋桨。上层建筑、导管和舵叶均采用玻璃钢材料制成。桨-扇联动不能变矩,不具有悬停、后退的功能。

2. 三机 30 客位全垫升气垫船

该型船共建造两艘。船体采用铝合金铆接结构,组成矩形浮箱并分割成多个独立的隔舱,以康明斯柴油机为动力装置,导管空气螺旋桨推进的全垫升气垫客船。该船满足 2012 年《内河高速船入级与建造规范》和 2011 年《内河船舶法定检验技术规则》的要求。

该船主要用于黄河流域旅游、河岸客渡等任务,也适用于江河、湖泊等内河水域航行(见图 5.52)。

该船性能参数与双机 30 客气垫船相同,B 级航区,不同的是发动机用 3 台康明斯 6BLTAA5.9L - C205 型柴油机,功率 3×153 千瓦。

技术参数的变化,只是从双机布置改为三机布置,功率加强,离合器采用离心式离合器,主机启动和停机均可以缓冲,改进后,该船的机动性、可靠性有了

图 5.52   三机 30 客位全垫升气垫船

较大的提高。

随后在该型船的基础上，经过改进，又设计制造了两艘豪华型三主机 30 客位气垫船。主要性能参数与上述三机 30 客位全垫升气垫船相同，B 级航区，推进主机采用 YC6A260‐T301 型柴油机，191 千瓦×两台，2 100 转/分，垫升风机采用康明斯 6BTAA5.9L‐C205 型柴油机，153 千瓦×1 台，2 200 转/分。

设计满足 2016 年《内河小型船舶检验技术规则》《内河高速船入级与建造规范》及 2015 年、2016 年修改通报的要求。

该船仍用于黄河流域旅游、河岸客渡等任务，也可适用于江河、湖泊等内河水域航行。

该船的技术参数变化是增加客舱供暖系统，制热效果较佳，内部装饰华美，舒适度提高。

3. 三机 20 客位全垫升气垫船

该型船共建造两艘，船体采用铝合金铆接结构，组成矩形浮箱并分割成多个独立的隔舱，以康明斯柴油机为动力装置，导管空气螺旋桨推进的全垫升气垫船。

该船满足 2016 年《内河高速船入级与建造规范》《内河小型船舶检验技术规则》和 2011 年《内河船船法定检验技术规则》及 2015 年、2016 年修改通报的要求。

该船航区 B 级,主要用于黄河流域旅游、河岸客渡等任务,也可适用于江河、湖泊等内河水域航行(见图 5.53)。

图 5.53　三机 20 客位全垫升气垫船

该船刚体船长 11.75 米,船宽 2.70 米,满载水线长 11.75 米。最大船长 14.30 米,最大船宽 5.50 米,最大船高 3.90 米,浮箱长 10.95 米,浮箱宽 2.70 米,浮箱高 0.20～0.50 米,满载吃水 0.34 米,静水航速 50 千米/时,客位 20 人,船员 1 人。

动力装置为康明斯 6BTAA5.9 - C205 型 153 千瓦×3 台,2 200 转/分。

4. 三主机 25 客位全垫升气垫船

该型船建造 1 艘,船体采用铝合金铆接结构,组成矩形浮箱并分割成多个独立的隔舱,以 MCO7.31T30 型柴油机为动力装置,导管空气螺旋桨推进的全垫升气垫客船(见图 5.54 和图 5.55)。

该气垫船用作巡逻船,主要用于辖区流冰期、封冰期以及湿地滩涂的应急救助和海事执法任务,满足辖区内营运现场监管执法任务的要求。

图 5.54　三机 25 客位全垫升气垫船之一

图 5.55　航行中的三机 25 客位全垫升气垫船之二

该船刚体船长 13.42 米,船宽 3.70 米,满载水线长 13.42 米。总长14.85 米,总宽 5.80 米,总高 4.00 米,浮箱长 10.95 米,型深 1.00 米,满载吃水0.30 米,水上设计航速大于 60 千米/时,水上巡航航速大于 40 千米/时,乘员(可搭载获救人员)23 人,船员 2 人,航区 B 级。

　　该船动力装置采用 MC0.73T30 型柴油机,3 台×228 千瓦。

　　该船技术参数变化,一是增加客舱供暖系统,制热效果佳;二是采用可变螺距螺旋桨;三是上层建筑、导管和舵叶的材质均采用铝合金。

四十三、上海飞浪公司研制的气垫船

　　上海飞浪气垫船有限公司(简称"飞浪公司")以设计、建造、和维修为一体,建造的气垫船以独有技术进入国内、外市场,并形成一定的规模。

　　1. 飞浪 CH - 4 型气垫船

　　该船是飞浪公司为天津消防局设计建造,船名为"天津消防 02"号(见图 5.56)。

图 5.56　飞浪 CH-4 型气垫船"天津消防 02"号

该船总长(刚性)4.2 米,柔性长 4.5 米,刚性宽 1.9 米,柔性宽 2.3 米,总高(垫态)1.7 米,裙深 0.25 米,设计船重 0.37 吨,载重量 0.35 吨(其中载客 4 人),设计航速:在平静水面不低于 50 千米/时,垫升风机为 1 台碳纤维双进风无蜗壳离心式垫升风机,空气螺旋桨为 1 具增强尼龙导管式 4 叶空气螺旋桨,主机采用 1 台德国进口 Hirth3701 型汽油发动机,最大功率 74 千瓦。2009 年建造第一艘,截至 2020 年共建造 40 余艘。

2. 飞浪 CH-F 型气垫船

该船是飞浪公司为香港渔农自然护理署设计建造,船名为"飞渔 2 号"(见图 5.57)。此外,至 2020 年已有两艘出口印度尼西亚。

图 5.57　飞浪 CH-F 型气垫船"飞渔 2 号"

该船总长(刚性)4.9 米,柔性长 5.3 米,刚性宽 2.3 米,柔性宽 2.7 米,总高(垫态)1.7 米,围裙深度 0.32 米,设计船重 0.72 吨,载客 4 人,设计航速:在平静水面不小于 50 千米/时,轻载时为 72 千米/时,垫升风机为两对铝合金双进风列蜗壳离心式垫升风机,空气螺旋桨为 1 个硬质塑料导管式 8 叶空气螺旋桨,动力装置采用 1 台奇瑞 SQRE4T15B 型汽油发动机,最大功率 108 千瓦。截至 2020 年已建造 15 余艘。

3. 飞浪 CH-10 型气垫船

该船是飞浪公司为浙江省宁波市海上搜救中心设计建造,船名为"甬海搜 06"号。

该船总长(刚性)6.6 米,柔性长 8.25 米,刚性宽 2.08 米,柔性宽 3.08 米,总高(垫态)2.65 米,船重 1.36 吨,载重重 1.08 吨,载客量 10 人,设计航速:在平静水面不低于 50 千米/时,垫升风机为 2 台 12 叶铝合金轴流式风机,空气螺旋桨为 1 个碳纤维导管式 6 叶空气螺旋桨,动力装置采用 1 台依维柯 F1C 型高速柴油发动机,最大功率 107 千瓦或 128 千瓦。围裙为封闭气囊加手指囊。首制船于 2013 年建成,截至 2020 年已建造 10 艘。

4. 飞浪 CH-12 型气垫船(双机型)

该船是飞浪公司为沧州渤海新区沧海投资开发有限公司设计建造的 CH-12 型气垫船"沧海"号(见图 5.58)。

图 5.58　飞浪 CH-12 型气垫船"沧海"号

该船总长(刚性)10.00米,柔性长11.16米,刚性宽3.96米,柔性宽5.05米,总高(垫态)3.05米,客位12人,围裙深度0.7米,设计船重5.26吨,载重量1.03吨,设计航速:在静水时不低于50千米/时,垫升风机为2台铝合金离心式风机,空气螺旋桨为2个铝质导管式4叶可变螺距空气螺旋桨、动力装置采用两台依维柯F1CE0481型高速柴油发动机,最大功率128千瓦×2。该船首制船于2016年建成,截至2020年已建造2艘。

5. 飞浪CH-30型气垫船

该船是飞浪公司为海南三沙市船务局设计建造,船名"三沙气垫01"号。

该船总长17.1米,柔性长18.14米,刚性宽5.4米,柔性宽6.60米,总高(垫态)4.2米,裙深0.80米,服务航速32节,耗油量为0.204千克/(千瓦·时),续航力6小时,设计船重16吨,客位30人,船员2人。垫升风机为2台铝合金离心式风机,空气螺旋桨为2个铝质导管式4叶可变螺距空气螺旋桨、动力装置采用BF6M1015CP型柴油机,240千瓦,2台,最大功率265千瓦×2。

船体材料与工艺,采用5083型高强度耐腐蚀铝合金板材和型材,铆接工艺建造。已建造多艘,首制船用于东营市河口旅游交通。曾试用于西沙群岛,因机舱无空气过滤器,容易引起机舱设备腐蚀。现主要用于河口与海交界处岛屿之间的交通。该船首制船于2015年建成,截至2020年已建造7艘(见图5.59、图5.60)。

6. 飞浪CH-22N型气垫船

该船是飞浪公司为黑龙江省海事局设计建造,船名为"海巡13801"号。该船总长(刚性)16.30米,柔性长17.80米,刚性宽5.4米,柔性宽7.2米,总高(垫态)4.5米,裙深0.9米,设计船重16.0吨,22客位,续航力8小时,设计航速,静水时不低于75千米/时,垫升风机为2台铝合金离心式风机,空气螺旋桨为1个铝质导管式4叶可变螺距空气螺旋桨,动力装置采用两台道依茨TCD2015 V8型柴油发动机,最大功率500千瓦×2。截至2020年已建造两艘(见图5.61和图5.62)。

图 5.59　CH30 型气垫船登陆状态

图 5.60　CH‑30 型气垫船

图 5.61 飞浪 CH-22N 型气垫船航行状态

图 5.62 飞浪 CH-22N 型气垫船水中停泊状态

7. 飞浪 DJ - 2HA 型搜救气垫船

该船是飞浪公司为交通部北海救助局设计建造,船名"北海救气垫 01"号。该船船长(刚性)8.7 米,柔性长 10.2 米,刚性宽 3.7 米,柔性宽 5.06 米,总高(垫态)3.42 米,裙深 0.7 米,设计船重 4.16 吨,客位 12 人,设计航速:静水时不低于 50 千米/时,垫升风机为 2 台铝合金离心式风机,空气螺旋桨为 1 个铝质导管式 4 叶可变螺距空气螺旋桨,动力装置采用 1 台斯泰尔 SE306J38 型柴油发动机,最大功率 306 千瓦。2019 年建成 1 艘(见图 5.63)。

图 5.63　飞浪 DJ - 2HA 型搜救气垫船

8. 飞浪 DJ - 2HB 型 12 客位单机气垫船

该船是飞浪公司为青岛金色海岸旅游开发有限公司设计建造,船名"金色沙滩 2"号。该船船长(刚性)8.75 米,柔性长 10.15 米,刚性宽 3.7 米,柔性宽 3.7 米,总高(垫态)3.42 米,裙深 0.7 米,设计船重 4.16 吨,客位 12 人,设计航速,静水时不低于 50 千米/时,垫升风机为 2 台铝合金离心式垫升风机,空气螺旋桨为 1 个铝质导管式 4 叶可变螺距空气螺旋桨,动力装置采用 1 台斯泰尔 SE286E40 型柴油发动机,最大功率 286 千瓦。截至 2020 年建成两艘(见图 5.64)。

图 5.64 飞浪 DJ‑2HB 型 12 客位单机气垫船

第二节 气垫平台产品

我国已研制的气垫平台主要性能参数如表 5.1 所示。

一、7301 型自航式气垫平台

1980 年春节后,天津大港油田委托中国船舶及海洋工程设计研究院设计用于淤泥、海滩、浅海海区载重 35 吨的气垫运输工具。经过 7 年努力,研制出该型低航速全垫升空气螺旋桨推进的气垫平台,在大港油田海滩通过航行试验并验收。成功运行两年后,于 1990 年通过产品鉴定,1991 年荣获国家重大装备科技成果奖二等奖(见图 5.65)。

该气垫平台为刚性船体,长 17 米,宽 10 米,围裙高 1.1 米,平台重 35 吨,主船体为钢质、上层建筑为铝质,动力装置为 2×12V180 型(轻)(2×900 马力、

表 5.1 气垫平台主要性能参数表

设计代号	用途	长×宽×高/米	总重/吨	主机型号	总功率/千瓦	推进方式	船体材料	载重量/吨	航速/千米/时	续航力/时	航区	交船时间
7301	海滩运输	19.2×12.2×6.9	80	2×轻12180型柴油机	1 320	导管空气螺旋桨	钢质	35	水上10，陆上40	6	海滩,沼泽,遮蔽海区	1987年4月
7302	沼泽运输	12.7×6.0×4.75	34	1×3480A型柴油机	294	被动式	钢质	15			沼泽,草地	1991年
7303	旅游、交通、工程作业	26.5×17.0×5.6	221	4×F12L513C型柴油机	1 352	被动式	钢质	100			海滩,遮蔽海区	1995年8月
3001	海滩钻井	80×45×45	2 000(垫升状态)	12V190B型柴油机	4 500	被动式	钢质	可变载荷1 300			海滩,遮蔽海区	1996年完成设计
H211	人工岛钢模气垫搬运	钢模内径60，高8，厚1.8	750	5×F8L413F型柴油机	1 050	被动式	钢质				海滩,遮蔽海区	1991年

图 5.65　7301 型自航式气垫平台

1 600 转/分),陆上泥滩上航速 40 千米/时,水上航速 10 千米/时,可越过 0.7 米高的土墙,高速越沟能力:沟深 0.5 米(至水面)。

解决的主要技术问题:

(1) 水上低航速段阻力的问题。研发团队先采用传统纽曼图谱计算气垫船兴波阻力,发现在低航速段计算阻力很大,原设计方案无法成立。随后转向用斯托克斯图谱进行阻力计算,则低航速段的阻力有所下降,依此方法计算 722 型气垫船模型低航速段阻力并将计算结果与拖曳模型低速段试验结果比照(当时 7301 型气垫平台属于非重点产品没有经费进行拖曳模型试验),两者较为相近。经过理论分析和计算以及船模试验结果对比,研发团队心中有数。最终实船试验结果达到了 10 千米/时的设计航速(理论计算预报值 11 千米/时)。

(2) 陆上阻力问题。收集到加拿大使用的小型气垫船陆上拖曳得出的陆上阻力资料,但不敢贸然作为设计依据,因为这不仅是关系产品航速高低,而且是在没有人烟的海滩上能不能自救的问题。于是研发团队先借助模型在地上拖,又到河北省某盐场,利用当地 7210 型气垫船赤脚拉牵测得相同海滩条件下的阻力系数。最后利用 722 型气垫船在上海白龙港海滩 6 级风下模拟低速航行,记录主机转速并推算出螺旋桨推力。在上述充分进行理论分析与模型、实船试验验证的基础上,精心设计。实际试航中这方面也确实经受了严峻的考验。如有一天石油部总工程师来乘船视察体验,当天是个大晴天,原来停泊地点的淤泥地被晒成干裂的龟板地,7301型气垫平台怎么也动弹不得,用户着急。为此,在中午时研发团队带着工人去掉主机的转速铅封,使主机转速达到额定值1 600转/分,平台就慢慢加速奔向大海,达到设计要求。原来主机出厂时转速被铅封至1 550转/分,这50转/分之差却决定了一个产品成败的命运。

(3) 主机选型及改进问题。就该平台而言,20世纪80年代可供选用的船用主机只有12V180型船用柴油机,最大功率1 140马力(1 800转/分),寿命只有500小时。功率降至900马力(1 600转/分),以提高使用寿命。研发团队和发动机制造厂(407厂)自行改造为带水箱的风冷柴油机,主机出轴直接串联冷却风机、垫升风机、空气螺旋桨,中间没有任何弹性件,第一台冷却风机在工厂试航时叶片断裂,新的刚换上去,7分钟又断裂,原因是扭振损坏,只得取消。将后面垫升风机进风口往前伸一点以吸走散热器热量,最终解决了这一问题。

(4) 围裙设计、加工问题。围裙二元静态成型计算已经实用化,但囊压比输入不准确也会影响围裙成型,研发团队将围裙每10只囊指长度为一段,逐段计算其中摩擦力、局部阻力损失,给出比较准确的囊压比。艉裙布及内接点连接件都经过拉伸试验,确保强度和变形量。

风机出口经小角度扩张后,部分气体直接进入气垫、部分气体进入气囊,取消横向稳定裙。将囊指倾角从45度改为36度以提高稳性。艉裙形成圆转角以减少无谓漏气损失,艉部为滑板指以降低泥沙而形成的阻力。严格控制囊指三角区的泄流面积,加挂了重力式防飞溅围裙等。试航中采取的上述措施给研发团队惊喜的回报,这么低的垫升功率,囊指端点却能全部离地,试航成功,稳性也好。整个使用期间用户反映围裙性能良好。

1990年的鉴定会上,油田一线的领导反映该平台在淤泥海滩已运送过千吨的土方及掘土机械等大型设备,成为在海滩运输工具中的佼佼者。

7301 型气垫平台在淤泥海滩成功应用后，一批新的气垫运输项目在大港油田立项。

二、7302 型陆上气垫平台

大庆油田陆上钻井装置在沼泽地、翻浆期间载重车辆难以通过。1985 年大庆油田委托中国船舶及海洋工程设计研究院设计载重约 15 吨气垫平台，1992 年由大庆机械总厂建成（见图 5.66）。

图 5.66　7302 型陆上气垫平台

该平台总重 31 吨，总长 13 米，总宽 6.5 米，型深 0.3 米，气垫高 0.7 米，气垫压力 5 200 帕，载重量 12 吨，垫升主机为 1 台卡特皮拉 3408 型柴油机（1×270 马力）。

大庆油田希望以此平台作为试验平台，为以后进一步推广应用进行试验。1985 年研发团队首先到钻探作业现场了解地面情况。地面被各种车辆碾压得没有一处平地，车辙有半米多深，若全靠气垫支撑，肯定会漏气、失稳。于是在气垫内设置了 0.3 米高的钢质滑橇垫底。艉部设置了液压收放定向钢轮，钢轮只能插入泥地。过去顾虑淤泥中垫升及稳性问题，都用四周出气的囊指围裙，现在下面有了滑橇就放心采用开囊指围裙、艉部滑板指。经静垫升试验一切正常,唯独艉部定向钢轮在柏油公路上失去作用,但不影响气垫平台的正常使用。

三、7303 型气垫平台

1993 年大港油田上马载重量 100 吨的被动式气垫平台,由宽履带牵引车牵引(见图 5.67)。

图 5.67　7303 型气垫平台

该平台为刚性船体,总长 26.5 米,总宽 17.0 米,浮箱高 1.4 米,气垫高 1.2 米,装载能力 100 吨,总重 216 吨,气垫压力 590 千克/平方米,垫升主机为 3×12LBF513C(3×345 千瓦)型柴油机。

自航式气垫平台是按被动式设计,并按 7301 型气垫平台的经验计算有关性能的。该平台采用 4 台 12LBF513C 型柴油机机组。建成后经试航发现艉部垫升高度不足,但不影响使用,只影响围裙的使用寿命。

大港油田在多年研制气垫船及气垫平台的基础上,为了进一步满足滩海地区钻井作业大型设备搬迁移位、物资、材料及油水运输的要求,自 1988 年开始对 100 吨被动式气垫运输平台的方案进行研究,1991 年该平台研制项目被正式列为"八五"国家重大技术装备科技攻关项目。经过对垫升性能、牵引力、牵引方式、操作性能等方面研究及相应设备的研制,1993 年由中国船舶及海洋工程设计研究院设计,1995 年由东风造船厂建造完工,经过一年多的现场考核试验,1997 年 9 月通过中国石油天然气总公司及中国船舶工业总公司组织的产品鉴定。

该平台主要用于滩海-极浅海(0～5 米海图水深)两栖地带石油天然气勘探开发过程中物资装备、材料的补给供应。

该平台额定载重量 100 吨,最大载重量 130 吨。设计气垫压力 6 027 帕,静水拖航速度 5～10 千米/时,拖航速度 10～20 千米/时,自行绞曳最大航速 3 千米/时。极浅海地区 7 级风以下,波高不大于 1.2 米时,可垫态拖航。极浅海区排水航态,在 8 级风以下,波高不大于 1.2 米时,能确保平台的安全。

四、自升式气垫钻井平台

1988 年中国船舶及海洋工程设计研究院开始自升式钻井平台在渤海西部海滩应用的可行性研究。1991 年列入国家重大装备"八五"课题——"海滩、浅海勘探钻井和采油平台装置研制"的子课题。"自升式组合钻井平台及海滩浅海运载牵引装备研制"责任单位是中国石油天然气总公司和中国船舶工业总公司,组成双责任单位。

1995 年 7 月完成技术设计,又延续为"九五"国家重大装备课题继续攻关。1996 年接到大港油田正式通知,虽然气垫技术取得很大突破,但还是先搞"极浅水钻井驳",因此气垫船钻井平台项目终止。自升式气垫钻井平台效果图如图 5.68 所示。

技术设计通过的自升式气垫钻井平台的主要技术参数,总长 83.9 米,宽 46 米,型深 3.2 米,气垫高 1.6 米,总重 2 042 吨,气垫压力 6 027 帕,垫升主机为 7×PZ12V190BC(7×660 千瓦)型柴油机。

为了深化该课题的研究,1990 年 9 月专门成立了"中国浅海气垫运输钻井平台设计技术代表团",访问了苏联克雷洛夫研究院、帕克特依设计院、马里理工学院等,与苏联 1 050 吨的气垫平台总设计师进行座谈,了解该平台的设计指标。苏联当时已建成 43 座气垫平台。

图 5.68　自升式气垫钻井平台效果图

通过仿制 4285 型围裙材料,使其经、纬向扯断强度均超过 1 万牛顿/5 厘米,新建了专门适用钻井平台的全尺度大围裙箱,并完成了 1∶1 全尺度分段围裙试验。

大港油田成功应用了 80 吨、200 吨、600 吨级气垫平台之后,加上苏联 1 050 吨钻井平台的经验,无论进一步研制 1 000 吨级还是 2 000 吨级气垫平台,在垫升性能上都是有把握的。

该课题立项时还有两艘 1 085 吨的组合式气垫钻井平台方案,一座钻井模块,一座生活模块,移动前若垫升能力不足,则现场拆装某些设备。其最大的优点是留有重量的裕量。

五、4006 型旅游及应急抢修两用气垫平台

为了应急抢修黄河大桥,郑州铁路局需要研制两栖运输工具,平时兼作高速旅游用,应急时作抢修平台用。1999 年与中国船舶及海洋工程设计研究院签订了设计合同,由 446 厂建造,2003 年建成后开始试验,2004 年交船(见图 5.69 和图 5.70)。

图 5.69 4006 型旅游及应急抢修两用气垫平台（旅游状态）

图 5.70 4006 型旅游及应急抢修两用气垫平台（抢修状态）

该平台总长 23.5 米,宽 8.0 米,气垫高 1.0 米,旅游工况总重 43 吨,航速 65 千米/时,抢修工况总重 62 吨,航速 20 千米/时,动力装置为 2×BF8M1015CP 型柴油机（2×440 千瓦）各驱动一台风机及空气螺旋桨,1×MAN2842 (1×680 千瓦)型柴油机驱动定螺距空气螺旋桨。

该平台主要技术性能特点:在应急抢修工况时,主船体采用薄钢板焊接而成,上层建筑为铆接铝结构;在高速航行旅游工况时,需要将高大的起重机及发电机组现场拆除;采用钢结构的全垫升气垫船是独一无二的,因此必须消化弥补重量增加后对垫升性、快速性造成的影响。

垫升性能:采用常规气垫船80%的流量,为此相应地采取不提高艉部围裙和中间无横向隔裙等措施。

浅水越峰性能:利用黄河已有的气垫船,系列测试黄河郑州段各种水深中的越峰时空气螺旋桨转速,反推计算出较精准的阻力峰值,作为该平台设计的必要条件。在整个技术设计过程中,几易其稿,先后更换了三种推进主机,增大了导管空气螺旋桨直径。

试航结果表明:垫升高度比设计值低了95毫米,有少量裙指跪地,但该平台航行时水花特别小,人员可在艏部和舯部正常活动。

快速性试验:该平台在顺风72千米/时以上时会出现埋艏的预兆,逆风(5级)时转速1750转/分经5分钟均越不出阻力峰,加到设计转速1800转/分,1分钟就可越出阻力峰。

4006型全垫升气垫平台为钢质,总体性能与铝质全垫升气垫船相比:运输效率(总重×航速/功率)达到世界先进水平,而有效运输效率(载客量×航速/功率)只有铝质全垫升气垫船的一半。

扭转振动情况:在各项交船试验顺利完成后进行最后一项长航试验。2003年7月该平台长航约1小时后,中间的MAN2482型主机出轴处弹性联轴节突然烧坏。很快发现是由于燃油垃圾堵塞了部分喷油嘴引起的。主机是德国产品,电子调速器是美国生产,最后供应厂商来上海参加商展,并带来一只高压燃油泵及两套止回阀,调试后问题才得以解决。

气垫船轴系是一个大惯量、高弹性系统。在实船测试中扭振已消除,但按常规的计算方法计算MAN柴油机的轴系,却会产生扭振。最后用综合计算方法得到结果与测试结果相符,且获得船级社的认可。2004年6月扭振问题得以彻底解决,平台很快交付用户。

在这一年中制造厂坚持不计成本、工人不撤,将中间轴系全部重新安装,返厂检修、调换、多次测试扭振等,为该平台的顺利通过调试作出了贡献。

六、人工岛钢模气垫平台

1991 年大港油田张巨河人工岛工程项目获批,随即委托中国船舶及海洋工程设计研究院利用气垫技术设计人工岛钢模气垫平台围裙系统,人工岛钢模垫升后由陆移下海。自 1992 年 2 月至 5 月,现场施工调试 3 个月后,经 2 小时牵引,即成功将钢模牵引到位。

该平台直径 63 米,气垫压力 1 990 帕,总重 674 吨,垫升主机功率为 6×140 千瓦,驱动 6 台风机,围裙采用折角指裙,共 107 个,每个指裙宽 2 米,指总高大于 2 米(见图 5.71)。

图 5.71　人工岛钢模气垫平台

中国船舶及海洋工程设计研究院接到任务后开始研究设计,认为主要困难是钢模是圆柱体,安装的围裙只能上接点与指端在同一垂线上。这样向上、向下的力正好平衡,但有点误差就会失衡。折角指是依靠每个指的两个隔片强迫成型的。设计中进行了 1/50 的垫升模型及 1/30 的小围裙箱试验均未出现异常。

1992 年 2 月开始现场安装围裙调试,但总是垫不起来。检查原因发现是裙指下端三角区的空隙在放样时没有消除,一鼓风就张开大口造成漏气。现场动用大量人力用螺钉将107个三角区连接起来,但仍然不离地,垫不起来。研究科科长带头钻进围裙,开动风机,只见隔片斜拉严重伸长变形,裙指转动外翻。只得在现场加了一圈与折角指上部同尺寸的钢支架,等于将裙指上接点外移,钢模终于垫升离地约0.9米高。5月21日,7301型自航式气垫平台甲板上安装了发电机组、绞车后,自行到达预定位置,再将人工岛钢模绞动1 600多米,由陆下海滩移动到位。

七、极地气垫破冰/运输平台

2018年哈尔滨工程大学研制团队承担的科技部国家重点研发计划"极地气垫破冰/运输平台关键技术研究"项目,该项目由五个课题组成。中国船舶及海洋工程设计研究院承担课题二"兼顾破冰与运输模式的垫升系统优化设计和研制"及课题四"气垫平台系统集成技术研究"。

该气垫平台是国家为配合研究极地高寒地域气候变化、海洋生物和北极地貌勘探、破冰抢险、物资运输等而研制的气垫平台。该平台载重量大、航速高、越沟越障能力强,可以弥补直升机载重量的不足、雪地车不适宜在融冰融雪地带航行的缺陷。

由于兼顾破冰与运输的气垫平台需要搭载在"雪龙"号、"雪龙2"号破冰船上运至南极或北极地区开展示范应用,所以平台主尺度受限,导致无因次气垫密度极高,设计难度大。为满足破冰及光滑冰面上操控的需求,需要设置矢量喷管。平台的总布置受到很大约束,只能采用紧凑布置的双出口风机,其向下为气垫供气,向上为矢量喷管供气。风机向上出口与向下出口的流量压力要求差别大,同时需兼顾运输模式下的满载排水量与破冰模式的最大排水量状态下均能平稳运行,双出口风机设计难度大。通过计算流体力学仿真分析,对包括上部矢量喷管在内的双出口风机进行多方案优化,筛选出较优方案,制造小缩尺比的大尺度风机模型进行试验验证,分别获得双出口风机垫升侧、喷管侧的流量-压头特性曲线,为垫升系统设计打下了基础。针对冰区航行时气垫密度高、水花飞溅大容易引起甲板上浪和积冰、空气螺旋桨桨叶根部结冰、围裙大囊挂冰等情况,提出新型组合围裙,优化围裙不同部位的流量分配及压力分布,满足了运输状态和破冰状态下排水量差别较大情况下垫升系统均能平稳运行的要求。对可在低温下(零下 30 摄氏度)使用的围裙耐低温胶布进行选型研究,并经胶布试件在低温条件下的强度试验验证。围裙大囊采用 4275 型胶布,手指与小囊采用 57911 型胶布,以增强抵抗冰刺、冰割及勾扯的能力。气垫平台由该院负责设计,天津德赛集团下的天津精艺新特船舶工程有限公司建造。

该平台船体总长(刚性)11.95 米(柔性)13.58 米,总宽刚性 6.90 米、柔性 8.45 米,总高刚性 3.83 米,垫态 4.65 米,围裙深度 0.80 米。

主机是中国兵器集团华北柴油机厂的产品,额定功率 660 千瓦×2 台(1 900转/分),两个可变螺距导管空气金属螺旋桨,直径 2.4 米,双出口垫升风机直径双进风 0.90 米×两台,运输状态载重 3 吨,破冰状态载重 7 吨,航速 70 千米/时,自航状态下破冰能力 0.3 米。

2021 年 11—12 月,科技部专家组对破冰/运输气垫平台进行了试验验收。试验结果表明,可顺利自航破开 0.3 米厚的冰层,该平台的垫升性、垫态稳性、快速性、续航力、操纵性、爬坡能力等均达到设计任务书的要求,尤其是设置的艉部矢量喷管可实现水上零速原地回转、自行登滩上岸时精确操控航向等功能(见图 5.72～图 5.74)。

图 5.72　破冰/运输气垫船静垫升试验

图 5.73　破冰/运输气垫平台水上航行试验

图 5.74　破冰/运输气垫船自航破冰试验

八、哈尔滨工程大学研制的气垫平台

2021年初春国内首台非自航的破冰气垫平台进行了内河牵引破冰试验，破冰厚度达0.5米，达到国际先进水平。该平台属于哈尔滨工程大学、俄罗斯下诺夫哥罗德国立大学共同完成国家重点研发计划——战略性国际科技创新合作重点专项"冰区气垫平台关键技术联合研究与应用示范"。

该项目以哈尔滨工程大学为主的研发团队多次与俄罗斯及国内有关单位进行技术沟通，保证了在疫情期间技术工作推进有条不紊，最终完成了气垫破冰平台的功能验证和各项技术指标的验证。该项目历时3年，顺利完成了冰区气垫平台总体设计、冰池试验、样机研制和现场试验等项目关键环节，对探究新的破冰方式、提升破冰能力研究水平、掌握极地气垫运输平台设计技术等具有重要的意义，为后续研发自航式极地气垫破冰船奠定坚实的基础。

第六章
气垫船发展趋势

气垫船优越的越障性、两栖性和航行高速性使其具有较好的应用前景,未来气垫船发展趋势:

一、模块化

随着电力推进技术的发展,主动力装置与空气螺旋桨、垫升风机之间不再需要传动轴、皮带等刚性连接,可通过电缆实现柔性连接。因此,可将主动力装置、空气螺旋桨、垫升风机等设计为单个独立模块,按照气垫船的使用要求,在使用现场进行有机组合、快速组装成一体。在发生故障时,可按照模块编号将相应模块快速运抵现场予以更换、即插即用,而故障模块可直接返厂修理,降低现场维护技术要求和费用,提高维修性和经济性。

二、智能化与无人化

(1) 数据监测、便捷操纵。对外界风速及风向等环境数据、气垫船自身运动姿态、航向、主机转速、空气螺旋桨转速及螺距角、舵角、气垫压力等与航行有关设备的参数进行实时监测。此外可将推进手柄、方向盘、螺旋桨变矩手柄,集成为一个联合操纵杆,实施便捷操纵。

(2) 远程遥控和危险及避障提醒。除对气垫船实施本地驾控外,可异地进行遥控操纵,并可自主切换本地驾驶及遥控实施模式。

可自动识别气垫船 500 米航行范围内的水面障碍物以及为船舶提供避障及操纵预警。

(3) 定速、定向航行。可对气垫船确定目的地实现定速定向航行。还可通过现代网络建立气垫船非线性运动数学模型,形成辅助驾控手段,结合气垫船的纵、横倾角、位置等姿态传感器提供的实时运动参数,辅以态势感知、自主决策、自主控制技术的突破,在安全界限范围之内实现气垫船的无人驾驶。

三、坞载化

气垫船具有航速高、两栖性,但航程有限,经济性较差,且受风浪影响大,不利于长途航行。许多小岛被浅水环绕且无码头,常规排水型船舶无法驶入,这可由母船将气垫船坞载至近岛的深水区,再由气垫船将母船上的人员、物资等穿梭运至岛上,不受潮汐影响。同时也可利用坞载气垫船对无人岛礁等开展野外科学考察等。

四、复合材料应用

气垫船下部的柔性围裙由薄的橡胶布制成,胶布为"三明治"式复合结构,中间层为尼龙骨架织物,正反两面涂敷橡胶层经高温硫化而成,其中骨架织物为主承力结构。尼龙骨架织物采用平纹、方纹、斜纹等方式编织而成,此种编织方式导致胶布撕裂强度远低于拉断强度。今后可考虑应用新型复合材料,并采用 3D 编织或 3D 打印技术,提高骨架织物的抗撕裂强度,避免由于尖锐物体钩扯,以及碰撞产生破口后的裂缝扩展,从而提高围裙的使用寿命和抗损性。

五、新型空气螺旋桨、风机采用

高速旋转的空气螺旋桨采用的金属叶片,受到沙尘冲刷,表面涂敷的防护涂层受损后,在高压气垫泄流产生的水花飞溅作用下易受海水腐蚀,损坏气动平衡性,引发轴系振动等,而且维修困难。采用新型复合材料桨叶的空气螺旋桨、风机,以减小腐蚀,而且可在现场直接修补,从而提高其使用寿命。

此外,高速旋转的空气螺旋桨、垫升风机是主要的噪声源,对气垫船内部乘客及外部运行环境干扰大,通过优化桨叶的数量、风机叶轮叶片翼型,以及电力驱动等措施,有望降低噪声,提高环境友好性。

六、数字孪生气垫船

气垫船属于高性能船,主尺度较小,系统设备高度集成,且大量采用航空设备以满足轻量化要求。相对于汽车,气垫船产量低,维修点少,技术含量高,维修不便。有必要借助于数字孪生技术,在制造一艘气垫船的同时,生成其数字孪生虚拟对象,包含物理模型、性能模型、可靠性模型、费用模型等几个维度。由生产厂家的技术人员将实船的使用维护信息投射到数字孪生气垫船上,对实船的健康状态进行监控管理,作预防性维修指导,以保障实船的良好运行状态,提升用户的满意度。

参考文献

［1］恽良.气垫船原理与设计［M］.北京：国防工业出版社,1990.

［2］马涛,邬成杰.气垫船总体性能与围裙气垫系统流体动力设计［M］.北京：国防工业出版社,2012.

［3］恽良.魂牵梦萦五十余载——我的气垫船(和高性能船)的研究生涯回忆录［M］.哈尔滨：哈尔滨工程大学出版社,2015.

［4］仰泳,张宗科.高密度中低速全垫升气垫船越峰问题的探讨与实践［J］.船舶,2014,25(2)：15—21.

［5］马涛.气垫船围裙—气垫系统气弹与水弹动力设计原理.船舶［J］,1997(6)：8—12,2.

［6］马涛.减阻、减摇的响应围裙研究［J］.中国造船,1991(1)：60—69.

［7］马涛,周伟麟.围裙响应动力学及其对气垫船稳性和适航性的影响［J］.船舶工程,1988(6)：2,26,40—45.

［8］顾雄,朱锦章,恽良.65吨级全垫升气垫船技术评述［J］.船舶工程,1990(4)：7—15,2.

［9］傅华.全垫升气垫船航行安全特性分析及思考［J］.船舶,2008,19(6)：1 3.

［10］林一平.我国气垫船开发40年成就［J］.航空知识,1997(10)：10—13.

［11］陶平平,乔筠,邬成杰.气垫登陆艇三大关键技术［J］,舰船知识,2010(12)：

39—41.

[12] 王孙.踏浪蹈海永向前——记中国船舶及海洋工程设计研究院某型气垫登陆艇研发团队[N].中国船舶报,2006-11-16.

[13] 张宗科.全垫升气垫船高速侧滑后行为的理论与试验研究.船舶,2018,29(3):1—10.

[14] 吴有生,倪其军,葛纬桢. Advances in Technology of High Performance Ships in China[J].船舶力学,2008(6):1014—1031.

[15] 张宗科.全垫升气垫船高速埋艏与低速侧翻的机理分析及应对措施[J].船舶,2019(4):15—27.

[16] 郑楠,孙盛南.我国第一艘气垫登陆艇的试航试验.舰船科学技术[J],1990(5):55—60.

[17] 吕世海,张宗科,张平,等.地效翼船(地效飞机)及其技术[M].北京:国防工业出版社,2013.

[18] 彭桂华.气垫船的回顾与展望[J].船舶工程,2001(1):9—13,2.

[19] 顾雄,朱锦章.我国高性能船的研制现状及其船型开发[J].船舶,1997(5):10—15,62.

[20] 于永传.全垫升气垫船驾驶的一般要求[J].黑龙江科技信息,2003(2):264.

[21] 李晓峰.HP-931全垫升气垫船操纵[J].黑龙江科技信息,2012(2):64.

[22] 于亦凡,刘军,周祥龙.全垫升气垫船的控制研究综述[J].舰船科学技术,2012(9):11—15.

索　引

以数字开头的词条

后　记

　　1950 年我国年造船量才 1 万多吨。当时江海航行的万吨船,没有一艘是中国自己设计和建造的。70 年来,广大科技人员和造船工人在党的领导下,至 2018 年,中国年造船量已达 6 000 多万吨,我们不仅能设计和建造一般船舶,而且能设计和建造被誉为"造船工业皇冠上明珠"的高科技、高附加值船舶,成为世界第一造船大国。

　　2021 年是中国共产党成立 100 周年,为展现新中国船舶的发展历程和取得的辉煌成就,中国船舶及海洋工程设计研究院、上海市船舶与海洋工程学会、江南造船(集团)有限公司、沪东中华造船(集团)有限公司、上海外高桥造船有限公司、上海船舶研究设计院、上海交通大学出版社,携手编撰出版"中国船舶研发史"丛书,向建党 100 周年献礼。本套丛书共 10 本:《中国油船研发史》《中国集装箱船研发史》《中国科考船研发史》《中国挖泥船研发史》《中国液化气船研发史》《中国工程船研发史》《中国散货船研发史》《中国客船研发史》《中国气垫船研发史》《中国海洋油气开发装备研发史》。

　　本套丛书的编写得到中国工程院院士曾恒一及新、老船舶研发设计专家、科技人员的热情支持和积极参与,为本套丛书顺利编写出版奠定了基础。

　　本套丛书取材翔实,资料数据真实可信,极具原创性,这是本套丛书一大特点。70 多位从事船舶及海洋工程研究、设计、建造的专家和科技工作者参与本套丛书的编写,他们是新中国船舶事业发展和取得辉煌成绩的见证者、奉献者,他们将自己研发的产品写出来，从领受编撰任务起，就酝酿推敲，不辞辛劳，不舍昼夜，把对船舶科学的追求，对祖国的爱汇聚成书香墨宝。每一分册从提纲到初稿、定稿，均经众人讨论、反复修改，精益求精地出版。

此外，本套丛书所写的典型产品，既是时代成果，也是我国船舶研发珍贵的历史资料和经验总结，对从事船舶研发设计的青年人具有启发和借鉴作用。

丛书编写过程中得到众多单位及领导的关心和支持，原沈阳飞机制造厂高级工程师，后调任天津大沽船厂总工程师、厂长佟福昌，原天津大沽船厂厂长杨志文高级工程师，原航天部第七〇一研究所嵇兆有研究员，原海军某部王绍明，中国船舶及海洋工程设计研究院高级技师郭满洲等同志参加《中国气垫船研发史》一书编写和提供资料，在此表示感谢。特别是感谢各位编辑辛勤的付出和认真工作。此外还要感谢那么多默默无闻的船舶设计师们在百忙之中参加审稿并提出宝贵意见。丛书编写中参考了一些书籍和报刊，引用了一些图片，在此表示谢意，由于这套丛书时间跨度大和资料收集有难度，有些船型未能收录。

本丛书不当之处，恳请专家、读者予以指正。

张　毅